CIRIACO MORÓN ARROYO

NUEVAS MEDITACIONES
DEL «QUIJOTE»

BIBLIOTECA ROMÁNICA HISPÁNICA

EDITORIAL **GREDOS**

MADRID

EDITORIAL GREDOS, S. A.

Sánchez Pacheco, 81, Madrid. España.

Depósito Legal: M. 9469 - 1976.

ISBN 84-249-0677-2. Rústica.
ISBN 84-249-0678-0. Tela.

Gráficas Cóndor, S. A., Sánchez Pacheco, 81, Madrid, 1976. — 4470.

NUEVAS MEDITACIONES DEL «QUIJOTE»

BIBLIOTECA ROMÁNICA HISPÁNICA

DIRIGIDA POR DÁMASO ALONSO

II. ESTUDIOS Y ENSAYOS, 240

A mi esposa

Este libro se escribió en la primavera de 1973 con una beca de la John Simon Guggenheim Memorial Foundation, de Nueva York. Ha sido reescrito durante el curso 1974-75. Las críticas de Javier Herrero (Pittsburgh) y John Kronik (Cornell) a la primera versión han sido de gran utilidad para la elaboración definitiva. Muchas gracias a todos.

PRELUDIO

El título de este libro recuerda las viejas *Meditaciones del Quijote* publicadas por Ortega y Gasset en 1914. Tomar un título del gran pensador probablemente no sea una ocurrencia feliz; el lector se sentirá instintivamente llevado a la comparación y... mal para el cántaro. Alguno pasará más adelante y quizá perciba en mi epígrafe una especie de reto o al menos una cierta intención de codearme con quien tanto aportó a la cultura española. Quien pierda un minuto en comparar este libro con el de Ortega, perderá un minuto para toda su vida; y quien se ofenda viendo en él otros intentos, sencillamente se equivoca. Este libro contiene unas meditaciones del *Quijote,* y está escrito desde la entraña de la filosofía orteguiana; esta confesión lo explica todo.

Ortega murió en octubre de 1955. Murió con él su estilo de escribir, una prosa inmensamente original que no encuentra paralelo en ningún escritor español; con esto no hablo de calidad, sino de estilo y carácter. Con él murió un cierto preciosismo, cierta inclinación a la pirueta intelectual que oscurece su argumentación filosófica y, a mi entender, su concepción de la sociedad.

En cambio, conservan plena vitalidad su idea de la cultura como estado de reflexión sobre la existencia y como

voluntad de sistema; sus ideas sobre la historia: los conceptos de perspectiva, vigencia y nivel; muchos puntos de
La deshumanización del arte, y el equilibrio entre el carácter objetivo de la cultura y la inserción del individuo en
ese mundo objetivo de ser y valores.

La deshumanización del arte no ha perdido su vitalidad.
El punto de equilibrio entre compromiso personal y distancia estética en la obra de arte sigue siendo crucial en el
análisis. El problema no es moderno; las viejas nociones de
catharsis, alegoría, ironía, naturaleza idealizada, belleza ideal,
desinterés, esteticismo y sentimiento puro, expresan con
distintas palabras la misma experiencia: la mutua inserción
de compromiso y distancia en la expresión artística. El escrito de Ortega contiene puntos luminosos sobre ese tema;
y muchas veces, asistiendo a conferencias y coloquios donde
se discutían esos conceptos, he comentado para mí: '¡Si estos hombres conocieran *La deshumanización del arte!*'.

Por lo que se refiere a la idea de cultura, hoy es corriente citar en España a Karl Popper. La idea central de este
filósofo es la distinción de tres mundos: el primero es el
sistema de la realidad exterior (tomando la palabra en su
diaria inocencia); el segundo es el conjunto de actos mentales con que percibimos la realidad exterior, y el tercero, el
conocimiento como saber objetivado. A ese tercer mundo
lo llama Popper «saber sin sujeto». El saber sin sujeto presenta una estructura, leyes y posibilidades de expansión al
margen de los actos mentales y revierte sobre ellos plan-
teando nuevos problemas que el hombre quizá no hubiera
podido prever [1]. Toda descripción somera banaliza el pensamiento que se pretende infravalorar, aunque es claro que

---

[1] Popper, K., *Objective Knowledge: An Evolutionary Approach,*
cap. III, Oxford, at the Clarendon Press, 1972.

yo no quiero infravalorar ni banalizar a **Popper**; pero me parece indiscutible que la distinción de los tres mundos, sobre todo el relieve del mundo cultural como entidad objetiva, es muy clara en toda la obra de Ortega. En *El tema de nuestro tiempo* hay hasta un esquema del aspecto que presenta la cultura mirada como «hecho vital» (mundo número dos) y como valor objetivado (tercer mundo) [2]. Si bien es necesario recordar que a Ortega en 1923 le interesaba poner más énfasis en el hecho de vida que en el aspecto y poder objetivo de la cultura. Reconocido esto, que es muy importante para detectar dos estilos de pensamiento, es claro que Ortega tiene mucho que decir en nuestras actuales preguntas sobre el papel del sujeto.

Sólo esa convicción de que hay mucho vivo en el pensar orteguiano puede justificar mi epigonismo declarado. Pero, una vez reconocido ese valor, había una razón de integridad intelectual para aceptarlo con todas las consecuencias y declararlo abiertamente. Cuanto más alterna uno con culturas extranjeras —alemana y americana, en mi caso—, más se da uno cuenta de lo fragmentario que es nuestro conocimiento de ellas. Con esto no digo que un extranjero no pueda especializarse y ser muy competente en la cultura de otro país; me desmentirían los grandes hispanistas que se han sabido los más apartados rincones de la nuestra; pero lo normal es que todo cuanto aprendemos de adultos lo incorporemos a un centro de referencia que nos hemos creado en los años de formación. Para un español, normalmente ese centro de referencia es la cultura española, sobre todo la literatura y la historia que se estudian oficialmente, y la experiencia de la vida española, que sencillamente se

---

[2] Ortega y Gasset, J., *El tema de nuestro tiempo*, en **OC**, III, Madrid, Revista de Occidente, 1962, pág. 171.

vive. Por muy bien que yo conozca los libros de Popper, mi desconocimiento de la historia cultural inglesa hace que no le pueda incorporar a nada; Popper es una isla en un océano sin orientación; de Ortega, en cambio, conocemos las raíces. Toda obra que yo hiciera fuera de esas raíces podría ser útil para los demás, pero no sería personalmente satisfactoria ni sincera.

De aquí no se infiere que los españoles debamos cerrarnos al estudio serio y detallado de otras culturas; pero ese estudio requiere sumergirse hasta el fondo en la historia social y cultural del país estudiado. A su vez, el extranjero que se enfrenta a ese nivel con la cultura de otro pueblo no tiene la misión de sustituir al investigador nativo, sino la de aportar la perspectiva heterodoxa, la incorporación inaudita con movimientos en que el nativo no había pensado, y el juicio escandaloso de valor.

Junto a las razones intelectuales apuntadas hay otra más elemental para llamar a este libro como le llamamos. En él se trata sólo de una cosa: de entender el pensamiento de Cervantes y especialmente el *Quijote*. El libro es, pues, unitario; pero la unidad se logra por la incorporación de muchas otras cosas en torno a ese foco. La meditación primera contiene una teoría hermenéutica. Se trata en ella de hacer explícitos los presupuestos que me dirigen en los análisis posteriores. La segunda es un esbozo de la historia del pensamiento español del siglo XVI. Este esbozo era necesario para situar el pensamiento de Cervantes en su ambiente, es decir, en su punto. Una vez delimitado el contorno, situamos en él a Cervantes (Tercera).

La meditación cuarta estudia el *Quijote*, y la quinta, las relaciones de Cervantes con la picaresca y la novela francesa del siglo XVII. Proyectábamos incluir ejemplos de la novela inglesa; pero más ejemplos no hubieran modificado nuestras tesis. La última persigue con un ejemplo la estela de Cervantes en la novela moderna. Se trata, pues, de un libro perfectamente sistemático; sus aparentes excursos son los simples rodeos que se requieren para la conquista de la ciudadela. Pero, al mismo tiempo, se trata de un libro cuya unidad no se percibe a primera vista. En este sentido bien está llamarle «meditaciones».

Como las orteguianas, van éstas dirigidas por el amor intelectual a nuestro pensamiento y nuestra lengua; y si de todo libro se espera que llene un vacío, quizá éste, sin aspirar a tanto, pueda tapar algún hueco. El primero sería incorporar a Cervantes en el pensamiento español de su época. Don Américo Castro le relacionó en 1925 con el renacimiento italiano, interpretado como lo hacían los racionalistas de los pasados siglos; así surgía un genio europeo, culto, medio determinista y medio ateo[3]. Esta imagen no cuadraba muy bien con los textos y, para salvar la inconsecuencia, se acudía al espectro de la inquisición, que justificaba todas las inferencias. Así surgió el Cervantes renacentista laico y «genialmente hipócrita», como Descartes. Porque, se decía, aquellos creadores del racionalismo tenían que ocultar sus hallazgos haciéndose esclavos del Santísimo Sacramento o peregrinando a Loreto. Como es natural, la palabra hipocresía era muy antipática y no ganaba dignidad con el adjetivo «genial» o «amable». Este libro demostrará, creo yo, que tal término es en absoluto inaplicable a Cervantes. No obstante, todas las exageraciones son exageraciones de algo, y si no encontramos un Cervantes hipócrita, llevada nuestra atención por ese adjetivo exagerado, encontrará muchas ve-

---

[3] Castro, A., *El pensamiento de Cervantes*, en *RFE*, Anejo VI, Madrid, 1925, págs. 253, 333. Existe una reedición de este libro cuidada por J. Rodríguez-Puértolas, Barcelona, Noguer, 1972.

ces un Cervantes reticente que parece decir cosas mediante
la ambigüedad y la evasión.

El cambio posterior de don Américo Castro en su visión
de Cervantes es conocido en términos generales, y ha sido
estudiado con precisión en el magnífico libro de Aniano
Peña [4]. En sus últimos escritos, don Américo presentó una
interpretación existencial del *Quijote*, a la cual se acerca
mucho la que presentamos aquí [5]. Bien entendido que concordamos en la interpretación del texto, pero no en la explicación que él da del «existencialismo» de Cervantes; una
cosa es aceptar su lectura del *Quijote* y otra muy distinta
atribuir la visión cervantina del mundo a la actitud de un
supuesto converso de quinta o sexta generación frente a los
cristianos viejos. El juicio que merece esa hipótesis lo he
dado en mi libro *Sentido y forma de «La Celestina»* [6].

Tornando al Cervantes renacentista y semiateo, inmediatamente suscitó la teoría de un Cervantes barroco, contra-
rreformista y tridentino. Nosotros nos movemos entre estos
conceptos; pero la investigación no permite hoy seguir jugando con fáciles alegorismos. Los términos «Renacimiento»
y «Barroco», para nosotros no tienen sentido sino como
análisis de textos muy concretos; y además consideramos
que la polémica sobre si la teoría de Cervantes pertenece
a un movimiento o al otro, tiene sentido muy secundario.
Lo primero que sería necesario para resolverla sería ponerse de acuerdo sobre términos históricos que no es fácil

---

[4] Peña, A., *Américo Castro y su visión de España y de Cervantes*,
Madrid, Editorial Gredos, 1975. Cf. Gómez Martínez, J. L., *Américo
Castro y Sánchez Albornoz: dos posiciones ante el origen de los espa-
ñoles*, en *NRFH*, 21 (1972), 301-319.

[5] Castro, A., *Cervantes y los casticismos españoles*, Madrid, Ediciones Alfaguara, 1966.

[6] Morón Arroyo, C., *Sentido y forma de «La Celestina»*, Madrid,
Ediciones Cátedra, 1974, págs. 27-32.

definir con precisión, y lo malo es que en esa tarea de buscar un cómodo encasillamiento podríamos perder la atención para el texto de Erasmo, de Valla o de Cervantes.

Después de incorporar a Cervantes en el pensamiento español de su tiempo, este libro se propone incorporar su novela en la novela europea. Nadie niega la influencia de nuestra picaresca y Cervantes en este género literario. Los hispanistas acumulan calificativos laudatorios para lo que llaman «primera novela moderna»; los críticos extranjeros lo disputan, considerándola simplemente precursora. El caso de Erich Auerbach es aleccionador; en su famoso libro *Mimesis: la representación de la realidad en la literatura occidental*, publicado en 1946 [7], no incluyó ningún capítulo alusivo a la literatura española. Emigrado luego a los Estados Unidos, conversó con Amado Alonso y éste le recriminó su olvido. Entonces escribió para la traducción inglesa el capítulo «Dulcinea encantada», en el cual Don Quijote-persona es visto como una figura de donaire, y el *Quijote*-libro, como escrito de puro entretenimiento. Entre los estudiosos de la novela no familiarizados con la literatura española predomina esa idea: nuestro personaje es el amable loco, o el «héroe irónico», parodia poco más o menos del santo cristiano [8].

Estas posturas no se refutan con una simple negación o en una pura nota. Es necesario que analicemos explícitamente nuestra novela en comparación con las novelas eu-

---

[7] Auerbach, E., *Mimesis*, Bern: Francke Vlg., 1946. Traducción al inglés por Willard Trask: *Mimesis. The Representation of Reality in Western Literature*, Princeton, N. J., Princeton University Press, 1968, págs. 334-358.

[8] Auden, W. H., *The Ironic Hero: Some Reflections on «Don Quixote»*, en *Horizon*, 20 (1949), 86-93. Tesis aceptada por Wayne Booth, *The Rethoric of Fiction*, Chicago, Ill., The University of Chicago Press, 1970, pág. 369.

ropeas que se consideran origen del género, para ver si podemos entendernos.

Pero se dirá: ¿cómo puede tan magro volumen llenar esos dos vacíos, que requieren dos nutridas historias? Necesitaríamos conocer bien la historia del pensamiento español del siglo xvi y la novela europea de los siglos xvi y xvii para salir de ensayismos y resolver los problemas con rigor. Todo eso es verdad; y estas meditaciones son simplemente unos ensayos, pero que pretenden aportar muchas pruebas explícitas, alguna erudición y esas dos historias en esquema.

Para lograr esos esquemas centrales me sirven tres conceptos orteguianos: vigencia, perspectiva y nivel.

El término vigencia tiene un sentido jurídico elemental; significa que una ley conserva su poder regulador; pero en el sentido histórico de Ortega, la vigencia es otra cosa: es el poder que un contenido cultural —moda, uso, institución, persona, libro— tiene de atraer la atención colectiva o de influirla inconscientemente en un momento histórico dado.

La definición en abstracto parece clara y correcta. Sin embargo, en cuanto pretendemos ir más allá de las palabras, se enmaraña. En todo momento es fácil aislar una serie de usos y valores sociales que nos parecen arcaicos; otros, demasiado avanzados, y una tercera categoría, que nos parece *lo normal*. Este punto intermedio sería lo vigente. Pero ¿qué son los usos? Es fácil comprobar que no vestimos a la romana y no comemos recostados sobre triclinios; pero es indiscutible que sobre muchas materias humanas pensamos como Cicerón o Polibio. En la historia exterior de artefactos y productos, podemos distinguir lo «normal» de lo anticuado; pero en la historia del pensamiento no es tan fácil; porque pensar no es circunstancializar, sino juzgar con categorías intemporales.

Otra dificultad del concepto de vigencia, cuando se le quiere entender en concreto, es que está formado sobre una concepción estática de los conceptos de estructura y superestructura. Lo vigente sería el fondo de fuerzas que auténticamente nos dirigen por debajo de las preocupaciones aparentes alimentadas por la prensa diaria. Pero esa división de fondo y superficie es errónea y está basada en la confusa idea de las psicologías colectivas tan caras a la generación del noventa y ocho [9]. Para nosotros lo vigente hay que buscarlo en el punto de mutua inserción y rechazo de los caracteres permanentes de una colectividad y sus modas o formas sociales cambiantes. Este punto de mutuo rechazo e inserción se llama diferencia [10], y equivale a una dialéctica que acentúa más el aspecto de simultaneidad que el de transición.

Esto explica las aparentes inconsecuencias que la idea de vigencia comporta cuando queremos que sea más que una noción confusa y vaga. En los últimos diez años el mundo se ha ocupado de diversas guerras, de Watergate, de la economía mundial y de la muerte de muchos millones por hambre. Al mismo tiempo, en la grande y general his-

---

[9] Como prototipo de esas dualidades correlativas de subestructura y superestructura, fondo-superficie, etc., podemos recordar la contraposición de historia e intrahistoria en Unamuno. Ortega criticó todo el ambiente intelectual que condujo a esas distinciones con motivo del libro *Orígenes del español* (1926) de Menéndez Pidal (cf. Ortega y Gasset, *OC*, III, 519); pero me da la impresión de que su oposición entre ideas y creencias, y sociedad (fondo) y estado (piel), no está libre del mismo peligro.

[10] Heidegger, M., *Vom Wesen des Grundes*. Frankfurt/M.: Vittorio Klostermann, 1955. «La crítica o conciencia de la diferencia ha sido permanentemente la fuerza del pensamiento filosófico, que se siente a sí mismo la esencia de la realidad y al mismo tiempo su contraposición —y de ésta se ocupa—: el concepto no se ha reconciliado jamás consigo mismo» (Max Horkheimer, *La función de las ideologías*, Madrid, Ediciones Taurus, 1966, págs. 45-46).

toria de la humanidad, todo eso quizá se reduzca a unas páginas o notas, mientras algún libro oscuro que hoy apenas tiene lectores, será considerado el «símbolo» de nuestro tiempo. ¿Cómo se define lo vigente en este caso? La contestación más elemental es que ese libro-símbolo tendría que reflejar esas preocupaciones de nuestra época. En este sentido ese libro simplemente ha fijado y esquematizado, ha hecho cultura de los temas de nuestro tiempo, que la mayoría sólo percibimos con vaguedad.

La segunda contestación nos hace pensar en que el concepto de vigencia no puede concebirse de manera estática. El hombre y la sociedad son un proceso; y ese libro símbolo de nuestro tiempo, en vez de describir la situación vigente podría muy bien liberarnos de ella trayendo a nuestra conciencia la posibilidad de formas nuevas de vida. La idea de vigencia no tiene por qué entenderse de manera estática y descriptiva, sino generativa.

Estas reflexiones nos coducen a una comparación sumaria del concepto de vigencia con el de dialéctica. La relación del aspecto generativo con el descriptivo en la dialéctica es puramente dual: de contradicción; al mismo tiempo Marx, Trotzky y Lukács [11] vieron que esa relación era demasiado simplista y formularon la «ley del desarrollo desigual»; es decir, reconocieron que la relación dual de tesis y contradicción es demasiado simplista. La historia en cada momento es inmensamente rica en contenidos, cada

---

[11] Marx: «With regard to art we know that certain periods in which it flourished bear no relationship to the general evolution of society» (*The Critique of Political Economy*, cit. H. Arvon, *Marxist Esthetics*, Ithaca, N. Y., Cornell University Press, 1973, pág. 30; Trotzky, L., *Literature and Revolution*, Ann Arbor, Mich.: The University of Michigan Press, 1960, págs. 200 y sigs.: Lukács, G., *Estética*, I, trad. de Manuel Sacristán, Barcelona, Editorial Grijalbo, 1965, 22 y sigs.).

uno tiene su propia ley y su propio ritmo de desarrollo; y las relaciones entre unos y otros contenidos no son solamente de contradicción, sino de todos los modos de relación descubiertos por la lógica: unos contenidos se relacionan con otros en la forma de contradicción, otros en la forma de contrariedad, otros en la de simple distinción, etc.

El concepto de vigencia se basa en la conciencia de esa riqueza de aspectos de la historia en cualquier momento. Esto concuerda perfectamente con el texto de Lukács: «Todo gran período histórico es un período de transición, unidad contradictoria de crisis y renovación, de destrucción y renacimiento» [12]. Todo eso es verdad, pero esa unidad no es puramente contradictoria, sino mucho más variada.

En el párrafo de Lukács, tan claro aparentemente, como en nuestra definición de vigencia, hay unas palabras clave: «todo gran momento histórico»; y si somos sinceros, son palabras puras carentes de contenido. ¿Qué es un momento histórico? Aplicando la ley de desigualdad de desarrollo o, mejor, de la distonía de ritmo de cada contenido histórico, un momento dado es la fusión diferencial de los más variados contenidos, cada uno evolucionando con su propio ritmo y según sus propias leyes. Esta reflexión enlaza el concepto de vigencia con los esfuerzos de periodización de la historia. En este punto no vamos a introducirnos; la historia se ha reducido a distintos períodos conforme a criterios y valoraciones muy diferentes. Para Jaspers, los valores fundamentales de la cultura universal fueron conquistados en el siglo v antes de Cristo por Buda para la India, Confucio para China y Sócrates para Occidente. Según Ortega, en cambio, cada nueva generación trae una sensi-

---

[12] *Studies in European Realism,* New York, Grosset and Dunlap, 1964, pág. 10.

bilidad nueva para la vida y la cultura, y una generación mantiene sus valores vigentes durante quince años. Los dos llevan razón, aunque desde criterios muy distintos. No se olvide que Ortega en *El tema de nuestro tiempo* (1923), donde teoriza por primera vez sobre el tema de las generaciones, tiene precisamente una invectiva contra Sócrates, que murió el año 399 antes de Cristo, y abraza el ideal de Don Juan, que nació hacia 1625. La idea orteguiana de los quince años para la mutación de las vigencias históricas está basada en una noción de tiempo vaga e imprecisa.

Reflexionando una vez más sobre la ley de distonía de ritmo entre los diversos contenidos de la historia, concluimos que la idea de vigencia hay que aplicarla en cada caso según el ritmo propio de cada contenido. La historia de la filosofía puede muy bien organizarse en torno a vigencias radicalmente diferentes de aquéllas en torno a las cuales se organiza la historia del teatro. Si esto lo complicamos con la diferencia de ritmos nacionales, la noción de dialéctica con su esquema dual muestra más sus limitaciones. Desde la noción de vigencia la historia de la cultura se definirá como el estudio de la diferencia —mutuo rechazo e inserción— del ritmo particular de cada contenido cultural en relación con el de otros contenidos en una determinada unidad de tiempo.

¿Y todo esto tiene que ver con Cervantes y el *Quijote*, «de quien nunca se acordó Aristóteles, ni dijo nada San Basilio, ni alcanzó Cicerón»? Tiene que ver profundamente, porque este libro contiene una historia del pensamiento del siglo XVI y una historia de la novela de los siglos XVI y XVII, y sin embargo no describe uno por uno los pensadores ni analiza las novelas una tras otra. Entre el inmenso material hace saltos y elecciones; por eso se hace necesario dejar claros los criterios que en cada momento le dirigen.

Además, la reflexión sobre el concepto de vigencia se hacía necesaria en diálogo con la noción de dialéctica. Porque no podemos estar discutiendo de estas materias en abstracto, y seguir haciendo historia cultural o literaria al margen de ellas. Y, por último, se nos imponía ver la diferencia que se da en la aplicación del concepto de vigencia al presente, que nos es conocido en toda su complicación hasta el punto de que no sabemos formularlo, y al pasado, que ya nos viene acotado y definido por la misma pobreza de nuestro conocimiento sobre él y por los prejuicios que sobre él nos han dado los historiadores. Nosotros vamos a hablar del pensamiento del siglo XVI; y, sin embargo, vamos a tratar sólo de unos cuantos autores, en forma incompleta, y solamente de filósofos, teólogos y literatos. Por muy conscientes que seamos de la inserción de esos escritores en determinados contextos sociales, este aspecto ha de quedar muy en el fondo. Sin embargo, tenemos la pretensión de captar lo que fue vigente en un sentido dinámico; pretendemos captar la lucha entre los elementos liberadores y las fuerzas de recesión, definir en qué consiste el drama, y medir sus efectos en la cultura española posterior.

Todo esto lo hacemos con unos pocos autores y movimientos que consideramos representativos. Ahora bien, ¿qué criterios deciden sobre ese valor representativo? ¿Por qué ésos y no otros? En este punto nos ayuda el concepto de perspectiva. El concepto de perspectiva me parece uno de los más importantes en toda teoría humanística, y el perspectivismo, con su juego de decisiones audaces y timidez antidogmática, la única actitud admisible en humanidades.

El perspectivismo se funda en nuestra conciencia de limitación, que se puede describir en tres formas: primera, nuestro conocimiento se da en la diferencia de acto y hábito. Tenemos un conocimiento habitual que actualizamos según estímulos y circunstancias imprevisibles. Esta sensación de cambio hace que no podamos tener nada como seguro y definitivo. Segunda, somos seres paradójicos. Cuando queremos tomar las actitudes más serias y comprometidas, se ríe dentro de nosotros un geniecillo maligno. Esta experiencia de la íntima ironía nos conduce al perspectivismo. El peligro de esta actitud sería el extremo relativista; pero el relativismo se presenta tan contradictorio como el dogmatismo. Finalmente, hay una experiencia elemental: la escasez de tiempo y capacidad, en comparación con la inmensidad del mundo. Desde esas tres razones el perspectivismo se nos presenta sencillamente como la humildad y la verdad. Pero el perspectivismo no se funda sólo en razones negativas. Una perspectiva es sólo una postura, pero es nada menos que una postura intelectual y valorativa. El fundamento de este perspectivismo está en el modo mismo de funcionar la inteligencia. Nosotros solemos concebir el trabajo intelectual como un puro reflejo de la realidad; al ser reflejo, el conocimiento lo entendemos como una descripción, y en esta descripción merodea la connotación de algo estático. Por eso nos es fácil describir qué hace la inteligencia con el pasado y el presente; pero la concepción de la inteligencia como puro reflejo olvida su elemento esencial, que es el salto al futuro. La inteligencia a su mejor nivel, el nivel creador, se mueve siempre en sus propias fronteras creando lo que no hay, haciendo lógico y racional lo inaudito. Si se pregunta con qué criterio valoramos las distintas posturas y valoraciones, se ve que la perspectiva tiene que ir asociada con la noción de diálogo. El perspectivismo supondrá choque y conflicto, y para no llegar a la violencia no hay más que un principio subestructural válido, el respeto del hombre por el hombre: ama a tu prójimo como a ti mismo.

Es corriente acusar al perspectivismo orteguiano de subjetivista. La acusación se extendió al existencialismo en general y con razón en algunos casos. Aquí no podemos entrar en una discusión sobre objetivismo y subjetivismo; pero afirmamos que nuestro concepto de perspectiva no juega con las ideas de interioridad o exterioridad, sujeto y objeto. La noción de perspectiva, como la entendemos aquí, es completamente abierta, realista [13].

Para percibir con más claridad este aserto vamos a definir la noción de nivel. Llamamos nivel al grado de transparencia o creación de realidad que se nos da en un texto. Un texto puede ser una frase, una conversación, un libro, una obra de arte, etc. En todos los casos tenemos posturas de la inteligencia, y la experiencia nos dice que estos textos tienen distintos niveles de claridad, que unos nos iluminan más que otros; ahora bien, iluminar es simplemente que la palabra sea transparencia de realidad en el modo de descripción o en el modo de creación. A mi entender la inteligencia humana puede trabajar a tres niveles: inteligencia-memoria, inteligencia-fantasía e inteligencia-poder.

El nivel de memoria es el de pura información. Podemos recoger datos hasta el infinito, catalogarlos, embutirlos en distintos contextos y guarnecer nuestras páginas de números y referencias hasta incluso suprimir nuestro texto. A este modo de usar la inteligencia llamamos erudición, y es digno y laudable. Quien haya contado simplemente los versos de una comedia o las metáforas de un poema, repasado bibliografías o descifrado manuscritos, sabe la prueba moral que esa actividad conlleva. La erudición da seguridad a nuestros saltos perspectivistas, nos sirve para incorporar

---

[13] Para más precisión sobre la noción de perspectiva en Ortega, cf. Morón Arroyo, C., *El sistema de Ortega y Gasset*, Madrid, Ediciones Alcalá, 1968, págs. 233 y sigs.

y entender datos que de otro modo quedarían aislados, y hace posible el goce estético. El análisis del tiempo en el *Quijote* que damos en la meditación cuarta, da ejemplo de lo dicho. Una lectura superficial de la novela nos da la conclusión; pero una o dos lecturas especiales para catalogar las referencias al tiempo, suponen prueba moral, ponen precisión científica en lo que sería una vaga impresión, y permiten el verdadero goce inteligente del *Quijote* como obra de arte. Porque en esta lectura, que hace la número *n* de nuestra vida, es donde vemos detalles estilísticos, estructurales y humanos, que antes se nos habían escapado.

Pero estos primores de la erudición no pueden ocultarnos su carácter limitado. Nuestra lectura *n* del *Quijote* para catalogar las referencias temporales de la novela tiene sentido si hacemos algo con esa curiosidad; si ese saber se puede incorporar en una mejor comprensión de la obra cervantina, del género novela, o de la experiencia humana del tiempo. Si ese estudio no se incorpora a preguntas serias, es perjudicial, porque nos puede hacer confundir la mera curiosidad con la verdadera actividad intelectual. Y el goce estético que pudiera derivarse de conocer esas curiosidades, no sería un placer inteligente, sino un cosquilleo con visos de pecadillo solitario.

La erudición es necesaria, pero incorporada a contextos universales y en función de ellos. Sin el salto ideológico, la erudición nos deja en la superficie manejando puras palabras y no realidad. La decepción que sentimos ante muchos trabajos literarios y filosóficos proviene de esa falta de incorporación de los datos a contextos más amplios. Las historias generales nos presentan autores y capítulos yuxtapuestos, pero no el nacimiento, vigencia y muerte de temas, motivos o textos. Los historiadores de motivos nos catalogan quizá casi todos los casos en que aparecen; pero no los

incorporan a ningún horizonte cultural más amplio; y así
lo que pretende ser historia no es sino un conjunto de curiosidades. Hay demasiado atomismo en la historia del pensamiento y literatura; por otra parte, la literatura comparada puede caer en una historia mecanicista o etérea de
motivos y palabras al margen de la función cultural y social de esos motivos. Por esos peligros que la erudición
comporta, es el extrarradio de la ciencia. Los datos y los
libros son entendidos cuando los vemos en su contenido y
límites. Ahora bien, el límite de una cosa sólo se nos da en
relación con otra. Todo aparece a nueva luz cuando se estudia en relación, teniendo en cuenta que el estudio de relaciones no viene como un aditamento al estudio erudito y
especializado. La relación es el horizonte en el cual cobran
sentido todos los datos que la erudición allega; de manera
que la relación hace al dato. Erudición e incorporación no
se relacionan como dos momentos estáticos, sino como dos
momentos de una diferencia en la cual mutuamente se in-
sertan.

A la capacidad de relacionar y generalizar llamo inteligencia-fantasía. Si la generalización se funda en investigación
rigurosa, es un nivel superior al de la inteligencia-memoria;
pero todavía no es el nivel más alto y deseable. Cervantes
habla con su tiempo; la inteligencia-fantasía nos ayuda a
ver la inserción de Cervantes en ese diálogo; pero Cervantes
habla también con nosotros; todo clásico tiene ese doble
auditorio. Pues bien, la inserción de Cervantes en su propio
tiempo es una labor respetable, pero puede ser débil. Una
inteligencia capaz de relacionar a Cervantes con Vitoria o
con Cicerón puede hacer amoroso encaje de bolillos con la
cultura y ser ciega ante la realidad. Ahora bien, la inteligencia no puede ser más que transparencia o creación de
realidad; un libro debe ser transparencia total o incitación.

Aquí tocamos el nivel superior: inteligencia-poder, que es la capacidad de acotar y, por consiguiente, construir un mundo real desde el punto de vista lógico y valorativo. La inteligencia-poder es sencillamente la toma de una postura, la capacidad de juzgar. El juicio, según Aristóteles, es la afirmación o negación de algo. Esa frase la hemos banalizado desde la escuela elemental en los ejemplos del tipo «la pared es blanca»; pero ese juicio es el que quizá nunca pronunciamos en nuestra vida. Mi juicio es escribir una recomendación buena o mala para fulano, juzgar y valorar la actividad de un estudiante, hacer una reseña buena o mala de un libro, dar el puesto vacante a un colega y negárselo a otro. Mis juicios son decisiones que afectan la vida de los demás. A este nivel llama Aristóteles negar o afirmar. Toda decisión importante que afecta nuestra vida como individuos, nuestra influencia en la legislación de la sociedad en que actuamos, pone nuestra inteligencia al nivel máximo de riesgo. Porque la decisión responsable es el supremo nivel, y la decisión irresponsable es la suprema caída. La inteligencia no se agota en la pura transparencia de realidad, sino que se realiza en su desvelamiento, es decir, en su creación; y esa creación no es más que el despliegue en una doble dirección: ideología y creación técnica. La ideología es decisión, y la técnica es luz.

Cuando aplicamos estas reflexiones a los temas del pasado, el estudio se convierte en un diálogo de nosotros con los grandes pensadores. En este nivel Cervantes no habló sólo con su tiempo, sino que habla con nosotros; podemos reproducir sus intereses, conflictos y sufrimientos con la erudición y la comparación; pero con la inteligencia-poder tomamos una posición frente a su propia persona y obra, y la valoramos como mensaje humano y estético. La valoración es el último criterio de comprensión. Porque sólo después del juicio valorativo nos aparece un pensador en sus propios límites.

Los conceptos de vigencia y perspectiva justifican nuestros audaces esquemas y, al mismo tiempo, nuestra timidez enemiga de todo dogmatismo; el concepto de nivel es un acicate hacia la pura transparencia de nuestra lengua. Buscamos una hermenéutica que reduzca a síntesis perfecta la descripción estática (análisis), el momento generativo de las formas (incorporación) y el momento liberador de toda creación humana (juicio).

I

SOBRE EL PENSAMIENTO Y SU HISTORIA

FILOLOGÍA Y PENSAMIENTO

Este libro es un estudio de historia literaria, de filología. Estudiamos a Cervantes, autor de novelas y teatro; pero no podemos acercarnos a él inocentemente; una copiosa lista de libros y artículos que se le han dedicado, nos arroja una serie concreta de preguntas. Si los estudiosos han escrito sobre su pensamiento en sentido global y sobre la presencia de La Mancha en el *Quijote*, el nuevo libro sobre Cervantes tiene que estudiar La Mancha en el *Quijote*, las coordenadas del pensamiento de Cervantes y además definir cómo una cosa se relaciona con la otra. Es decir, el nuevo estudio no se puede limitar a resumir lo dicho y añadir alguna observación más; tiene que construir el sistema de Cervantes poniendo orden y jerarquía entre todos sus elementos. Porque todo libro y artículo que estudia aspectos parciales y no es consciente de su lugar en el todo, en vez de alumbrar confunde.

Nuestro modo de investigar se explica, pues, por la simple abundancia de estudios sobre Cervantes. Pero además

nosotros concebimos la filología en ese sentido global: como
un capítulo de la historia del pensamiento y como un estímulo para el propio pensamiento. La palabra humana en
general —y un texto como el *Quijote* en particular— es la
diferencia entre una voluntad de decir, una lengua que
dice y un doble oyente: el circunstancial y el otro: el hombre de otras generaciones. Pues bien, nuestro análisis filológico debe atender lo más posible a todos esos aspectos.
Por eso, todo cuanto Freud o Heidegger nos puedan enseñar
sobre el sujeto que habla, todo cuanto nos enseñe la lingüística sobre la lengua que habla al margen del sujeto y todo
cuanto la historia nos enseñe sobre los oyentes de Cervantes
y sobre nosotros como posibles oyentes, está en el texto
cervantino. La interpretación será una tensión diferencial
entre lo que el texto dice realmente desde todos los aspectos
mencionados, y el peligro de leer demasiado. Porque un
texto contiene muchas cosas, pero no todas las que a veces
se nos ocurren[1].

Como se ve, voy usando constantemente el término «pensamiento», no filosofía. La historia del pensamiento es más
amplia que la historia de la filosofía; para la España de los
siglos de oro, el pensamiento, más que en filosofía propiamente dicha, se concreta en las relaciones entre literatura
y teología. Cuanto se puede rastrear de ciencia y filosofía,
está enmarcado en una visión del mundo que se expresa en
dogmas teológicos o en símbolos literarios donde los dogmas
se encarnan.

Al hacer historia del pensamiento no nos interesa resumir
sistemas u opiniones; nos interesa asistir al momento mismo
de pensar el pensador. Porque el pensamiento ya expre-

---

[1] Ésta es la filología propugnada por Ortega (*OC*, IX, Madrid,
Editorial Revista de Occidente, 1962, págs. 751 y sigs.), y en el fondo
no es nada nuevo, pues la filología comenzó así en Valla y Erasmo.

sado en tesis y posturas no tiene ningún valor para nosotros; lo ejemplar de los pensadores pasados es siempre el esfuerzo y el nivel. Esto no significa reducir el pensamiento del pasado a puros actos psíquicos al margen de los objetos pensados. Cuando decimos que nos interesa el momento dramático de pensar, nos referimos al compromiso del pensador con la verdad y con su actividad como intelectual. Aquí no estamos analizando un acto concreto de pensar o aprender, como pudiera hacerse en psicología. Por ejemplo: al estudiar a Vitoria referimos sus tesis sobre la conquista de Indias o sobre la libertad; pero nos parece más virtual poner de relieve sus dudas y reticencias, el drama entre lo que dice y lo que parece querer decir. Porque a nosotros hoy nadie nos va a preguntar sobre la licitud de conquistar las Indias; en cambio tenemos a diario dudas, reticencias y luchas entre lo que decimos y lo que diríamos. El estudio de Vitoria desde esta perspectiva le hace un pensador actual; el Vitoria de las Indias se murió en 1546. El mismo método aparece claro en la meditación tercera cuando estudiamos el pensamiento de Cervantes. Allí veremos cómo aprovecha las migajas filosóficas de la escolástica. Si sólo nos hubiera trasmitido eso, el estudio sería pura curiosidad; pero en las obras de nuestro ingenio trasciende, por entre los aforismos recibidos, el hombre Cervantes con sus ideales y fracasos, sus temas obsesivos y sus silencios. El estudio de esos ideales y temas reflejará el pensamiento cervantino más que la catalogación de aforismos filosóficos o teológicos. En todo caso la relación entre lo aceptado y lo creado por él producirá una tensión diferencial en su obra, y esa tensión es el objeto de estudio.

Lo que llamamos aquí pensamiento quizá pudiera identificarse como lo que entienden los alemanes por *Weltanschauung,* y ahora se dice «cosmovisión» en español. En la

medida en que *Weltanschauung* implica una postura global
ante el mundo, no habría dificultad. Pero al mismo tiempo
el término alemán comporta cierto relativismo. Se supone
que la filosofía tiene como objeto la verdad objetiva, y la
«cosmovisión» es una actitud personal refractaria a reglas
objetivas. De esa manera la única rentabilidad científica de
las cosmovisiones era el flanco que podían ofrecer para un
estudio histórico o psicológico. Nosotros no entendemos el
pensamiento en este sentido relativista. Nos interesan Cervantes y su mundo porque encontramos en su pensamiento
y obra estructuras objetivas y «necesarias» (en la medida
en que la existencia humana tiene estructuras necesarias)
del hombre.

En nuestro estudio pretendemos sistematizar esas estructuras según aparecen en Cervantes. En principio, los
datos más nimios en apariencia pueden tener pleno sentido,
y otros con más promesas iniciales, quizá deban ser rele-
gados a lugar secundario. Por ejemplo: el que Cervantes
fuera cautivo es de la mayor importancia no sólo porque
retorna constantemente en sus escritos, sino porque el cautiverio es una experiencia humana que se relaciona con la
emigración y el exilio, y puede dar origen a un interesante
estudio existencial. Este estudio hará que nosotros, no cautivos de Argel, pero emigrantes, exiliados y cautivos de otras
muchas cosas, podamos encontrar verdad humana en los
escritos cervantinos. En este sentido, el estudio del cautiverio es pensamiento, es una idea.

Lo contrario de la idea es la ocurrencia. En los estudios
literarios, ocurrencia es todo saber que no se pone en conexión con estructuras de la existencia humana. La frustración que sentimos ante tantos artículos y libros humanísticos viene de esa falta de conexión. Nos perdemos en anécdotas, caemos en un esteticismo estéril que goza de saber

chismes del pasado, como si el paso del tiempo les diera dignidad alguna. Acumulamos datos, y los estudios humanísticos son una malla impenetrable de palabra vana.

Las ideas son transparencia o creación de realidad ordenada y sistematizada; por consiguiente, comprobable y reproducible. Las ocurrencias reflejan realidades no universales o reproducibles, o hipótesis sin posibilidad de comprobación. A algunos profesores se les ha ocurrido que Don Quijote o el Buscón son figuras de Cristo. Hay un lado común: los dos personajes fueron apaleados y escarnecidos como Cristo; es perfectamente imaginable que Cervantes y Quevedo se acordasen de la pasión de Cristo en muchos momentos al escribir sus textos; pero después de admitir esas posibilidades uno pregunta: ¿y qué? Según mis conocimientos de ahora, todo artículo sobre la figura de Cristo en el *Quijote* o *El Buscón* será un conjunto de ocurrencias, no un estudio filológico. Pero en consonancia con el principio antidogmático, he dicho: «según mis conocimientos de ahora»; en mi soledad he visto cosas muy claras que no son verdad.

CRITERIO DE VALORACIÓN DEL PENSAMIENTO

Para comunicarnos con un pensamiento del pasado y valorarlo, necesitamos un criterio. Este criterio no puede ser otro más que el grado de entusiasmo por la verdad que el pensador refleje. El entusiasmo por la verdad supone actitud de búsqueda, rebelión contra el tópico y la palabra vacía, y, como consecuencia, rebelión contra las jergas de sistema y de partido.

Con otra formulación podríamos decir que el criterio de valoración para el pensamiento es la sensación íntima de libertad que da. Porque un pensamiento que se presente esclavizado a instancias exteriores, magisterios o sistemas establecidos, no es pensamiento. El término «sensación íntima de libertad», aunque parece subjetivista e individualista, no lo es. Para mí, las dualidades sujeto-objeto, interior-exterior, individual-social, son sintaxemas del lenguaje vulgar impreciso y vacío. Toda especulación filosófica desde Platón no ha sido sino el intento de encontrar puntos medios para esas dualidades del lenguaje diario, que nos atosigan en su telaraña. La sensación íntima de libertad es precisamente la fuerza de una visión científica —y, por consiguiente, objetiva y comprobable— que perfora esas contradicciones tópicas. Pensar es situarse conscientemente en el punto de mutua inserción y rechazo de las dualidades que gobiernan el habla diaria [2].

El pensamiento tiene dos enemigos: el escolasticismo y la geometrización. Escolasticismo es la filiación *a priori* de la mente al lenguaje de una escuela o tradición. En un principio, esto no tiene por qué ser peligroso; nadie empezamos desde la nada. ¿Por qué ha de ser inadmisible afiliarse metódicamente a un sistema? Y aún parecería más inocente afiliarse sólo a un lenguaje. Pues bien, la experiencia enseña que la filiación metódica termina en ceguera y prisión. La neoscolástica y todas las formas de pseudosociologismo que se dan en la crítica literaria prueban el aserto. Cuando empezamos esclavizados al lenguaje ajeno, asimilamos los extremos petrificados de la diferencia: idealismo/realismo, teoría/praxis, etc.; pensar, en cambio, es precisamente asis-

---

[2] La historia de la filosofía es el mejor testimonio de que el pensamiento es esencialmente la superación de antinomias tradicionales. Se puede resumir la historia de la filosofía catalogando polaridades con las cuales se han debatido los pensadores: uno/múltiple, ser/devenir, razón/fe, etc. Ahora bien, hay muchas otras dualidades que no pertenecen al campo filosófico, sino al de otras ciencias: individuo/sociedad, sociedad/estado, inflación/recesión, etc.

tir al despliegue de los extremos desde el punto de su mutua inserción.

Mayor peligro que el escolasticismo ofrece la geometrización del pensamiento, que consiste en esclavizarse a las fórmulas encontradas por uno mismo, aunque sean valiosas y originales. A veces, después de mucha investigación, llegamos a sistematizar y explicar textos del pasado de forma plausible y quizá verdadera. Si en este momento no estamos alerta, nos esclavizamos a nuestros propios hallazgos, los convertimos en panacea universal y se empobrecen nuestras afinidades receptivas. Nuestra mente se zambulle en el esquematismo; tiene preparada la casilla para todo nuevo estímulo, y nuestro pensamiento se reduce a un elemental trabajo clasificatorio. El esquematismo, la seguridad de que no hay nada nuevo bajo el sol y de que todo está dicho en nuestro sistema, tiene apariencia de conocimiento, pero no lo es; es pensamiento salvaje. En ciencia es bastante fácil distinguir al investigador del chapucero; pero en humanidades —no aludo sólo a mis colegas— es una muerte el no poder distinguir claramente cuándo estamos realmente pensando y cuándo nuestra mente está salvaje[3].

Las reflexiones precedentes encuentran aplicación práctica en nuestro estudio del pensamiento español del siglo XVI. El drama de la Inquisición se nos presenta —espero demostrarlo— como el resultado de un pensamiento geometrizado. Posturas inmorales e históricamente funestas, como la persecución del disidente, se tomaron por esclavitud a fórmulas hechas y por no haber estado las mentes abiertas a las infinitas posibilidades de la realidad frente a la pobreza de todos los esquemas.

---

[3] Cf. Lévi-Strauss, C., *La Pensée sauvage*, Paris, Plon, 1962.

Otra aplicación práctica de nuestras reflexiones se encuentra en el análisis de la novela picaresca (meditación quinta). Algunos estudiosos de la literatura han visto en el pícaro una encarnación de la libertad sin trabas. Esperamos demostrar con el análisis del *Guzmán de Alfarache* que la libertad del pícaro no entraría en ningún esquema positivo de desarrollo de la conciencia. No es ni siquiera un término negativo que conduzca a síntesis positivas en una visión dialéctica; la libertad del pícaro es simple huida y conformismo.

Finalmente, como veremos al estudiar el pensamiento de Cervantes, es necesario reconocer que en todo momento nuestro pensamiento y libertad viven en la fusión de tres actitudes o niveles: nivel de complacencia, nivel crítico, nivel creador. Quien se petrifica en el primero, vive esclavo del tópico y el partido. Pero más peligroso aún es petrificarse en el segundo nivel. Criticar es siempre más fácil que crear. En humanidades se da este peligro con mucha frecuencia; no sólo en la reseña y en el escepticismo frente a mucho de lo que se hace, sino en la forma de los grandes proyectos y planes que no se realizan. Todo lo que yo voy diciendo aquí, si fuera una pura reflexión teórica sin aplicación a textos, como darán las siguientes meditaciones, caería en lo que estoy criticando. Al hacer historia debemos distinguir claramente a los verdaderos trabajadores de los simples dibujantes de planos. Por ejemplo, en el siglo XVIII cualquiera daba su cuarto a espadas diciendo que debíamos cultivar las matemáticas y ciencias útiles. Hoy solemos apreciar a tales arbitristas como señores respetables en la historia pobre o rica de nuestra ciencia. Sin embargo, todos esos arbitrios se pueden dar sin saber sumar quebrados.

La crítica y el planeamiento son a la creación lo que el nivel abstracto es al concreto y real. Nosotros pretendemos estudiar cómo se funden en Cervantes los tres niveles.

LAS EXPLICACIONES HETERO-
GÉNEAS DEL PENSAMIENTO

Al hacer historia del pensamiento, nosotros no hacemos «historia de las ideas». Esta disciplina, como la «historia de palabras» *(Wortgeschichte)* alemana, es muy útil, pero se queda a un nivel superficial y peligroso. La utilidad aparece clara cuando los términos se han ido cargando de significaciones secundarias y ya no es fácil saber lo que se dice con ellos. En la próxima meditación, por ejemplo, hablaremos de «humanismo». Si no definimos el término, estamos usando palabras vacías. Ahora bien, en estos casos, el asistir al nacimiento del término, ver qué significó para quien lo introdujo, cómo fue recibido y cómo se le han ido adhiriendo las connotaciones laterales, da más claridad que ninguna especulación sobre lo que «debiera significar». La «historia de palabras» puede curarnos de especulaciones en el vacío. El peligro, en cambio, es que olvide sus propios límites y crea que eso es toda la historia intelectual. Supongamos que uno cataloga millares de citas en que al hombre se le define como «microcosmos»; publica un libro con sus notas y parece que la imagen del hombre como «microcosmos» es central en una época o durante muchos siglos. Pero esa imagen griega, cuando llegó el cristianismo se fusionó con la idea del hombre como imagen de Dios. A partir de entonces las dos definiciones se funden hasta el punto de que la idea de «microcosmos», esencial en la metafísica griega, se convierte para muchos pensadores cristianos en pura metáfora. La historia de la idea estará bien hecha cuando se vea la idea encarnada en sus distintos contextos.

Cuando el pensamiento se define en ese momento generativo de que hemos hablado antes, no puede ser explicado por instancias exteriores a él. Todas esas instancias son momentos del pensamiento mismo, y lo que llamamos «explicación» es solamente el despliegue de todos los momentos para ver su mutua incorporación. Con esto no predicamos ningún idealismo; hemos definido el pensamiento en uno de sus aspectos como transparencia y creación de realidad; de forma que deseamos aparecer como realistas, pero nos oponemos al materialismo programático de los críticos marxistas, que nos parece contrario a la experiencia porque las condiciones socioeconómicas de un momento dado son el predominio de unas determinadas ideas sociecónomicas en un momento dado. El materialismo histórico y dialéctico se funda en un materialismo metafísico, y para mí el espíritu es una realidad sencilla y perfectamente visible: esto que habla y escribe. El subterfugio de que el espíritu sea una sublimación (Freud) o superestructura (marxismo) en relación con subestructuras que subrepticiamente se presentan como *la verdad*, es un subterfugio y una asociación subrepticia, irreflexiva. Un análisis de la existencia humana nos presenta como problema básico precisamente la relación de la libertad individual frente al cosmos y frente a la sociedad, y la relación del pensamiento personal con la estructura objetiva de la lengua. En cuanto postulemos que uno de los dos elementos es el básico respecto del otro, hemos destruido el problema en favor de actitudes fáciles.

Estas observaciones provienen de que hemos pretendido aprovechar en nuestro análisis de Cervantes cuanto puedan aportar Freud y el marxismo. Al mismo tiempo, sus estímulos y hallazgos creemos que deben incorporarse a una exégesis más amplia. En muchos casos la crítica que se llama marxista sencillamente cae en el ridículo; he aquí un ejemplo, cuyo autor silenciaré: «la pertenencia a la pequeña burguesía acomodada hace a Unamuno y *Azorín* subjetivistas, si bien al mismo tiempo fuertemente interesados por sus hermanos perdidos, los hombres del pueblo». Todo epigonismo es de valor secundario; si es modesto y consciente de sus límites, ejerce una función cultural laudable; pero el día que se cataloguen proposiciones del epigonismo marxista, se verá lo salvaje que ha sido la crítica literaria de nuestro tiempo.

Contra esa palabrería vana clamaron Trotzky y Lukács hace muchos años[4]. Siguiendo los surcos practicables entre la maleza de propaganda, partidismo y salvajismo de la *Estética* del último, nosotros hemos buscado en el *Quijote* cuanto pueda reflejar de las relaciones socioeconómicas de la sociedad que presenta. Junto a esos hallazgos, que incluimos en la meditación cuarta, nos han surgido preguntas de gran importancia para nuestra historia, pero que no podemos contestar:

1. En una historia de la literatura española verdaderamente comprensiva tendríamos que conocer el impacto social de los libros de caballerías. Si eran los *best-sellers* de su tiempo, ¿quiénes son sus autores y qué significaron socialmente?

---

[4] Trotzky, L., *Literature and Revolution*, pág. 178; Lukács, G.: «La estética marxista ha de rechazar todo intento, ya sea de relativizar sociológicamente las formas artísticas, o de convertir la dialéctica en sofística y de borrar la diferencia objetiva entre alto arte y chapucería, o sea, pues, de despojar la forma artística de su carácter de objetividad». (*Problemas del realismo*, México, Fondo de Cultura Económica, 1966, pág. 41). Cf. Alfonso Sastre, *Anatomía del realismo*, Barcelona, Seix Barral, 196 págs.

2. Cuando Cervantes nos dice que escribe contra los libros de caballerías, se suelen aducir catálogos en los que se demuestra que el último publicado fue *Don Policisne de Beocia* (1602)[5]. Después se publicaron algunas reediciones, pero ninguno nuevo. Se dice que el género estaba en decadencia; pero tendríamos que saber cómo se difundía el libro a fines del siglo XVI. En el proceso de Carranza (encarcelado en 1559), todavía se habla mucho de «libros de mano»; entre 1580 y 1600 se editan y reeditan bastantes libros de caballería. Contando el tiempo que tardaran en difundirse, la vigencia media de un libro en un tiempo en que las publicaciones no proliferaban como ahora, y el hecho de que Cervantes en esos veinte años alcanza esa edad en que ya es difícil seguir abierto a las modas, muy bien pudiera ser que para él el libro de caballerías no estuviera en decadencia.

3. Si tomamos una *Historia de la literatura* como la de Hurtado y Palencia, que «los contiene todos», y vamos viendo su profesión, encontramos que la generación de Cervantes, los nacidos hacia 1550, son los primeros que, por su dedicación a escribir y el volumen de sus escritos, pueden ser considerados escritores profesionales. Y aquí surgirá la pregunta: ¿se dan condiciones socioeconómicas que expliquen el fenómeno, o fue la creación personal de un Cervantes o un Lope la que creó en la masa de lectores la necesidad de leer o ver teatro? Desde Cervantes a Calderón, el escritor va siendo cada vez más profesional, más humanista y «universitario». La pregunta se podría responder estudiando si

---

[5] Cf. Palacín Iglesias, G., *En torno al Quijote. Ensayo de interpretación y crítica,* 2.ª ed., Madrid, Ediciones Leira, 1965, cap. I. La tesis central de Palacín Iglesias es que Cervantes no pudo escribir contra los libros de caballería, sencillamente porque ya estaban muertos como género.

la difusión de centros de enseñanza creó sencillamente una masa de lectores que hizo surgir al autor profesional.

4. Recordemos estos versos de Marquina:

> No, no, ni los galeones
> que vi en esos oceanos,
> ni todos los orejones
> de los indios peruvianos...
> traen tanto oro, aljófar, plata
> y joyas, madre priora,
> como trae hoy la señora
> sobre su traje escarlata.

(*La alcaidesa de Pastrana.*)

Oyendo estos versos una vez, tuve esta ocurrencia: «este teatro está escrito para un público que no sabe leer». Sólo un público que viva de la pura musicalidad de la palabra, sin atención al contenido y sin pararse cinco minutos a pensar sobre nada, puede recibir pacíficamente versos de ese tipo. Ahora bien, ¿cuánto hay de esto en nuestro teatro del siglo de oro? ¿Debemos mirar su popularismo con ojos complacientes o con el dolor de que mantuvo a los espectadores sin leer ni pensar? En este caso, cuando Cervantes lo critica, ¿está simplemente abogando por las reglas del Pinciano, o por un teatro y una novela educativos, que muevan a pensar?

Es imposible seguir enumerando la cantidad de preguntas para nuestra historia literaria que nos sugiere la estética marxista, sin necesidad de aceptar el materialismo histórico ni dialéctico [6]. En cuanto al teatro, nos induce a re-

---

[6] No me resisto a levantar por lo menos dos preguntas de tipo socio-económico aplicables a Cervantes y su tiempo: el mecenazgo y el surgir de la profesión de escritor, y la otra, un poco más complicada: la muerte de la cultura neolatina, que era la respetada y consagrada, frente a la vulgar, que comienza como cenicienta, pero ter-

pensar qué significan la noción de comedia y tragedia como típicas de las clases baja y alta, respectivamente, la noción de decoro, la división de estilos según una escala de jerarquías sociales, etc.

Otra ventaja de las reflexiones marxistas es superar los fáciles simbolismos que una sociología de aficionado, sin criterios científicos, solía encontrar en las obras literarias. Era fácil ver el *Quijote* motejado de obra decadente en consonancia con la decadencia general que encarnaba Felipe III. Y no digamos cómo se desbordaba la imaginación viendo en el caballero el idealismo y el realismo en su escudero. De buenas a primeras cambiaban los papeles y Don Quijote se «sanchificaba». Don Quijote era el castillo interior del alma nacional, el símbolo trágico de un pueblo que dijo «no» a la cultura mientras Robinson se la creaba de la nada. Se olvidaba que cuanto hace Robinson lo hace con los restos del barco que le arrojó en la isla. Yo creo que la estética marxista nos ha curado de estas alegorías [7].

---

mina imponiéndose. La literatura vulgar tenía pueblo receptor; en cambio, la literatura neolatina no tuvo más que sus creadores «amanerados».

[7] Las preguntas formuladas y las observaciones que haremos en las meditaciones tercera y quinta muestran, a mi entender, la pobreza de las páginas dedicadas a Cervantes por Arnold Hauser (*Sozialgeschichte der Kunst und Literatur*, München, Vlg. C. H. Beck, páginas 425-430). El *Quijote* es para Hauser el símbolo de la lucha «entre el mundo ideal-romántico y el real-racionalista» (pág. 428). Esperaríamos encontrar el método marxista aplicado a Cervantes en Werner Krauss, *Miguel de Cervantes. Leben und Werk*, Neuwied und Berlin, Luchterhand Vlg., 1966. Sin embargo, sólo contiene algunas observaciones generales sobre nobleza, burguesía y campesinaje en el *Quijote* (pág. 155). Algunas afirmaciones en este sentido son erróneas. Por ejemplo, cuando dice que la Universidad de Alcalá se funda orientada hacia el humanismo, «porque la aplicación a la palabra y desviación del concepto respondían a las necesidades de los nuevos estados, que necesitaban cabezas sin prejuicios, capaces de dirigir la tramoya burocrática» (pág. 17). Nada más contrario a la intención

En cuanto a Freud, diremos algo parecido. Sus obras se tradujeron muy pronto al español. Tomando por modelo las biografías de Marañón, sin necesidad de leer directamente a Freud, las historias literarias hubieran podido ser más científicas en sus biografías de autores y en los métodos de caracterización de los personajes literarios. En *Psicopatología de la vida cotidiana,* cita Freud un juicio de Sancho Panza.

> En sus días de gobernador se le presenta una moza clamando justicia porque ha sido violada en el campo por un ganadero. Sancho hace que el ganadero le entregue a la moza veinte ducados de plata y luego le manda que pruebe a quitárselos. No hay fuerza humana que arranque los ducados de la moza. Sancho sentencia: «Si el mismo aliento y valor que habéis mostrado para defender esta bolsa le mostráredes, y aun la mitad menos, para defender vuestro cuerpo, las fuerzas de Hércules no os hicieran fuerza». (*Quijote,* II parte, cap. 45).

Freud declara injusta la sentencia de Sancho porque éste no tiene en cuenta que el instinto sexual de la mujer funcionaba en favor del violador, aunque de hecho la mujer no consintiera voluntariamente. En cambio en la lucha por los ducados, voluntad e instinto sumaban sus fuerzas [8].

No hacía falta citar a Freud para percibir ese consentimiento instintivo de la mujer, que produce precisamente la gracia del pasaje. Por otra parte, la observación de ese secretillo del alma humana es tan obvia, que no tiene carácter científico alguno; en Freud lo tiene sólo como un dato para su tesis global de que toda expresión psíquica forma

---

de Cisneros, para quien la filología era estudio de la palabra de Dios, y que fundó Alcalá precisamente sin facultades de leyes ni derecho canónico. Krauss confunde la filología de Valla y Erasmo —compromiso con la palabra de Dios— con la filología alemana de nuestro tiempo. Detalles parecidos, págs. 158 y sigs.

[8] Freud, S., *Gesammelte Werke,* IV, London, Imago Publishing Co., 1941, pág. 201.

parte de un sistema organizado. De manera que nosotros podríamos hacer muchas observaciones parecidas sobre situaciones en las obras de Cervantes, y sólo serán ocurrencias mientras no las incorporemos a un teoría cervantina de la caracterización.

El ejemplo de Freud nos estimula desde otro punto de vista. Freud considera injusto lo que Sancho consideró recto. Entre uno y otro media todo un humanismo. Precisamente Sancho condenó a la ex doncella porque sabía, como Freud, que ella en el fondo había concedido gustosa; pero Sancho no aceptaba esa inclinación del instinto como circunstancia paliativa. La moral de nuestro gobernador se formaba en los sermones del párroco Pero Pérez, graduado en Sigüenza, y en aquella moral la concesión de la voluntad te hacía «simpliciter» responsable, aunque no lo fueras «secundum quid», es decir, aunque hubiera algún paliativo por la fuerza de la concupiscencia [9]. Lo mismo que Sancho pensaba Cervantes, como veremos al analizar *El curioso impertinente* (meditación sexta); y ese sentido riguroso de la moral que debe oponerse a la concupiscencia (especialmente en vista del supremo bien, que para un infiel es la conversión al cristianismo), explica la conducta, dura en apariencia, de Zoraida frente a su padre Agi Morato.

Estos ejemplos demuestran cómo he aprovechado la lectura de Freud para una mejor comprensión de Cervantes. En muchos casos la atención psicológica nos sirve para captar reacciones de detalle entre los personajes, y en este sentido para percibir la maestría de Cervantes en el arte del retrato, en su capacidad de fijar actitudes momentáneas, etc. El peligro, como siempre, sería leer en Cervantes lo que no hay, confundiendo la interpretación con nuestro deseo de

---

[9] Cf. Morón, C., *Sentido y forma de «La Celestina»*, págs. 79-81.

embutir ciertas ideas propias; por eso en estos casos un detalle aislado no sería suficiente para acercarse al *Quijote* con un método determinado de crítica moderna. Ahora bien, en nuestro caso Freud nos puede ayudar para interpretar la noción cervantina de locura, la concesión al deseo que Don Quijote hace cuando no quiere probar por segunda vez su celada de cartón y la diputa por buena (cap. 1); otro momento que Freud pudiera haber citado es la teoría del olvido que da el cura cuando a Dorotea se le escapa el nombre que debe fingir ante el caballero:

> No es maravilla, señora mía, que la vuestra grandeza se turbe y empache contando sus desventuras, que ellas suelen ser tales que muchas veces quitan la memoria a los que maltratan, de tal manera, que aun de sus mesmos nombres no se les acuerda. (Cap. 30).

Los ejemplos aportados, tanto en la aplicación de criterios marxistas como psicoanalíticos, no explican el texto desde categorías exteriores a él; son simplemente elementos de incorporación en los cuales el texto cervantino aparece con más claridad. Por otra parte, la repetición del motivo en Cervantes indica que él era perfectamente consciente de la verdad humana y el efecto artístico de esos secretos individuales o sociales que introducía en su libro.

De esto no se deduce que nuestro ingenio anticipara los pensamientos de Marx y Freud hacia 1600. El uso de estos métodos modernos para entender el texto de Cervantes hay que contrastarlo siempre con la diferencia radical de humanismos que separa a los dos autores modernos del español antiguo. Éste concuerda con ellos en algunas ramas de experiencia común, pero tiene sus raíces en una tierra completamente distinta.

Todo lo dicho en esta sección pretende distinguir la incorporación del mecánico estudio de fuentes o de la aplicación apriorística de patrones a los textos. Éstos no se explican desde nada exterior, sino que se leen en distintos niveles de significado y profundidad. Y si se pregunta quién decide cuándo una explicación es válida y cuándo es la imposición de un patrón inapropiado, la solución es comparar las distintas perspectivas y ver sencillamente cuál ilumina mejor el texto que se trata de comprender.

INCORPORACIÓN Y COMPRENSIÓN

El lector recordará quizá de sus días de estudiante algún texto que no lograba entender; y si el examen amenazaba, no había más solución que trasvasarlo a la memoria con sus puntos y comas. ¿Por qué no entendíamos aquel texto? ¿Qué hubiera sido entenderlo? Sencillamente que sus términos hubieran suscitado en nosotros aquella experiencia desde la cual el autor los escribió. Entender, en su sentido primario, es recrear una experiencia ajena: llevados por las palabras que leemos, descubrir la realidad que el autor de esas palabras nos señala. Tomemos un aforismo de Machado:

> Luz del alma, luz divina,
> faro, antorcha, estrella, sol;
> un hombre a tientas camina,
> lleva a la espalda un farol [10].

La simple lectura del texto se puede hacer a dos niveles. Podríamos ver en el primer verso un sentido vagamente religioso, ya que los tres términos «luz», «alma» y «divino»

---

[10] Machado, A., *Poesías completas*, CXXXVI, aforismo 51. Colección Austral, 149. Madrid, Espasa-Calpe, 1969, pág. 162.

suscitan fácilmente asociaciones de ese carácter; las asociaciones religiosas implican seguridad, y en contraste pon-
dríamos la experiencia machadiana de sentimiento trágico:
«un hombre a tientas camina». Lo que no sería muy claro
en esta vaga inteligencia del texto es el farol a la espalda;
pero, tratándose de un aforismo en verso, siempre podríamos
consolarnos diciendo que no todo en poesía debe tener una
traducción racional.

Pero una experiencia más rica del fenómeno conocimiento permite mejor interpretación: los dos primeros versos
son piropos a una razón ideal como la concebimos en la
vida diaria: una razón que dirige nuestras acciones y pretende dar razón de todo. Sin embargo la experiencia nos
dice que las cuatro decisiones más importantes de nuestra
vida: profesión, estado, religión y sentido general de la existencia no las tomamos como fruto de largas reflexiones o
consejos. Sin pretender quitar el pan a los directores espirituales, su función es más consolatoria que directiva; esas
cuatro decisiones se toman siempre en forma de un salto
cuando la razón nos ha dejado en la encrucijada, inmóviles
como el asno de Buridán. Por eso los piropos a la razón de
nuestro lenguaje diario son opuestos por el pensador poeta
a la verdadera experiencia humana, que es ir caminando a
tientas con el farol a la espalda. Si leemos esos versos junto
a los paralelos: «caminante, no hay camino, se hace camino
al andar», la interpretación segunda se presenta como la
única correcta.

Esta interpretación tiene dos caracteres; el primero es
que comprender es aceptar. Porque entender esos versos ha
supuesto reproducir en mí la experiencia de una decisión
vocacional que debió ser muy semejante a experiencias de
Machado en parecidas circunstancias. El segundo carácter
es que este tipo de comprensión supera las distancias histó-

ricas. Entender hoy a Platón es reproducir las experiencias que llevaron a Platón a escribir su doctrina. En definitiva, el análisis de la comprensión-recreación que acabamos de hacer reproduce simplemente la sentencia platónica: aprender es recordar. Aprender es oír la voz del maestro como un estímulo para reproducir en nosotros la realidad que el maestro quiere poner delante de los ojos. En el sentido de comprender como recrear va implicado el significado moral de la palabra comprensión. Porque comprender es siempre aceptar.

Todo lo anterior sería fácil de admitir si no hubiéramos desembocado en la última frase, claramente errónea. La experiencia más elemental nos dice que comprendemos muchas cosas inaceptables, por ejemplo, esa frase. Además, como defensores de una tesis, hemos escogido el texto que mejor nos cuadra, pero hay muchos otros en los cuales difícilmente podemos reproducir una experiencia. El *Lazarillo de Tormes*, por ejemplo, puede ser comprendido sin necesidad de ninguna recreación de ese tipo.

En efecto, hay un segundo modo de comprender, que es ver nacer. Comprender es asistir al nacimiento de una idea, obra o producto. En este sentido, comprenderlo es incorporarlo a las fuerzas que lo crean y sostienen; concretamente el *Lazarillo de Tormes* será un texto superficial cuyas cláusulas no requieren una reproducción en nuestra experiencia, como el texto de Machado; pero su comprensión exige que lo incorporemos a la historia de la novela, a la historia de la literatura española, a la historia de la autobiografía, etc. Cuantos más puntos de comparación tengamos para el *Lazarillo*, más rica será nuestra comprensión de la obra.

En este segundo modo de comprensión resurge el sentido histórico. Porque el modo de narrar o el modo de caracterizar en el *Lazarillo de Tormes* nos apunta a un contexto literario muy distinto del nuestro. Hemos recordado antes la sentencia de Platón sobre el conocimiento como *anamnesis*, y hemos visto que era verdad para nosotros; al mismo tiempo es fácil comprobar que Platón sitúa esa experiencia intemporal en un orbe mítico: aprender es recordar, según él, porque nuestras almas olvidaron las ideas al mezclarse con la materia; y el aprender es tornar a cobrar el tino y memoria perdida de su primer origen. Pues bien, cuando leemos el texto platónico y hacemos la distinción entre lo aceptable para siempre y lo típico de él y de la expresión griega en el siglo IV antes de Cristo, estamos aplicando los dos modos de comprensión: recreación con lo que aceptamos e incorporación a su tiempo, con lo que rechazamos.

Aplicando estas nociones a Cervantes u otro texto cualquiera, nuestra hermenéutica hace un esfuerzo por incorporar cuantos elementos puedan iluminar el texto: la biografía del autor, sus condiciones sociales, los rasgos psíquicos que haya dejado la experiencia infantil, el estado de la cultura o de la economía: todo cuanto podemos acumular para la inteligencia de un texto, le pertenece. Lo único que debemos evitar son las alegorías fáciles. Por ejemplo, hay un trabajo sobre Cervantes en que se trata de mostrar que Don Quijote es Lope de Vega; Dulcinea, Micaela de Luján, y Sancho, Tirso de Molina. Yo creo que la identificación de Tirso con Sancho es absurda. En 1605 el fraile mercedario no tendría más de veinticinco años, con todos los visos de un clérigo brillante; no cabe imaginar que el autor del *Quijote* quisiera pintarle. Pero suponiendo lo impensable, que efectivamente hubiera Cervantes pensado en él cuando ideó la figura de Sancho, ¿de qué nos sirve el dato para entender la figura y función de Sancho en la novela y en nuestra vida? Supongamos que Cervantes tuviera algún dedo de linfa de cristiano nuevo —ya que la enjundia era para los viejos—; este dato nos llevará a catalogar las pullas que sobre eso existan en sus obras; nos llevará a mirar con doble atención sus ideas sobre conversión e infidelidad, etc.; en este sentido la ocurrencia es útil: nos abre los ojos para mirar con más atención al texto. Pero ¿sirve este detalle para entender el tronco de la creación cervantina? Los dos últimos ejemplos manifiestan lo que es imponerle a una obra patrones heterogéneos que no ayudan a explicarla y entenderla.

La inteligencia, hemos dicho, es transparencia y creación. Al reproducir las experiencias ajenas y al incorporar los textos a su ambiente, la inteligencia comprende haciendo transparente el texto. Pero todo juicio maduro es una toma de posición; y con esto llegamos al tercer sentido del término comprender: comprender es construir. La comprensión definitiva de una obra se logra cuando la individualizamos como realidad y sencillamente la valoramos. Es una experiencia bastante común el inundar de adjetivos laudatorios las obras consagradas; en cambio, nos encontramos perplejos ante el poema del amigo. Y en caso de duda, preferimos decirle que no sea loco y se lo guarde. Creo que es normal la desconfianza ante el poeta, novelista o artista incipientes. Esta actitud procede de nuestra falta de criterios para juzgar y desgraciadamente significa que nuestra mente no ha madurado con respecto a esa manifestación de la cultura que llamamos arte. Podemos pasarnos toda la vida enseñando arte o literatura, sabiéndonos todos los chismes de la vida de Lope, todos los argumentos de sus comedias y todos los secretillos de su estilo, y, sin embargo, sin saber qué significa la comedia de Lope, es decir, sin saber lo principal. Comprender es construir, es decir, introducir todo contenido cultural del pasado en nuestro universo de valores humanos. Los valores estéticos son simplemente un sector de los valores humanos.

En este punto levanta sus cabezas la hidra de peligros de que hablamos en otros momentos. ¿Cómo juzgar desde una posición personal sin caer en el dogmatismo? ¿Cómo conservar la actitud de abertura y la riqueza de afinidades receptivas para los aspectos de la obra que no hemos visto aún o para otros métodos críticos que nos puedan iluminar sobre ella? ¿Cómo distinguir la postura lícita de la ideología interesada y dogmática? No hay receta teórica para estas distinciones. Solamente la publicación de nuestras posturas y el diálogo con los demás hará ver los hallazgos y límites de cada uno.

La comprensión como construcción en los ejemplos aducidos de Machado y el *Lazarillo* se reflejaría en las decisiones siguientes: qué significan los cuatro versillos como aforismo poético y filosófico; qué significan como verdad y como peligro de narcisismo. Porque esos versos forman ambiente con el subjetivismo de Unamuno. Al mismo tiempo, es claro que Machado y Unamuno son más que puros subjetivistas y narcisistas. Es decir, la última posición crítica es juzgar una obra desde un humanismo; si bien en este caso yo me abstendría de criticar a un escritor muerto por no haber hecho lo que a mí me gusta. No tiene sentido pretender cambiar a un muerto; por consiguiente, frente a él procuraré aprovecharme de lo que parezca valioso y no estropearé hojas con lo que me parezca inválido. En cuanto al *Lazarillo*, la comprensión-construcción me obligaría a juzgar el significado de la novela como expresión cultural en la vida moderna, y el significado de sus tesis como expresión de un humanismo.

LOS NIVELES DE LA COMPREN-
SIÓN: INTUICIÓN, NOCIÓN, IDEA

Todos los términos que se relacionan con el conocimiento
pueden estudiarse en dos planos distintos: uno, el que llamaríamos psicológico y primario; otro, el existencial: El
término «intuición» en el primer plano significaría un contacto de la potencia cognoscitiva con la realidad-objeto sin
mediación de ninguna inferencia o asociación; el término
«idea» en ese mismo plano se suele definir como «la representación mental de un objeto». Valgan lo que valgan esas
reflexiones, a nosotros no nos interesan. Nosotros usamos
los términos ya en un sentido existencial: intuición, noción
e idea son distintos niveles o grados de transparencia de la
realidad en nuestra palabra o libro. Yo puedo ir por un
corredor y tengo de las paredes un conocimiento suficiente
como para no darme de bruces con ellas, pero sin atención
especial: éste es el nivel de intuición; esas paredes pueden
estar en mi casa y quizá me estorban, porque con una distribución nueva todo sería más práctico; entonces pienso en
la pared directamente (esto es la noción); pero yo no sé si
el cambio de esa pared es estructuralmente posible; por
supuesto, desconozco el material de que está hecha y si el
cemento de la nueva debe tener tal o cual proporción de
arena. Para eso llamo a un experto, que conoce esos detalles: este experto es quien tiene idea de lo que es la pared.
Él conoce sus materiales y función, mientras que yo, al no
conocer más que su nombre, sólo tengo una vaga idea de
ella.

Pues bien, toda la cruz de las humanidades es la caren-
cia de un criterio preciso para distinguir las ideas de las
nociones. La mayor parte de españoles que interpretamos

la historia de España tenemos un conocimiento del pensamiento español que no pasa del nivel intuitivo. Sabemos que existieron algunos pensadores; del siglo XVI quizá podamos dar tres o cuatro nombres; pero del siglo XV o del XVII probablemente el lector no recuerde tres o cuatro nombres de pensadores, excluyendo los «literatos». Todos nos hemos alcoholizado en algún momento con los piropos a Salamanca: «Atenas española», «omnium scientiarum princeps»; pero nos sería difícil recordar algún escrito de los siglos XV y XVII producido en esa ciudadela del saber. Con esto no quiero molestar al lector; este libro, en definitiva, surgió cuando yo me hice esas preguntas y me encontré vacío.

Para el tema Cervantes en concreto, la dificultad está entre los niveles de noción e idea. Todo trabajo parcial, oscuro o falso permanece en el primer nivel; sólo quien logre la exposición más completa posible de Cervantes y su circunstancia con un lenguaje preciso y claro llega al nivel de idea. Idea, para nosotros, no es la simple «representación mental de un objeto», como se define en psicología o en lógica elemental; idea es la postura final que conquistamos sobre cualquier cosa después de haber trabajado en su comprensión: es lo que expresamos en la lengua diaria con la frase «tener una idea», y no en el sentido de vaga (para eso he usado el término «noción»), sino una idea como sinónimo de una postura personal.

En el «preludio» (palabra clásica en los libros de meditación) hemos distinguido tres niveles de vida intelectual: memoria, fantasía, poder; en este capítulo hemos hablado de tres vías de comprensión: recreación, incorporación, valoración; ahora catalogamos tres niveles más. ¿Qué relación tienen esas tríadas entre sí? La primera se refiere a nuestra actitud personal como intelectuales; la segunda describe el proceso del comprender; reproducir las experiencias de otro sería típico de la inteligencia fantasía; incorporar, en cambio, sería una perfecta síntesis de la fantasía y la memoria; porque sin erudición no se incorpora nada correctamente; en cambio, la valoración no viene sin la inteligencia-poder. La tercera tríada, intuición, noción, idea, pretende describir los niveles de transparencia que la palabra puede tener para nosotros tanto en la conversación diaria como en el trabajo histórico. En la conversación diaria, por ejemplo, vivimos colgados del puro sonido de la palabra; no nos da apenas tiempo de pensar en lo que oímos o decimos, porque la conversación sigue; por eso hay que estar siempre cantando palinodias y dando explicaciones. Incluso reacciones de enfado que surgen espontáneas ante ciertas expresiones, se dominan cuando se penetra en el sentido de lo que al interlocutor quiso decir. La conversación diaria es una cortina de niebla en que viven los sintaxemas petrificados —teórico/práctico, universal/particular, bueno/malo, etcétera— productores de todos los males de la humanidad.

En este libro veremos cómo Miguel de Cervantes supo reproducir esta experiencia en la lengua de Sancho. Pues bien, la distinción entre intuición, noción e idea la he introducido por el deseo de separar la escritura de la niebla de la conversación diaria. La escritura se repite y se corrige; nadie nos obliga a publicar si no tenemos algo que decir con claridad. Ahora bien, en humanidades, donde para bien —para que aprendamos a escribir— no tenemos lenguajes simbólicos, estamos constantemente en el peligro de traspasar al papel conocimientos vagos e imprecisos. Hay muchos libros en los cuales se nota que el autor los escribe paseando y dictando a su secretaria, o que son transcripción de lecciones de clase. La noción de idea pretende luchar contra eso y apunta a una voluntad de organización matemática en la exposición de materias humanísticas, conservando la voluntad de estilo.

INCORPORACIÓN Y FUENTES

Es corriente en nuestras conversaciones acusar a la «crítica tradicional» de haberse reducido a la búsqueda de fuentes. Bajo esas palabras: «crítica tradicional», se esconde una noción vaga, no realidad alguna; porque no acusaríamos a Menéndez Pidal, por ejemplo, de haber convertido sus estudios en búsqueda de fuentes. Ahora bien, entre sus inmensas lecturas, esfuerzo de una vida intelectual comprometida, encontraba semejanzas y diferencias entre distintas obras, y perseguía sus temas y motivos iluminando los unos en su incorporación a los otros. Los grandes maestros de la «crítica tradicional» hicieron respetable el estudio de la filología, incorporando el estudio literario a un conocimiento profundo de la lengua y del pensamiento. En cambio, a medida que el estudio literario se ha ido divorciando de la lingüística y la filosofía, más equívoco ha resultado su puesto en la universidad, sencillamente porque no hemos podido probar el valor intelectual del estudio literario independiente. Gran parte de la crítica se reduce a ocurrencias sobre argumento, disposición general de la obra o modos de conducta, que no tienen rigor científico.

Ahora bien, en tiempo de Menéndez Pidal había eruditos sañudos dedicados a la pura curiosidad y a la búsqueda de fuentes como los hay en nuestros días. Hoy, por ejemplo, tenemos representantes originales del método estilístico y estructural, y a su lado proliferan los contadores de sílabas y los buscadores de esquemas. Los antiguos eruditos sañudos y los modernos contadores de curiosidades son «crítica tradicional»; y los antiguos y modernos, que redujeron los textos a transparencia, son crítica moderna y progresiva.

Nosotros vamos a estudiar las relaciones de la novela española con la europea; vamos a detectar semejanzas y diferencias; este estudio nos sirve para construir el todo inteligible que buscamos. Si se diera un caso de semejanza entre el *Quijote* y otra novela cualquiera, para nosotros sería objeto de comparación aunque supiéramos que el segundo autor no conocía el *Quijote*. El historiador tiene que construir mundos de semejanzas y de diferencias al margen de las influencias concretas[11]. Porque todos sabemos por qué caminos insospechados nos vienen las imágenes o las ideas. Esta reflexión, a su vez, nos abre un nuevo punto de vista: al estudiar la presencia del *Quijote* en Francia o Inglaterra, lo normal es que busquemos los libros especializados dedicados a la materia; y en ellos solemos encontrar una serie de parodias y entremeses sin ningún valor ni significación literarios. En este sentido, esos libros son fuente de confusión; porque la mejor fortuna de Cervantes en Alemania o Inglaterra no estará quizá en la miríada de parodias en que figuran caballero y escudero, sino en la concepción de la novela como género literario, en los procedimientos de caracterización, en la fusión de humor y sublimidad, etc.

Desde estas reflexiones se ve claro que las nociones de originalidad e influencia pierden aquí sentido. Es imposible definir los muchos niveles de originalidad que son posibles, incluso en aquellos que imitan. Lo que no es imitación es plagio, se ha dicho. El aforismo es, naturalmente, exagerado; pero la imitación, en definitiva, no es sino un modo de tomar postura ante la realidad. La imitación es una crea-

---

[11] Para la noción de influencia, cf. Guillén, C., *Literature as System*, Princeton, N. J., Princeton University Press, 1971, págs. 17-68. Morón Arroyo, C., *System, Influence and Perspective: Three Words in Search of Definition*, en *Diacritics*, Spring, 1973, págs. 9-18.

ción, porque al tomar mi postura imitando a Ortega, por ejemplo, lo hago con toda conciencia, como si decidiera no tomar postura ninguna, o evitar toda influencia.

Sólo un punto hay que dejar claro en esta reflexión sobre la influencia y la originalidad. Por muy originales que fueran Voltaire o Goethe al escribir sus novelas, nadie pudo realizar el salto dado por el autor del *Lazarillo* y por Cervantes: crear el género; es decir, haber fijado la atención sobre la vida prosaica de cada día y haberle extraído su logos y significación cultural. Ese gran salto de la existencia bruta a la cultura estaba ya hecho por aquellos españoles que en el siglo XVI salían a buscar aventuras y volvían con un mundo nuevo.

UN NOMBRE

El método de crítica y exposición delineado en estas páginas podría llamarse «método existencial». Concibe toda obra de arte o pensamiento como el punto de encuentro y fusión de autor, condicionamientos sociales, destinatarios, verdad humana universal y todo eso, conservando la obra su individualidad e independencia. La obra no se diluye ni en la psique o intenciones del autor, ni en sus condicionamientos socioeconómicos o culturales. La obra permanece en su unicidad, pero unida dinámicamente a todos los factores individuales y sociales en que se incorpora.

El análisis consiste en describir esa obra como única, perseguir los hilos que la funden con su origen y destinatarios —aspecto generativo—, y presentar aquellos lados por los cuales la obra pudiera ser nuestra. El método existencial es pluralista y abierto; no desdeña ningún método parcial, y al mismo tiempo no es ecléctico, porque tiene sus raíces en algo que es obligatorio mencionar ahora, pero ya no más en todo el libro: una fenomenología de la existencia.

II

ESCOLÁSTICA Y HUMANISMO

ESCOLÁSTICA Y HUMANISMO

Escolástica es la simbiosis a que llegan en la Edad Media la filosofía griega y la fe cristiana. En el proceso de fusión podemos distinguir tres etapas:

1) Hasta el siglo XIII la filosofía griega en Occidente se reduce a tratados de lógica y algunos elementos de filosofía natural, es decir, a un órgano en que se estudiaban los conceptos universales aplicables luego a la teología, o a un saber parcial sobre el mundo físico, que se subordinaba al saber total de la teología y, por consiguiente, no podía entrar sustancialmente en conflicto con ella. Los conflictos entre razón y fe que se documentan en los siglos XI y XII son luchas espirituales. Los antidialécticos desprecian la ciencia pagana porque distrae a los novicios y les hace vanidosos, no porque los conceptos de la ciencia sean intrínsecamente opuestos a los cristianos.

2) Al ser conocidos los escritos aristotélicos sobre física y ética desde la segunda mitad del siglo XII, y la *Metafísica*

en el siglo XIII, el conflicto se hace fatal. Porque ahora se enfrentan dos ciencias con las mismas pretensiones: resolver el destino del hombre; éstas ciencias son la metafísica y la teología. La solución de este conflicto tiene en vilo a los pensadores de la Universidad de París en la segunda mitad del siglo XIII [1].

Santo Tomás de Aquino logra la síntesis distinguiendo claramente entre un orden natural y un orden sobrenatural. La metafísica es la ciencia suprema en el primero, y la teología lo es en el segundo. Esta síntesis de Santo Tomás, clarificadora en apariencia, produjo mucha confusión. El orden natural en el cristianismo no ha existido nunca. Todo hombre nace elevado a un estado de familiaridad con Dios, sencillamente porque participa de esta humanidad en la cual tomó carne y sangre el Hijo de Dios. El orden natural es el residuo hipotético de lo que sería el hombre si Dios no hubiera decretado desde toda la eternidad tomar carne.

Al no haber realidad natural, tampoco existe el orden natural ni ciencia o inclinación puramente naturales. Las inclinaciones y los saberes del hombre podrán ser buenos o malos, podrán estar en gracia o pecado, pero gracia y pecado ocurren ya en el estado de familiaridad con Dios, que llamamos orden sobrenatural.

Por esta razón, era más lógica la postura de San Buenaventura: seguir considerando la metafísica pagana como una ciencia puramente formal e instrumental, una especie de diccionario de términos universales, de los cuales nos servimos en la especulación teológica.

La tercera posición se da en Siger de Brabant, contemporáneo de los dos maestros citados. Para Siger, la ciencia

---

[1] Morón Arroyo, C., *Aristotelismo y agustinismo en la Universidad de París en la segunda mitad del siglo XIII*, en *La Ciudad de Dios*, 176 (1963), 646-665.

pagana es la más satisfactoria en el orden racional; entre ciencia pagana y teología no cabe componenda, sino disyuntiva. Siger crea la noción de «doble verdad», que significa la rotura completa de la síntesis. Se puede ser cristiano por fe, pero la interpretación del universo hay que hacerla con la ciencia.

En el siglo xiv se fortalece la polaridad de Siger: La vía de la razón se va haciendo progresivamente racionalista, mientras la vía de la fe se va desarrollando en un misticismo antiespeculativo [2].

3) La escolástica española del siglo xvi es un renacimiento de la síntesis tomista. Para ver cómo se realiza en esa síntesis la fusión de filosofía griega y fe cristiana voy a poner tres ejemplos:

A) *Dios.* — En el cristianismo, Dios es una persona, padre, infinitamente bueno, misericordioso y justo. Quiere que todos se salven, trata con sus elegidos y los premia o castiga según sus méritos, pero siempre más abierto a la piedad que al rigor. En Aristóteles, Dios es el ser puro: esa palabra, la más general de todo el diccionario, que aplicamos a todas las cosas cuando ignoramos su nombre. Pues bien, en Santo Tomás se define a Dios como el *ser subsistente*, personal y perfecto. Cuando Dios le dijo a Moisés (Éxodo, 3:14): «Yo soy el que soy», según los exégetas pretendió no darle a Moisés nombre concreto alguno para no ser adorado bajo figuras materiales. Para los escolásticos, la definición del Éxodo significaba nada menos que el espaldarazo del mismo Dios a la definición de Aristóteles.

B) *El hombre.* — El hombre en la tradición griega es un pequeño mundo: cuerpo como los cuerpos, planta como

---

    [2] Fraile, G., *Historia de la Filosofía*, vol. II, 2.ª ed., Madrid, BAC, 1966, págs. 1082 y sigs.

las plantas, sensible como los animales e inteligente como las sustancias celestes. Según la Biblia (Génesis, 1:26), el hombre es imagen de Dios. La escolástica funde las dos tradiciones llamando al hombre *vestigio* de Dios en cuanto concuerda con el Creador en los atributos generales de ser, verdad y bondad; *imagen* de Dios, en cuanto participa de la inteligencia y voluntad del Creador, y *semejanza*, en cuanto participa de la gracia «sobrenatural». El «pequeño mundo» de la tradición griega se combina con la noción bíblica de imagen, dando el siguiente esquema:

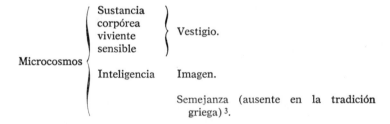

C) *Cosmos.* — Los escolásticos asimilan de la tradición griega cuanto saben de ciencia. Pero la tradición bíblica supuso una revolución en el esquema de la ciencia pagana. Para los griegos, el pecado en su aspecto esencial era la rotura objetiva de la perfección del cosmos, y el que lo cometía podía ser castigado, aunque lo hiciera sin intención [4].

---

[3] Santo Tomás, *Summa Theologica*, I pars, quaestio 45, art. 7; *ibid.*, q. 93. San Buenaventura estructura su *Itinerarium mentis in Deum* según el esquema de vestigio e imagen; la idea de semejanza la aplican los teólogos unas veces a la naturaleza de los ángeles y otras al alma en gracia.

[4] «Nicht der individuelle Anlass, sondern einzig die Tat selber is massgebend für die Folgen. Der Totschläger muss landflüchtig werden, mag er auch νηπιος οὐκ ἐθέλων gehandelt haben; der Falscheid ist so gut επίορκος wie der Meineid. Jeder Misserfolg bringt Schande, einerlei, ob man ihn verschuldet hat oder nicht... die Tat und nicht

Según la tradición cristiana, en cambio, sólo hay pecado y mérito donde hay decisión de la voluntad[5].

Para hacer posible la libertad de decisión, el entendimiento y voluntad, potencias superiores del hombre, tenían que ser impermeables a la influencia del cosmos. Naturaleza y cosmos pueden influir indirectamente en la voluntad a través del cuerpo y los sentidos; de esta manera pueden inclinar, pero no forzar, la decisión. Ya veremos cómo la dificultad de dar contenido concreto al adverbio *indirectamente* será una fuente inagotable de angustias para los españoles del siglo XVI.

El humanismo español comienza a manifestarse en el siglo XV en la forma de una abertura llena de admiración a Italia, y a través de Italia, a los clásicos latinos. Aunque el sistema general de ver el mundo sigue siendo el escolástico, encontramos ya en el Marqués de Santillana un racionalismo metódico, que sólo podemos entender como de influencia italiana. Cuando el marqués está moribundo en su cama, entra a verle su criado Pero Díaz de Toledo, y el marqués le pide «que vos dispongades a me responder así por la Sagrada Escritura como por persuasiones naturales, decir

---

ihre Gründe sind es, für die der Mann einzustehen hat» (Latte, Kurt, *Schuld und Sünde in der griechischen Religion*, en *Kleine Schriften*, München, Vlg. Beck, 1968, págs. 4-5).

[5] «Defectus iste quod peccatum vocatur, si tanquam febris invitum occuparet, recte injusta poena videretur quae peccantem consequitur, et quae damnatio nuncupatur. Nunc vero usque adeo peccatum voluntarium est malum, ut nullo modo sit peccatum si non sit voluntarium; et hoc quidem ita manifestum est, ut nulla hinc doctorum paucitas, nulla indoctorum turba dissentiat» (San Agustín, *De vera religione*, cap. XIV, n. 27, Madrid, BAC, 1956, págs. 98-100). Cf. Santo Tomás, *Summa contra Gentiles*, lib. II, cap. 60; lib. III, cap. 85. Sobre la imposibilidad de que los astros influyan directamente sobre la voluntad: «Impossibile est quod corpora coelestia agant in intellectum directe» (*Ibid.*, lib. III, cap. 84).

lo que sentires e aprendistes por verdad»[6]. Para el marqués, «Sagrada Escritura» probablemente es todavía sinónimo de teología. Lorenzo Valla (1407-1457), contemporáneo suyo, distinguía ya muy seriamente entre las dos cosas; pero lo curioso es que Don Íñigo López de Mendoza todavía en el lecho de muerte quisiera argumentos de razón natural para persuadirse de la inmortalidad del alma.

En el siglo XVI el humanismo español presenta muchas formas: desde el puro gramático —Hernán Núñez— hasta el puro escolástico que pretende escribir buen latín para competir con los humanistas —Melchor Cano—. Sin embargo, el tipo normal de humanista es el que se puede comparar con Nebrija, Vives y Sepúlveda. La visión de Dios, hombre y cosmos coincide con la escolástica en los tres. Estudian a los clásicos, pero desprecian las bellezas formales si el contenido es obsceno o baladí[7]. Lo nuevo en ellos es que leen la Biblia no desde el horizonte de Aristóteles, sino desde los principios filológicos; desde los mismos principios leen a Aristóteles y le encuentran muy diferente del Aristóteles trasmitido por Santo Tomás; por eso rechazan al filósofo pagano en nombre de la verdad cristiana. Toda la lucha de

---

6 Díaz de Toledo, P., *Diálogo e razonamiento en la muerte del marqués de Santillana,* editado por A. Paz y Melia, *Opúsculos literarios de los siglos XIV al XVI,* Madrid, 1892, pág. 254.

7 «Angelus Politianus totam sacram lectionem aspernebatur; Domitius Calderinus ne missam quidem volebat audire, et quum ab amicis eo duceretur, dixisse fertur: 'eamus ad communem errorem'; sciamus quae tandem erant occupationes istorum, prae quibus sordebant eis sacra et pietas; nam maximas et praeclarissimas fuisse oportet: Domitius erat occupatus in exponenda Priapeia Vergilii, seu Ovidii potius, quid potest dici foedius et detestabilius? Politianus quaerebat dicendumne esset Carthaginensis an Chartaginiensis... o hominum curas propter quas merito pietatem vel contemnerent vel negligerent» (Vives, *De veritate fidei christianae,* en *Opera,* VIII, Valencia, ed. G. Mayans, 1782, pág. 165).

aristotélicos y antiaristotélicos se convierte, como veremos, en una fuente de mutuas acusaciones sobre la salvaguardia o destrucción del cristianismo.

Tomando el esquema de los niveles de la inteligencia, vamos a comprobar la progresiva imposición de la escolástica a través del siglo XVI para ver después la reacción personal de Cervantes.

INTELIGENCIA-MEMORIA: AFORISMOS
ESCOLÁSTICOS EN LA LITERATURA

La visión general del mundo en la literatura del siglo XVI está basada en la teología escolástica. Esto se podría suponer sin necesidad de pruebas; pero hoy las pruebas están bien dadas en los cuatro volúmenes de Otis Green: *España y la tradición occidental* [8]. A un nivel más analítico podemos comprobar que algunas obras tienen su nervio estructural precisamente en un aforismo escolástico, y en otras, detalles de poca importancia a primera vista, la cobran cuando se los interpreta en su ambiente ideológico. A su vez esa interpretación de los detalles levanta la posibilidad de reinterpretar la intención y estructura de la obra total. Sería ocioso tomar los ejemplos de la literatura espiritual, cuyas bases, por supuesto, son teológicas. Incluso las obras erasmistas o son catecismos que evitan de propósito la especulación o caen en alguna especulación, que entonces es escolástica. El único género que no cuadra a nuestro esquema es la poesía. En ella la terminología platónica destierra, en general, el lenguaje aristotélico, y, con ello, su forma de pensar. Incluso teólogos escolásticos, como Fray Luis de León y San Juan de la Cruz, que tienen mucho aristotelismo en su prosa,

---

[8] Trad. C. Sánchez Gil, Madrid, Editorial Gredos, 1969.

hablan en platónico en la poesía; y en el caso de San Juan de la Cruz, es claro el contraste entre su poesía, no platónica, sino bíblica, lejana de las tradiciones corrientes[9], y su prosa, mucho más aristotélica que la de otros místicos.

Hechas las oportunas salvedades, vamos a estudiar algunos pasajes de *La Celestina*, la novela pastoril y la picaresca, para demostrar nuestro aserto: que en muchos casos la lectura más superficial de un texto del siglo de oro no se puede hacer sin conocer la teología del siglo de oro. Muchas interpretaciones erróneas de aquellos textos provienen sencillamente de esa ignorancia. Y lo más grotesco: a veces lanzamos visiones generales de la cultura española apoyados en la lectura de unas cuantas novelas o comedias, olvidando que la cultura española del siglo XVI está esencialmente escrita en latín.

Sobre las raíces escolásticas de *La Celestina* he publicado un libro, varias veces citado ya en éste. Pero sería injusto publicar estas páginas para disparar al lector a otras. Por tanto voy a resumir la idea central aquí.

El primer acto de *La Celestina* es tan escolástico que me parece obra de un clérigo, no de Fernando de Rojas. De hecho, después, en los actos de Rojas no encontramos tanta idea abstracta. El acto comienza presentando la realidad en una jerarquía de la tradición medieval: Dios (causa primera) da poder a natura (causa segunda) de formar (no crear) un individuo tan perfecto y hermoso como Melibea. La naturaleza tenía un poder conformador sobre el individuo porque Dios obra por causas intermedias. En concreto, con respecto al hombre, Dios crea el alma de cada individuo en

---

[9] Alonso, D., *La poesía de San Juan de la Cruz (desde esta ladera)*, 4.ª ed., Madrid, Aguilar, 1966, págs. 176-179; Duvivier, Roger, *Le Dynamisme existentiel dans la poésie de Jean de la Croix* (Lecture du *Cántico Espiritual*), Paris, Didier, 1973.

el momento de la generación; pero las almas caen a los cuerpos, y éstos son influidos por las fuerzas cósmicas, la temperatura, la alimentación, la fealdad o belleza de los padres, etc.,

Cuando Sempronio le dice a Calisto que él, por ser hombre, es más digno que Melibea, cita explícitamente al Filósofo (Aristóteles), según el cual la mujer «apetece» al varón como la materia a la forma. La visión de la mujer en toda la literatura del Siglo de Oro está condicionada por la imagen aristotélica del mundo, que ve todas las cosas organizadas en torno a una dualidad: acto-potencia, materia-forma, pasividad-actividad, mujer-hombre, etc.

La lucha actual por la liberación de la mujer es la última batalla contra la concepción griega de las relaciones humanas con las cósmicas, y es un ejemplo magnífico de cómo una convicción, la igualdad de toda persona humana, puede hacer descubrir la debilidad de un pensamiento geometrizado que ha estado vigente durante siglos y siglos. Todos conocemos las conclusiones derivadas de aquella imagen del mundo: como la naturaleza tiende siempre a lo perfecto, su tendencia es a la producción del varón; pero accidentalmente, si en el período de gestación el calor es débil, se forma la hembra; la mujer es, pues, un animal de casualidad. De aquí vienen todas sus debilidades físicas y morales. Porque al predominar en la mujer la humedad y los sentidos, está más inclinada a la liviandad que el varón.

Pasando a otro ejemplo concreto: a fines del acto VI, Calisto recibe de manos de Celestina el cordón de Melibea.

Calisto dice: «No tengo sufrimiento (paciencia) para dejar de adorar tan alta empresa». Celestina responde: «¿Empresa? Aquella es empresa que de grado es dada; pero ya sabes que lo hizo por amor de Dios, para guarecer tus muelas, no por el tuyo, para cerrar tus llagas. Pero si yo vivo, ella volverá la hoja»[10].

La hoja se ha vuelto en el acto décimo, cuando Melibea concede: «Quebróse mi honestidad, quebróse mi empacho, afloxóse mi mucha vergüenza». El primer texto presenta a Melibea convertida a Dios y con aversión a la criatura; el segundo, convertida a la criatura y a Dios abandonado. Éste es el nervio estructural de *La Celestina*, y no hace sino poner en drama la definición agustiniana de pecado[11].

En la pastoril encontramos alusión principalmente a dos temas escolásticos: el juego entre razón y voluntad, y la doctrina de las pasiones: gozo, temor, esperanza y dolor. Podemos afirmar que estos dos temas son comunes a todas las novelas de ese género. En *La Galatea* de Cervantes el motivo de las pasiones aparece ya en la primera página: «Estas imaginaciones le avivaban la esperanza, hallábase tan contento y atrevido...»[12]. Como se ve, gozo y esperanza dan

---

[10] *La Celestina*, acto VI, Ed. Julio Cejador, Madrid, Espasa-Calpe, 1968, I, 225; cf. Morón Arroyo, C., *Sentido y forma de «La Celestina»*, páginas 59-86.

[11] «Superstitio malum est qua creaturae potius quam Creatori servitur» *(De vera religione,* cap. XX, n. 39). Cf. Alcorta Echevarría, J. I., «El 'ordo amoris' y la 'aversio a Deo' en la dialéctica de las dos ciudades», *La Ciudad de Dios*, 167 (1954), 125-150. «Mens hominis et illustrata erat magna luce Dei et amore accensa ut sursum ferretur; caro vero, beneficio illius lucis et ardoris, subdita menti, et omnia homini; homo vero, per peccatum avertens se a Deo, transiit a mente in carnem; caro, cujus natura est deorsum trahere, nempe ad suam originem, procul a Deo trahit, nempe ab spiritu» (Vives, *De veritate fidei christianae*, ed. cit., VIII, 127).

[12] Cervantes, *Obras Completas*, Ed. A. Valbuena Prat, Madrid, Aguilar, 1967, pág. 611 a. Todas las citas de Cervantes irán referidas a esta edición. Los números señalan la página, y la letra *a* o *b* la columna. En las citas del *Quijote* se dará indicación de parte y capítulo para que puedan ser consultadas en cualquier otra edición.

fortaleza, el medio entre los extremos de la temeridad y la cobardía. Varias veces reaparece esta idea en el *Quijote*, especialmente en boca de Sancho. Escolástica es la visión de la mujer y varios sintagmas, como causa/efecto, culpa/pena, etcétera.

La descripción del amor en *La Galatea* emplea lenguaje místico: «Yo no sé cómo en tan pequeño espacio de tiempo me transformé en otro ser del que tenía, porque yo ya no vivía en mí, sino en Artidoro» (Lib. I, pág. 629a). Éste es un ejemplo precioso de cómo los escolásticos fundieron a San Pablo y Aristóteles: Cervantes copia unas palabras de la epístola a los Gálatas, que han estado en boca de todos los cristianos: «Ya no vivo yo, es Cristo quien vive en mí». (Gál., 2:20). Un paralelo de la epístola segunda a los Corintios dice: «El que es de Cristo se ha hecho criatura nueva». (2 Cor., 5:17). Si leemos esas palabras desde la doctrina aristotélica de la materia y la forma, comprendemos cómo la idea cristiana de conversión pudo formularse como «transformación»: cambio de forma. El proceso místico pasaba por tres etapas: purificación, iluminación, unión. Pues bien, las tres etapas son un proceso de transformación proporcional a la superación y abandono de la materia.

Aducir estas cosas sería absurdo si sólo encontráramos un caso o unos pocos. Pero no es así; esas ideas son motivos constantemente repetidos.

Cervantes, en *La Galatea*, distingue tres modos de amor correlativos a los tres modos de bien clasificados por Aristóteles: bien honesto, útil y deleitable. Sólo el amor que corresponde al primero es amor de verdad, semejante al amor de Dios, que creó el mundo por pura bondad, sin tener necesidad alguna de las criaturas. E inmediatamente inserta el tema del soneto «No me mueve, mi Dios, para quererte...»: «Como vemos que premia conocida y aventajadamente el

Hacedor de todas las cosas a aquellos que, sin moverles otro interés alguno de temor, pena o esperanza de gloria, le quieren, le aman y le sirven solamente por ser bueno y digno de ser amado» [13].

Con relación a la picaresca, frecuentemente subrayan los críticos el pesimismo de Mateo Alemán. Con la idea de pesimismo se dice muy poco, ya que lo importante en ese caso sería medir los grados. Unos han acentuado el pesimismo radical viendo en el *Guzmán de Alfarache* la negación de todo sentido a la realidad. Yo creo indiscutible la tesis de Otis Green, según la cual se pueden documentar actitudes pesimistas en cuanto a la conducta humana, pero basadas en la creencia de que el mundo, obra de Dios, está regido por su Providencia. Por consiguiente, el pesimismo parcial no niega el optimismo de las raíces [14].

Cuando Mateo Alemán escribía, la cuestión más disputada entre los teólogos era la del libre albedrío. Era el punto básico de controversia entre católicos y protestantes, y ciertas sutilezas sobre cómo actúa Dios en la actividad libre de las criaturas, eran la raíz de todas las discusiones entre dominicos y jesuitas españoles. Los protestantes negaban la libertad, basados en que la naturaleza humana estaba corrompida por el pecado. En cambio, el católico debía mantener que la naturaleza *como esencia* no estaba corrompida; sólo estaban corrompidas las *potencias*: entendimiento y voluntad, y además la parte sensitiva se había rebelado contra esas potencias superiores, de manera que luchaba contra

---

[13] *La Galatea*, lib. III, págs. 670 a. Podríamos catalogar muchos más pasajes y añadir paralelos de las *Dianas* y del *Pastor de Fílida*. Todos demostrarían la trama escolástica de que está imbuida esta literatura. A veces se habla de platonismo y estoicismo en estos contextos, pero en realidad se trata de ideas e imágenes básicas que se habían hecho bien común de la escolástica.

[14] Green, Otis, *op. cit.*, III, págs. 382-441.

ellas. A la fuerza de esa parte sensitiva se llamaba concupiscencia. Pero la naturaleza permanecía *esencialmente* buena. Los textos siguientes muestran con qué sutileza mantenían Alemán y Cervantes la tesis católica:

> Podría decirse del alma estar compuesta de contrarias partes: una racional y divina, y la otra de natural corrupción. Y como la carne a donde se aposenta sea flaca, frágil y de tanta imperfección, habiéndolo dejado el pecado inficionado todo, vino a causar que *casi* sea natural a nuestro ser la imperfección y el desorden [15].

Si el texto fuera único, sería demasiado sutil extraer tanta materia de un *casi* que pudiera escribirse a vuelapluma. Pero, apuntalado con los paralelos aludidos en la nota, se convierte en un motivo central e intencionado [16].

En el *Quijote*, capítulo VI de la segunda parte, hablando el caballero con el ama y la sobrina, les dice estas palabras:

> Yo tengo más armas que letras, y nací, según me inclino a las armas, debajo de la influencia del planeta Marte; así que *casi* me es forzoso seguir por su camino, y por él tengo de ir a pesar de todo el mundo, y será en balde cansaros en persuadirme a que no quiera yo lo que los cielos quieren, la fortuna ordena, y la razón pide, y *sobre todo* mi voluntad desea (página 1292b).

15 Mateo Alemán, *Vida del pícaro Guzmán de Alfarache*, Ed. S. Gili Gaya, 5 vols., Madrid, Espasa-Calpe, 1964, V, 53; «también eres miembro deste cuerpo místico, igual con todos en sustancia, aunque no en calidad» (II, 38); cf. I, 159; II, 81, 82, 167; III, 195, 209, 250; IV, 205; V, 12, 14, 52-53, 107.

16 La doctrina fuente puede verse en San Agustín, *De vera religione*, cap. XX, n. 39; Santo Tomás, *Summa Theologica*, I-II, q. 85, art. 1; y Vives: «Vitio peccamus non naturae, sed voluntatis» (*Opera*, VIII, 9). «Non enim mutata est prorsus essentia naturae, etsi depravata et prolapsa longissime a puritate atque excellentia primae originis» (*Ibid.*, 121). Es importante recordar estos rasgos metafísicos de Vives, porque nada de ello se encuentra en Erasmo, a quien no interesaban especulaciones sobre la esencia ni las potencias.

El texto muestra claramente cómo Don Quijote compagina la libertad (casi me es forzoso, sobre todo mi voluntad desea) con la inclinación y el orden de la fortuna.

Lo dicho en este párrafo no intenta convertir la riqueza narrativa y artística de las obras aludidas en simples alegorías para embutir aforismos de la escolástica. Esto es un peligro que se da mucho en los que pretenden incorporar la literatura a la historia del pensamiento. Los casos apuntados por mí son puros ejemplos al nivel analítico para cimentar la visión global del pensamiento del siglo XVI, que se da en las páginas siguientes.

INTELIGENCIA-FANTASÍA: ESCO-
LÁSTICA Y PUREZA DE SANGRE

Hemos definido la inteligencia-fantasía como la capacidad de relacionar y comparar ideas o sistemas al nivel abstracto, sin comprometernos con una postura personal. Entre los muchos temas que podían escogerse para ver cómo las ideas escolásticas determinan su solución, elegimos el de la pureza de sangre, por la actualidad que ha cobrado con los escritos de don Américo Castro.

Desde Platón el buen linaje es un ingrediente de la felicidad humana. El buen linaje da un cuerpo apuesto; como el niño bien nacido se alimenta de cosas finas, su entendimiento se desarrolla con elevación, mientras que el del villano, groseramente alimentado, será obtuso. El bien nacido se adiestra en las artes liberales y en el manejo de las armas, mientras el villano realiza los trabajos serviles, y como los actos se especifican por sus objetos, y los actos crean, a su vez, hábitos que son segunda naturaleza, el villano es un ser inferior. Esta metafísica condiciona el concepto de honra. Durante la edad media y en nuestro siglo de oro es un tópico la lucha entre dos nociones de honra: honra-linaje, honra-virtud. Todos ven que el buen linaje puede ir asociado con la degeneración personal; al mismo tiempo, nadie se rebela contra la *influencia indirecta* que el linaje ejerce sobre cada individuo para hacer imposible la virtud. Así encontramos el siguiente drama ideológico: los defensores de la honra-virtud tienen a su favor la experiencia humana y la tesis cristiana de que todos somos hermanos; pero son impotentes frente a la *filosofía vigente,* que no ha resuelto el sentido concreto de la palabra *indirecto.* Sólo cuando Descartes define el pensamiento como espíritu puro y rompe las amarras con el cuerpo, tenemos una filosofía que pudo resolver el problema de la igualdad humana y fundarla teóricamente.

Aplicando esto a las relaciones entre los cristianos viejos y nuevos, la dificultad entre libertad espiritual e influencia indirecta del cosmos se presenta como la causa de todas las angustias que sufrieron los españoles en ese punto. Véase el ejemplo de un cronista de los Reyes Católicos:

> Alumbrados por la gracia de Dios y del Espíritu Santo, la generación que de los tales —judíos recién convertidos— desciende bien puede tener conocimiento de nuestra verdadera e sancta fe siendo buenos cristianos, aunque áspera e dura cosa paresce dexar alguno de obrar o de hacer lo que vio a sus padres o lo que continuamente es acostumbrado [17].

---

[17] Continuador de Fernando del Pulgar, BAE, LXX, 520 a; cf. Cura de los Palacios, *ibid.,* 558-602. Sobre la influencia indirecta, cf. «Sciendum tamen est quod, licet corpora coelestia directe intelligentiae nostrae causae esse non possint, aliquid tamen ad hoc operantur indirecte» *(Summa contra Gentiles,* lib. III, cap. 84). Refiriéndose indistintamente a los conversos y villanos, dice Hector Pinto: «Aunque un hombre no sea noble por generación, basta serlo por virtud, que ella es el jabón con que se quita la mancilla de la baja casta... Verdad es que la nobleza de la generación hace mucho al caso y adórnalos —a los prelados— mucho y resplandece en gran manera.

La legislación frente a moriscos, conversos y judíos, no se basó en la reacción de los conversos frente a otros de su misma casta para demostrar su sinceridad o por la razón, aún más vaga, de una psicología colectiva angustiada. Esa legislación se basó sencillamente en la doctrina de Santo Tomás de Aquino, *Suma Teológica*, Secunda Secundae, cuestión 10. Todos los comentaristas españoles del siglo de oro tratan la materia en los comentarios a esa cuestión, de modo que para el estudio de la pureza de sangre queda una cantera de textos muy rica por explorar.

Según la doctrina de los teólogos, el rey no tenía derecho a obligar a nadie a convertirse. Aunque ya en esto había divergencias. A Escoto, Major y Sepúlveda se les atribuye una postura rígida, que les daba a los reyes cristianos derecho a coaccionar a los paganos súbditos y no súbditos, sencillamente «porque el error no tiene derecho a existir». Por eso Sepúlveda y Major resuelven fácilmente la licitud de la conquista de América. En cambio Vitoria se ve negro para justificar la soberanía de los reyes de España sobre el Nuevo Mundo. Ahora bien, incluso los más abiertos, como Vitoria y Suárez, reconocen que los reyes cristianos tienen

---

Y así como el buen hortelano no busca para engerir sino púas de buena casta, así los electores habían de elegir hombres de buena generación y tener mucho respeto a esto» *(Imagen de la vida cristiana (1583),* Ed. Edward Glaser, Barcelona, Juan Flors, 1967, páginas 275-276); en 1495, al morir el Cardenal Mendoza, Isabel la Católica quería poner el arzobispado de Toledo en manos de un hombre santo; pero al mismo tiempo buscó un noble, porque las rentas del arzobispado necesitaban un ánimo generoso que supiera emplearlas. Ofreció el puesto a Fr. Juan de la Puebla, que había renunciado al condado de Benalcázar para hacerse franciscano; sólo por la muerte de Fr. Juan obtuvo el cargo Cisneros a fines de 1495 (Alvar Gómez, *De rebus gestis a Francisco Ximenio Cisnerio,* en A. Schotus, *Hispaniae Bibliotheca,* I, Frankfurt, 1608, págs. 939). Cf. Lope de Vega, *Las paces de los reyes y judía de Toledo,* acto I, escena 24.

la obligación de propagar el Evangelio entre los infieles; éstos no tienen derecho a resistir la evangelización. El rey puede coaccionar *indirectamente* a los infieles súbditos con impuestos, prohibiéndoles tener criados cristianos, obligándoles a practicar sus ritos en secreto y no hacer el menor proselitismo. Nadie puede ser obligado a bautizarse (esto sería coacción directa); pero, si el judío, poco fervoroso ya en su propia religión en muchos casos, cedía a las coacciones indirectas y daba el sí al bautismo, entonces su situación cambiaba. Toda práctica religiosa o cultural de su antigua confesión podía ser castigada con la muerte:

> Hay otros infieles que alguna vez han recibido y confesado la fe, como los herejes y apóstatas. Y a éstos hay que obligarlos incluso con el castigo corporal a que cumplan lo prometido y mantengan lo que una vez recibieron [18].

El texto de Santo Tomás explica el siguiente. Cuando el Cardenal Cisneros fue a Granada después de la conquista,

> quisose informar de todos los moros que venían de linage de christianos, y haciales traher ante si, y por buenas palabras y presunciones procuraba con ellos que se convirtiesen a nuestra sancta fe catolica, porque se decia que sin gravisimo pecado no se podia permitir que esos viviesen en ley de moros [19].

---

[18] «Alii vero sunt infideles qui quandoque fidem susceperunt et eam profitentur, sicut haeretici vel quicunque apostatae. Et tales sunt etiam corporaliter compellendi ut impleant quod promiserunt et teneant quod semel susceperunt» (*Summa Theologica*, II-II, q. 10, art. 8). «Los tales heréticos así protervos deben ser castigados no sólo por excomunicación, más aún por muerte temporal» (Fr. Pablo de León, *Guía del cielo (1588)*, Ed. V. Beltrán de Heredia, Barcelona, Juan Flors, 1963, págs. 126).

[19] *BAE*, LXX, 517 a; 693. En las capitulaciones sobre la entrega de Granada se trató precisamente de este punto: «Fueron a la ciudad —los emisarios de los Reyes Católicos— y subieron al Alhambra, y entraron donde el rey estaba, que los recibió muy bien. Con el qual platicaron sobre los capítulos que llevaban apuntados, en que

En la casuística del tiempo esos descendientes de cristianos no eran simples paganos, sino personas que ignoraban el cristianismo con ignorancia invencible y que además tenían la obligación de ser cristianas. Por eso la Iglesia y el Estado cometían gravísimo pecado de omisión si no los instruían y obligaban a volver al redil de donde habían salido. Leyendo las muchas páginas de Suárez sobre este punto[20], se da uno cuenta de tres cosas: primera, de que es frívolo explicar aquellas angustias como posturas sin razonar, como puras reacciones instintivas; segunda, que cristianos viejos y nuevos participaron de la misma inteligencia geometrizada, causa de todos los males: a todos les faltó la filosofía correcta que les hubiera hecho saltar de su cárcel. Tercera, el inmenso y progresivo poder de la escolástica en todos aquellos conflictos.

INTELIGENCIA-PODER: IMAGEN DEL PENSAMIENTO ESPAÑOL DEL SIGLO XVI

El rasgo fundamental de nuestro pensamiento en el siglo XVI es la lucha entre el método escolástico y el método filológico de los humanistas[21]. Esto, dicho así, parece una generalización irresponsable como todas las generalizacio-

---

avia impedimentos para no se hacer el concierto, aunque ya en el real se avia platicado mucho sobre ellos. Entre los quales fue uno que hera saber quienes de cristianos se avian tornado moros que no los tornasen a hacer cristianos contra su voluntad» (Alonso de Santa Cruz, *Crónica de los Reyes Católicos*, I parte, cap. 3, Ed. J. de M. Carriazo, Sevilla, 1951, I, 44).

[20] Suárez, Francisco, *Opera omnia*, XII, Paris, Vivès, 1858, páginas 334-596.

[21] Terminología tomada de Alois Dempf, *Die Einheit in der Wissenschaft*, Stuttgart, Kohlhammer Vlg., 1954, págs. 21 y sigs.

nes. Pero vamos a intentar demostrarla recordando en otro salto los principales fenómenos culturales del siglo: la Biblia políglota de Alcalá (1517); los alumbrados y el surgir de la mística como fenómeno cultural con vigencia (1520...); el erasmismo (1525-1535); el Concilio de Trento (1545);· la cuádruple represión de 1559: índice de libros prohibidos, auto de fe de Valladolid, prisión del Arzobispo de Toledo, prohibición a los españoles de estudiar en universidades extranjeras; el proceso de Fr. Luis de León (1572-76); el *Examen de ingenios* de Huarte de San Juan (1575); la controversia sobre la gracia y libertad de albedrío.

El método escolástico se definía como la simbiosis de revelación cristiana y filosofía griega. La manera concreta de proceder en él era tomar una tesis generalmente del horizonte griego, e ir a la Biblia, Santos Padres y teólogos a buscar pruebas para la tesis. Abro al azar la *Suma Teológica* de Santo Tomás, primera parte, y me sale el artículo 2 de la cuestión 28: «Sobre si la relación en Dios se identifica con su esencia». Jamás leyendo la Biblia encontraríamos pregunta semejante. Los términos «esencia» y «relación» son completamente ajenos al contexto bíblico. Con ese método las fuentes de la revelación, en vez de ser directamente leídas y aprovechadas, lo eran en función de la tesis filosófica.

Esa inmersión del contenido bíblico en el esquema griego explica lo que llamaríamos el estilo medieval de pensar. Muchas veces se ha dicho que los medievales no tienen sentido histórico, y en el fondo es verdad, si las palabras se entienden bien. Concediendo que en la Edad Media se dan muchos cronistas e historiadores, que hay labor de cotejo textual y hasta muchos casos de sentido crítico moderno, el pensamiento medieval se caracteriza por la «analogía universal» [22],

---

[22] Gilson, E., *La Philosophie de Saint Bonaventure*, Paris, Vrin, 1924.

es decir, por una tendencia a los grandes esquemas armónicos en que se aposentan las realidades más variadas. La misma historia es estudiada según el plan providencial de tres edades: edad de la naturaleza, edad de la ley, edad de la gracia. Éstas se subdividen a su vez en esquemas de seis o siete miembros, según el séptimo: el descanso sabático, se ponga en el cielo o en la tierra. Se encuentran analogías entre las distintas edades. Todo el universo se corresponde jerárquicamente con la jerarquía celestial, los números perfectos y simbólicos resumen en tríadas o septenarios todos los seres reales y categorías del pensamiento. Esto da origen a la visión del mundo como una serie de simetrías, alegorías y analogías de proporcionalidad, a los árboles simbólicos y a los criterios de clasificación más detallados.

El humanismo se rebela por boca de Lorenzo Valla contra ese universo de la analogía instaurando la filología. Al comentario sustituye la paráfrasis. Para distinguir uno del otro basta ver lo que hace Santo Tomás con Aristóteles o con la Biblia. Ante el primer libro de la *Metafísica*, por ejemplo, lo primero que intenta es descubrir la estructura lógica de la obra, señalando la correspondencia de unas partes a otras. El esfuerzo es especialmente dramático en esa obra que filólogos posteriores consideran de composición facticia y casual. El comentario de Valla o Erasmo abandona la pretensión sistemática y no busca más que el sentido histórico de las palabras.

Al mismo tiempo, hundir el escalpelo crítico en el texto de la Biblia, señalando los pasajes corrompidos y los que hubieran admitido mejor traducción, supone una libertad de espíritu muy digna de nota. Y Valla, al hacer eso, no tiene intenciones heréticas ni revolucionarias. Su trabajo de filología bíblica se lo dedica al Papa, su amo y señor.

Desde esta libertad y nuevo modo de leer, la simbiosis de cristianismo y filosofía griega se resquebraja. El personaje más odiado por Valla es Boecio, a quien acusa de la primera mezcla de agua y vino, es decir, de filosofía y teología en Occidente. Con el mismo criterio se acerca a los escritos del Pseudodionisio, que se había convertido en la máxima autoridad espiritual pasando por discípulo de San Pablo. Al ser discípulo de San Pablo se creía que su fusión de cristianismo y platonismo, consagrada por tantos siglos de autoridad, era la interpretación más auténtica de San Pablo. Valla encuentra que dos pensadores tan diferentes no se pueden relacionar con esa estrechez; y, dirigido por esa diferencia, encuentra que los escritos del Pseudodionisio no se mencionan en los cinco primeros siglos del cristianismo; por consiguiente, surgieron mucho después.

Ese método simple de leer significa una revolución en la teoría del conocimiento. Comprender es, para ellos, ver nacer; asistir al nacimiento de los conceptos y a su evolución. La historia se hace historia semántica, y el filologismo de los humanistas es la primera forma que toma el sentido histórico en Europa.

Esta filología no hay que comprenderla como una gramática en sentido reductivo; es una gramática que incluye cuantos temas pueden tratarse en palabras: si se analiza la arquitectura de Vitruvio, es arquitectura; y si se analiza la Biblia, es teología.

Otra profunda novedad del método filológico es que transforma el sentido estético. El placer de la mente medieval podía estar en la simetría estática y correspondencia de las partes. El método filológico nos abre al placer del detalle y de la palabra; no sólo de la palabra, sino de la letra. En la *Gramática* de Nebrija y en el *Diálogo de la lengua* de Juan de Valdés tenemos análisis sobre el sonido de cada letra y su valor musical, que luego encontramos aplicado en la poesía de Fr. Luis de León [23].

Nebrija importa ese método a España. A principios del siglo XVI, cuando Salamanca no tenía ni prestigio ni postura alguna definida en teología, sobresalen en ella los gramáticos: Nebrija, Lucio Marineo Sículo y Hernán Núñez. La universidad de Alcalá se funda bajo el signo del nuevo método, y la primera gran obra que produce es la *Biblia Políglota* (1517). Al mismo tiempo algunas cátedras se cubrieron con escolásticos. Los filólogos se fueron inclinando más y más al nominalismo erasmiano, y el estallido del protestantismo les hace perder terreno.

Al margen de estas polémicas vive entre París, Londres y Brujas Luis Vives (1492-1540). Domina el latín y el griego, es amigo de los mejores humanistas de su tiempo y teólogo de primera magnitud. Pero no le preocupan las cuestiones especulativas, sino las verdades centrales del cristianismo y la manera de exponerlas a paganos, judíos y herejes.

El ideal pedagógico de nuestro filósofo es formar una personalidad armónica sobre la base de la virtud cristiana. Ese fondo religioso le aparta del humanismo italiano, al que

---

[23] Sobre el sentido de la gramática en Valla: «Nec ipsa quidem opinor disciplinarum omnium regina theologia ducet indignum admoveri sibi manus ad debitum exhiberi obsequium a pedissequa grammatica, quae, tametsi nonnullis est dignitate posterior, nullis certe opera magis necessaria. In minimis versatur, sed sine quibus nemo evasit maximus» *(Opera,* Ed. Facs. E. Garin, Torino, 1962, I, 802 b). Contra Boecio y la filosofía: «Paulus ait 'non est volentis neque currentis hominis sed miserentis Dei'; Boethius vero mihi tota disputatione colligit, non quidem verbis, sed re: 'non est providentis Dei sed volentis ac currentis hominis'» *(Ibid.,* I, 1008; cf. 799). En España, excepto en los escolásticos recalcitrantes, termina haciéndose una síntesis de filología y escolástica, al menos en la intención, pero ya muy tarde, cuando la teología había perdido vigencia cultural. (Cf. Terrones del Caño, F., *Instrucción de predicadores.* Ed. Félix G. Olmedo, Madrid, Espasa-Calpe, 1946, pág. 32).

considera excesivamente esteticista. Lo más original de su pedagogía me parece su concepción del estudio. Al dar preceptos sobre las lecturas de los niños aconseja que lean libros latinos de agricultura y la *Architectura* de Vitruvio; pero además de consultar las palabras en el diccionario deben tener materiales para construir los artefactos de que habla el texto, porque sólo en esa construcción se tiene la inteligencia exacta de las palabras.

Recordando lo dicho antes sobre intuición, noción e idea, nos damos cuenta de que ya las distinguió Vives. Él supo lo que es la palabra vacía en oposición a la palabra transparente de realidad. En la construcción de los artefactos se me da inteligencia de las cosas, de forma que el conocimiento se da íntimamente asociado a la técnica [24].

Vives resulta el personaje ideal de aquel humanismo cristiano; pero se muestra más débil que Valla y Erasmo. Insiste menos que ellos en la crítica y más en la creación, y su mismo fervor cristiano y espíritu conciliatorio le impiden polarizarse en ningún sentido. En España hubiera podido ser una antorcha, y en 1522 estuvo a punto de volver. El duque de Alba le mandó recado con un fraile dominico para que se encargara de la educación de sus nietos. Pero el dominico, a pesar de que tuvo varias entrevistas con Vives, no le mencionó el encargo del duque. El filósofo le cuenta el incidente a Erasmo y se pregunta qué motivos pudo tener el fraile para traicionarle y cómo podían los frailes llegar a tal indignidad [25].

---

[24] «Cato, Varro... et architectus Vitruvius variarum rerum suggerunt vocabula, qui diligenter legendi sunt, et verba cum rebus conferenda, ne quid pro diverso usurpemus» (Vives, *Opera*, ed. cit., I, 275).

[25] *Opera*, VII, 167.

No conocemos los motivos concretos de aquella traición; pero, dada la fecha, podemos construir la razón histórico-cultural: ha surgido el protestantismo y la Iglesia se lanza, como reacción, a silenciar la voz del seglar. El erasmismo significaba una conciencia nueva del papel de todos los cristianos dentro de la Iglesia. En el *Encomium Moriae* critica expresamente a los que alimentan el paternalismo clerical, siendo irresponsables del papel que se les dio en el bautismo [26]. Era la actitud que justificaba cualquier acción del emperador contra el Papa, y era la actitud desaforadamente libre que reflejan los diálogos de Alfonso de Valdés. Los dominicos, depositarios de la escolástica, tenían que ser los enemigos de esta manera nueva de pensar.

Por las mismas fechas alcanza vigencia histórica la mística, que hasta ahora no era un fenómeno cultural visible. Sus orígenes pueden verse ya en las reformas religiosas del siglo xv, especialmente la franciscana. Y ya en los textos primitivos de la reforma, hacia 1450, se puede ver el origen de muchas ideas de Fr. Francisco de Osuna y de los alumbrados.

Osuna, gran teólogo, influido por la metafísica neoplatónica, predica el «recogimiento». Es un proceso de elevación mística por el trabajo personal. El espiritual se debe someter a un esfuerzo por eliminar las representaciones de los sentidos, la imaginación y las formas concretas del entendimiento. El fin de este proceso es el «no pensar», es decir, la aniquilación de todo elemento individual y figurativo para terminar en el puro amor de la voluntad.

---

[26] «Plebs in eos reicit quos ecclesiasticos vocant, perinde quasi ipsis cum Ecclesia nihil omnino sit commercii, quasi baptismi votis nihil prorsus sit actum» (*Encomium Moriae* [*1509*]. *Opera*, IV, Lugduni Batavorum, 1703-1706, 485).

A esta maceración corporal se oponían los dejados, para los cuales toda manifestación exterior y esfuerzo corporal era distracción. Los dejados eran seglares, unidos en conventículos en las porterías de los conventos franciscanos, en Pastrana, Guadalajara, Tendilla o Escalona. No sabían teología escolástica, leían la Biblia y procuraban interpretarla en sentido literal, ajenos al aparato de la teología consagrada; la infinitud de Dios se les presentaba perfectamente compaginable con la nada de la criatura; pero, como no tenían la fórmula precisa, en cualquier momento se les podía reducir al absurdo y acusar de herejía. Por lo demás, no hay demostración ninguna de que realmente fueran heterodoxos. Osuna, que vivió entre ellos, los trata sólo de imprudentes, porque hablaban de lo que no sabían formular:

> Esto mandaba Dios debajo de tan estrecha pena por evitar el error condenado de los que dijeron que podíamos entender la esencia de Dios en esta vida mortal y verle descubierto sin curar del espejo de las criaturas do él resplandece; y plega al Señor que ahora no haya quien ose afirmar lo mesmo, sino que tiemplen su manera de hablar los ignorantes devotos, que por una poca de lumbre que han rescebido de Dios, o por algunas revelaciones a que dan más crédito que debían, se extienden en el hablar de Dios mucho más de lo que deven; no hablando para doctrinar a los otros, sino para ser ellos tenidos en admiración; e dicen algunas palabras acerca de sus contemplaciones que estarían muy mejor por decir; los cuales, si no se saben declarar, callen y no hablen, pues no saben el lenguaje de las cosas espirituales [27].

---

[27] Osuna, *Tercer Abecedario Espiritual*, tratado III, cap. 2. Ed. Miguel Mir, NBAE, Madrid, 1911, pág. 351 b. Sobre los alumbrados, cf. Márquez, A., *Los alumbrados. Orígenes y filosofía*, Madrid, Taurus, 1972. A pesar de su escrupulosa documentación histórica, el libro no demuestra satisfactoriamente que los alumbrados fueran tan herejes y tuvieran tanta filosofía (muy moderna) como Márquez les atribuye.

Dos caracteres presentan, pues, los alumbrados: propugnar una espiritualidad seglar contraria al proceso místico tradicional, y hablar de lo que no sabían, es decir, ignorar la terminología estereotipada de la escolástica. Porque, concretamente, si se admite que Dios es infinito, quien ignore la fórmula específica de solución que dan los escolásticos, tendrá que caer en el panteísmo diciendo que todos estamos en Dios, o que somos Dios. Sólo quien conoce la terminología de la participación ejemplar, la analogía y cosas parecidas, puede ser preciso en este punto.

De nuevo este movimiento probablemente no hubiera llamado la atención de los inquisidores si no hubiera estallado el luteranismo. Pero, al dar Lutero un papel central en la Iglesia a cada individuo, estos predicadores «idiotas y mujerzuelas», es decir, seglares, se hicieron sospechosos. En 1525 se encarcela al más célebre de los alumbrados, Pedro Ruiz de Alcaraz; la acusación más frecuente que se le hace es de luteranismo; siguen los procesos contra los erasmistas en los años treinta, y la represión culmina con la prisión del arzobispo de Toledo, Carranza (1559). A éste se le aprisiona supuestamente por las muchas herejías contenidas en sus *Comentarios al Catecismo cristiano* (Amberes, 1558). En realidad fue por la enemistad que le tenía el inquisidor general, Valdés, arzobispo de Sevilla. Éste no había visitado su diócesis en doce años y se sintió ofendido por Carranza, que intimaba la residencia de los obispos bajo pecado mortal. Al mismo tiempo los focos luteranos de Sevilla y Valladolid le hacían aconsejable a Felipe II dar un golpe sonado para destruir el más leve rescoldo de protestantismo en España. El encargado de catalogar las herejías del *Catecismo* de Carranza fue su hermano de hábito Melchor Cano (1509-1560), escolástico recalcitrante y geometrizado, al que a veces se considera humanista porque no escribía mal latín. Las dos calificaciones más frecuentes de Cano contra las tesis de Carranza son: luterano y alumbrado.

En este momento se define la actitud de «contrarreforma», con la que España se identificará para siempre en la historia. Pero es erróneo pensar que la contrarreforma española es una defensa del catolicismo. El catolicismo se defendió en Italia, Francia, sur de Alemania y Austria tanto como en España. La contrarreforma española no es católica, sino católica y escolástica.

En 1547 escribe Soto al principio del tratado *De natura et gratia*:

> En cuanto al estilo y modo de proceder y escribir, no hemos despreciado en absoluto la forma escolástica, aunque no ignoro cuán odioso e infame suena este nombre de escolásticos a los oídos luteranos; pues no hay barbaridad que no asociaran con él cuando empezaron a introducir la presente guerra en la Iglesia... Y, como si ellos fueran los que deben imponer su ley al mundo, también hay entre los católicos quienes, siguiéndoles, desprecian a los escolásticos, rechazan la filosofía y quieren preparar el banquete sólo con la ensalada de las lenguas, pensando que con sólo el conocimiento y ayuda de ellas, sin ayuda de Teseo, por sí mismos pueden acercarse a los libros de los Santos Padres y de la Sagrada Escritura. Y, como ya dije ante Vuestra Santidad en el Concilio público, si no os enfrentáis oficialmente con este mal, y las universidades no se apresuran a vigilar mejor por su propio bien y el bien público, pronto veremos el orbe cristiano hirviendo en errores...
>
> Para terminar: ¿Quién ha cultivado más las lenguas que los alemanes? ¿Quién ha pasado más tiempo que ellos leyendo a San Agustín y otros Padres? ¿Quién ha leído más las Sagradas Escrituras? Y ¿cuál ha sido la causa de sus muchos errores sino el haber postergado la teología escolástica? Cualquiera que lo mire, verá que de ignorarla han dimanado todos sus errores. Porque exactamente al mismo tiempo y entre las mismas personas empezaron el cultivo de las lenguas, el desprecio de la razón escolástica y la turba de herejías [28].

---

[28] Soto, *De natura et gratia*, Paris, 1549, facs., London, Gregg

El texto de Soto, que en aquellas fechas era, junto a Melchor Cano, una de las mayores autoridades en la teología española, muestra tres cosas: 1) que los escolásticos pedían medidas coercitivas contra los enemigos de su método; 2) que con razón o sin ella, se asociaban el estudio de las lenguas, es decir, el método filológico y el protestantismo; 3) reconoce ya que en Alemania se han cultivado las lenguas mucho más que en España, es decir, reconoce la inferioridad cultural de nuestra patria en 1547. Matamoros no quiere reconocer la inferioridad todavía en 1553, pero ya percibe las señales y sus causas. Ensalzando las cualidades del biblista Cipriano de Huerga, maestro de Fr. Luis de León en Alcalá, hace una crítica durísima de la exégesis medieval, basada en la mentalidad analógica [29]. Y poco antes dice precisamente de Soto:

> Domingo de Soto, honor y prez de las artes liberales, se hubiera llevado la palma entre los doctores por su trabajo y saber; toda España lo proclamaría unánime, si *contento con su Tomás y Aristóteles, no hubiera tocado con sus comentarios aquella magnífica (praeclaram illam)* Epístola a los Romanos. Quiso volar al cielo con Ícaro y, derretidas las plumas con el calor del sol, aunque es un lógico agudo y gran teólogo, a juicio de los doctos se ha precipitado en un mar vasto, inmenso [30].

En 1517 encontramos en España la *Políglota* cuando Europa no hacía nada semejante. Aquel mismo año se funda

---

Press, 1965, ff. 2v-4. Cf. García Matamoros, *Pro adserenda hispanorum eruditione.* Ed. J. López de Toro, Madrid, C. S. I. C., 1943, pág. 222; Melchor Cano, *De locis theologicis,* lib. XII, cap. 10.

[29] «Non vulgarem illam et ridiculam interdum, barbarorum hominum vitio, ex tropologicis, anagogicis et reliquis sensis (sic) quadripartitam enarrationem facundia et ingenio destitutus persequitur, verum ita ex arcanis Divinarum Litterarum spiritum ducit, ut penetrasse eum ad Chaldeos procul dubio suspiceris, quo miranda nostrae legis fundamenta revelaret» (*loc. cit.,* pág. 222).

[30] Matamoros, *op. cit.,* pág. 212.

el Colegio Trilingüe de Lovaina, y en toda Europa, donde
hay, según Erasmo, tantos «ebrieístas» (borrachos), no encuentran un hebraísta. El primer profesor de hebreo en Lovaina es un converso español: Mateo Adrián. Soto está, pues,
documentando el retraso en que ha quedado España con
respecto al método filológico en los treinta años que median
entre 1517 y 1547. La razón ha sido el protestantismo y la
marcha atrás que dieron con ese motivo los teólogos españoles. Al mismo tiempo los católicos europeos cultivan el
método filológico tanto como los protestantes para discutir
con ellos en pie de igualdad. Johannes Caesarius le escribe
a Erasmo desde Colonia:

> Entre nuestros teólogos hay algunos que, leído el *Nuevo
> Testamento* —la edición de Erasmo—, han cambiado de actitud
> y te aprecian mucho más de lo que te puedes imaginar: ellos
> que solían ser enemigos acérrimos, y decían que les habías
> ofendido gravísimamente. Por fin, estos mismos empiezan ya a
> reconocer lo que vale el conocer debidamente las dos lenguas
> —griego y latín— y les duele, por tanto, muchísimo el no ha-
> berlas estudiado [31].

Con un poco de sutileza podríamos defender a Cano y
Soto diciendo que ellos no condenan el estudio de las lenguas, sino su abuso. Catalogando sus textos sobre ese punto
quizá concluyéramos que ellos de hecho defendían el camino
medio y correcto frente a las exageraciones. Pero el argumento sutil no valdría; porque en los momentos de polémica, los ánimos se polarizan y las palabras adquieren un
significado absoluto al margen de los matices y las intenciones de sus autores. El texto de Soto, escrito en 1547 y
asociando filología y protestantismo, es un golpe inequívoco

---

[31] *Opus Epistolarum Erasmi*. Ed. Ellen, Oxford, Clarendon Press,
1906-1958, III, 24.

para los humanistas y todo lo que el método humanista comportaba.

Además, Cano y Soto no discutían sólo con palabras. Pronto fueron consejeros de Felipe II y manejaron la Inquisición. En 1559 aplicaron su fuerza contra el arzobispo Carranza y Fr. Luis de Granada, dos espirituales de su propia Orden, porque éstos escribían en castellano y a nuestra lengua le faltaban las fórmulas consagradas del latín escolástico. Aunque se hubieran podido traducir, no se debía escribir así para el pueblo. Una teología en castellano suponía la instrucción del pueblo y con eso se rompía el esquema de una iglesia pasiva y discente (seglar), frente a la iglesia docente (clero), tan típica en España en los últimos cuatro siglos. Por todo eso se condenó a Carranza y Fr. Luis de Granada. Cano dio una larga censura sobre el *Catecismo* del primero, no porque encontrara proposiciones abiertamente erróneas, sino porque la imprecisión (el drama del castellano en el siglo XVI) hacía que muchas proposiciones sonasen como de protestantes y alumbrados. Soto acepta una postura que yo calificaría de criminal: no tiene tiempo de leer el catecismo de Carranza; entonces hace que un fámulo le compile las frases malsonantes, y con ese digesto de frases fuera de su lugar hace una censura que el inquisidor Valdés, enemigo personal de Carranza, aprovecha al máximo.

Mientras todo eso pasa en Valladolid, está terminando sus estudios en Salamanca Fr. Luis de León, un hombre con una conciencia profundísima de la libertad. Es ambicioso, irónico, domina latín, griego y hebreo, y tiene un sentido estético genial. Por eso se regodea en la composición poética y, cuando traduce de las lenguas clásicas o del italiano, busca la letra de sonido suave, la palabra que refleje el mayor número posible de matices que la palabra correspondiente tiene en el texto traducido, y no sólo la palabra, sino la estructura de la frase y sus matices afectivos y sonoros. Aunque no rechaza el método escolástico, sus preferencias están con el filológico. Él y sus amigos, los hebraístas de Salamanca, llaman a los comentadores escolásticos de la Biblia «los sabios alegorines» [32], porque al no poder gozar la expresión en la lengua original, buscan significados alegóricos al texto bíblico. Esta lucha es el nervio del famoso proceso inquisitorial que le tuvo cinco años en la cárcel. Al leer las acusaciones y defensas del proceso, nos parece estar leyendo las apologías de Lorenzo Valla contra sus enemigos; pero las polémicas de Valla tenían lugar entre hombres libres que no usaban la aniquilación del adversario como arma. Ahora una de las partes campa libre como guarda de la ortodoxia, mientras la otra se pudre en la cárcel.

Alabando la ecuanimidad de Fray Luis suele decirse que al salir de la cárcel reanudó sus clases como si nada hubiera pasado. Y dicen que comenzó: «decíamos ayer...». Pero sí había pasado. Fr. Luis se replegó, perdió su fuerza y espíritu de ataque. Ello dota a sus obras de una sabiduría ejemplar y de otoño; pero la fuerza que hubiera puesto en la difusión del saber empírico se ha esfumado. No pudo ejercer la función crítica sobre la teología y la enseñanza universitaria en general que se podía esperar de su capacidad. Incluso su conciencia de la justicia social quizá le hubiera llevado a expresiones más audaces si no hubiera tenido sobre sí el

---

[32] Para todos estos detalles, cf. *Proceso de Fr. Luis de León*, 2 vols. Ed. D. M. Salvá y D. P. Sáinz de Baranda *(Documentos inéditos para la historia de España*, vols. X y XI), Madrid, 1847-1848. «Yo conozco muchos que tienen nombres de teólogos y que piensan de sí que saben de lo escolástico más que medianamente, y en toda su vida no leyeron el texto de la Biblia, ni aun el libro della le tienen en sus libros» *(op. cit.,* I, 370). Cf. Bataillon, M., *Erasmo y España*, México, Fondo de Cultura Económica, 1966, pág. 525.

espectro de la Inquisición; así, la fuerza mental de aquel genio se redujo a algunas gotas de sangre jacobina diluidas en la fontana pura de *Los nombres de Cristo* (1583). El «decíamos ayer...» necesita una interpretación freudiana: la cárcel fue literalmente una pesadilla y, cuando salió, le pareció mentira; como si no hubiera existido; pero lo duro de la experiencia le había cambiado la personalidad. Si en sus primeros años de cátedra se había entregado a la universidad con toda ilusión, ¿cómo volvería ahora a encontrarse y alternar con los «sabios alegorines»?

En otro campo, pero en la línea de esta historia, encontramos el *Examen de ingenios para las ciencias* (1575) de Huarte de San Juan. Hay razón para tratar de este libro, porque también toma postura frente a los problemas teológicos y porque en la lucha de métodos la oposición entre la investigación empírica y escolástica en medicina es equivalente a la oposición entre métodos escolástico y filológico en las humanidades.

En principio es necesario recordar que los escolásticos no se oponían a la experiencia. Las obras de Aristóteles contienen inmenso material empírico; Santo Tomás y sus seguidores clasificaban las ciencias según tres modos de funcionar las potencias: inteligencia-sentido, a la que correspondía la «filosofía natural»; inteligencia-imaginación, a la que correspondía la matemática, e inteligencia-razón, que conformaba la metafísica. Pero aquí conviene recordar lo dicho antes sobre los arbitristas de las ciencias naturales: predicar que se deben cultivar no es cultivarlas. Hoy, después del libro de Lévi-Strauss sobre *El pensamiento salvaje*, podemos distinguir bien el conocimiento científico de un conocimiento empírico que no trasciende el nivel puramente clasificatorio y esquematizador.

La obra de Huarte sobrepasa este nivel y hace auténtica ciencia [33]. En eso radica su novedad y modernidad. Admitiendo las verdades metafísicas tradicionales y la teología católica, él acota su campo de investigación para estudiar, dice, los reflejos visibles de esas verdades. Todo cuanto Dios o el diablo —fuerzas sobrenaturales— hacen en la criatura debe estar preparado en la constitución natural de ésta y reflejarse para el investigador como una posibilidad de la naturaleza. Sin negar la existencia de milagros, Huarte observa que se dan muchos menos de los que la gente cree; porque muchos fenómenos, sobrenaturales en apariencia, admiten explicación natural.

Como científico insiste en que los fenómenos no deben explicarse siempre por sus últimas causas (metafísica y teología); el científico debe explicarlos por sus causas próximas. Surge así con toda claridad una ciencia divorciada metódicamente de la teología y con la posibilidad de estar en claro sobre sus propios métodos. El resultado es que surge una ciencia metódicamente indiferente a la teología, y a la vez relega la teología al plano personal de la fe, disminuyendo su aspecto intelectual y, desde luego, desgajando los bellos árboles medievales en que todas las «artes» se reducían a ella. Y todo esto sin ninguna intención heterodoxa por parte del autor del *Examen*.

Hasta las experiencias místicas ofrecen una ladera explicable desde la constitución anatómico-fisiológica del sujeto, y Huarte hace, quizá por vez primera, un estudio médico de

---

[33] «La publicación del *Examen de ingenios* marca una nueva era de la historia de la psicología. En tal fecha habría que datar el nacimiento de la psicología experimental» (Mauricio de Iriarte, *El doctor Huarte de San Juan y su Examen de ingenios*, Madrid, Editorial Juventud, 1939, pág. 399).

esa experiencia, respetando siempre el aspecto sobrenatural, pero abriendo la puerta a la investigación moderna [34].

La Inquisición condenó el libro de Huarte. Los escolásticos no podían admitir un tipo de investigación divorciado de la «reina de las ciencias» —la teología— y que se aplicara incluso a la ciudadela más íntima de la reina: a la mística. El resultado fue que el autor tuvo que limar, expurgar y corregir su libro y publicar una edición revisada en 1594. El P. Mauricio de Iriarte, maestro mío y autor de la mejor monografía existente sobre el médico navarro —una de las monografías más perfectas que hay sobre un tema de pensamiento español—, cree que la edición revisada es mejor que la primera, porque en ella se atenúan precisamente los elementos antiescolásticos y se ve mejor la armonía con las ideas tradicionales sin perder novedad el nuevo método científico.

En ese momento el P. Iriarte reaccionaba contra la historiografía liberal, y llevaba razón al acentuar el valor científico de la edición revisada. Pero creo estamos en un caso semejante al que decíamos antes aludiendo a Soto y Cano. En los momentos de polémica, los sutiles puntos medios y razonables son un repliegue. La sospecha inquisitorial nunca dejaba a la víctima ni a su ambiente en el primitivo estado de inocencia y espontaneidad.

Una cosa hay cierta: que el *Examen* fue semilla en Francia, Inglaterra y Alemania, pero no en España. Se repite el caso de Vives. Hoy es corriente atribuir a Lessing la idea de que el pecado fue el origen de la historia humana, porque al ser arrojados del paraíso comenzaron los hombres a luchar por el progreso. Para Lessing, el pecado fue un bien:

---

[34] «El rezar, contemplar y meditar enfría y deseca el cuerpo y lo hace melancólico» (BAE, LXV, 423 a).

el origen de la vida propiamente humana. Pues bien, la idea la tomó de Huarte. Sólo que el doctor español era católico, y reconociendo que el pecado fue el origen de la historia, tenía la nostalgia del paraíso perdido; por eso para él el pecado y la historia son un mal.

Especial importancia tiene en el *Examen* la doctrina del carácter orgánico del entendimiento. Huarte prescinde de las cuestiones metafísicas; pero establece tal interdependencia entre el cuerpo y el espíritu, que los escolásticos vieron amenazada la espiritualidad de la potencia intelectiva. Huarte ignoraba o no estaba interesado en un lenguaje que resolvía la cuestión con dos palabras: se admite la influencia *indirecta* del cuerpo, pero admitir la *directa* es herejía. Huarte se aferraba a la experiencia de la unidad formada por el acto de pensar y la distinta capacidad de los individuos para distintos temas y actividades en relación con la constitución del cerebro.

Al no resolver satisfactoriamente el problema de las relaciones alma-cuerpo, Huarte tampoco era preciso en la doctrina de la inmortalidad del alma, y llega a una postura inadmisible para los teólogos. Según él, «la certidumbre infalible de ser nuestra ánima inmortal no se toma de las razones humanas, ni menos hay argumentos que prueban es corruptible; porque a los unos y a los otros se puede responder con facilidad. Sólo nuestra fe divina nos hace ciertos y firmes, que dura para siempre jamás» [35]. De nuevo Huarte medía el término «infalible» con un patrón personal. A él no podían convencerle las supuestas razones filosóficas de la inmortalidad del alma. Para los teólogos, en cambio, esas pruebas, aunque tampoco personalmente les convencieran, *eran* objetivamente infalibles.

----

[35] *Ibid.*, 443 b.

Tres fenómenos más debiéramos recordar para ser menos incompletos: la persona y obra de Arias Montano, la superchería de los plomos del Sacro Monte y la famosa controversia sobre la gracia entre dominicos y jesuitas. Al hablar de Arias Montano recordaríamos las luchas de Fr. Luis y sus émulos; su problema es el mismo que el de Fr. Luis de León; las otras dos controversias son el índice de la banalidad en que había caído aquel pensamiento que hacia 1520 se presentaba explorador, variado y libre.

El camino descrito en esquema, tendrá que enriquecerse con vidas y textos y convertirse en una historia del pensamiento del siglo XVI para poder presentarse con faz científica; pero los datos aportados creo demuestran que el conflicto de aquella edad conflictiva fue una lucha entre dos niveles de la inteligencia: el realista, que buscaba un entender como transparencia y creación, y una inteligencia geometrizada, que vivía cómoda en la fórmula hecha y consagrada. En esta lucha intervienen cristianos nuevos y viejos; unos y otros luchan entre sí al margen de su pertenencia a una u otra casta. Unos y otros, teniendo la Inquisición como arma externa, introdujeron el pensamiento español por un camino sin salida; en su manierismo y seguridad se aniquilaron como pensadores. Como arma exterior de ese método, la Inquisición contribuyó a la matanza; pero, de nuevo, la Inquisición no fue más que el predominio de las ideas inquisitoriales.

Aquí solemos los patriotas argumentar con el caso de Servet, asesinado en Ginebra por Calvino. Pero el caso es muy distinto. Basta leer a Servet para dejar de ser patriota en este punto. Servet es uno de los pensadores más audaces y originales de nuestra historia; indiscutiblemente, la fuente de las ideas centrales de Spinoza; pero al mismo tiempo es uno de los mayores enemigos que ha tenido el cristianismo. Para él, Cristo es un hombre elegido por Dios para redimir a la humanidad. Se encarnó de la Virgen, porque en la generación la Virgen puso el elemento tierra, mientras el Padre, bajo el nombre de Espíritu Santo, puso los elementos de agua, fuego y aire. En este sentido Cristo es hijo de Dios más que cualquiera de nosotros. En el estudio de cómo se funden los tres elementos divinos con la tierra puesta por la Virgen, descubre Servet la circulación pulmonar de la sangre. Ahora bien, Servet no se cansa de repetir que la doctrina de la Trinidad y preexistencia del Verbo y la Segunda Persona antes de la encarnación es mitología del Anticristo. Con estas ideas Servet no podía salvarse en ningún país europeo de entonces. Por eso con toda lógica podía Calvino condenarle a la hoguera, mientras exigía libertad para el pensamiento cristiano.

Otro punto sería necesario para ser perfectamente justos en este resumen: estudiar los méritos positivos y el esfuerzo de los cuatro escolásticos más importantes: Vitoria, Cano, Molina y Suárez. En un tratamiento digno del tema tendrá que hacerse, pero aquí no es posible.

III

EL PENSAMIENTO DE CERVANTES

CERVANTES Y SU GENERACIÓN

Vamos a resumir la vida de Cervantes. No es normal hacer esto en libros de este tipo, sobre todo cuando el autor no tiene documento alguno nuevo y se limita a reproducir lo ya conocido. Sin embargo, para nosotros es fundamental recordar la vida de nuestro escritor por varias razones: la primera es que los recuentos dados en las historias literarias no suelen ser exactos, o son tan vagos que no pueden satisfacer. ¿Qué se sabe de la niñez de Cervantes? ¿Pueden rastrearse ya en los documentos experiencias aprovechables en la explicación de los textos cervantinos? Aquí resumimos la *Vida ejemplar y heroica de Miguel de Cervantes*, escrita por Astrana Marín [1], contrastando y complementando sus afirmaciones con los documentos originales publicados en varias colecciones [2].

---

[1] Siete vols., Madrid, Instituto Editorial Reus, 1948-1958.
[2] Cfr. las clásicas de V. de los Ríos, Fernández de Navarrete, J. Apráiz, C. Pérez Pastor, F. Rodríguez Marín, etc.

La segunda razón para resumir la biografía de nuestro escritor radica en que la biografía es un elemento esencial para la incorporación y, por consiguiente, comprensión de un texto. La biografía no explica nada: descubrir que Cervantes fue pobre no explica sus sentencias sobre la pobreza; la misma experiencia hubiera podido llevarle a desposarse con ella como a San Francisco, y a ver en la pobreza el único camino de salvación; pero la experiencia de la pobreza se compagina muy bien con lo que dice Cervantes sobre ella. Tampoco su ajetreada vida de cautiverio y comisario para la saca del trigo explica el realismo de su novela; pero cuando sabemos que hizo en una ocasión «diez y ocho ensayes»[3] de trigo cribándolos para medir el polvo, las granzas y los cantos que tenía, penetramos hasta el fondo en ese realismo que es transparencia total de la vida cotidiana de su tiempo. Incluso la escena en que Sancho describe a Dulcinea «ahechando dos hanegas de trigo en un corral de su casa» (I, cap. 31), cobra más verdad en contraste con esos documentos. Y bien sabía Cervantes la diferencia entre el trigo candeal y el rubión. Quizá nosotros no percibimos el contraste entre los dos, sencillamente porque nunca hemos hecho ensayes.

La tercera razón para interesarnos en la biogragía de Cervantes es que él y su generación crean en España la profesión de escritor. Esta afirmación no es fácilmente demostrable, pero con ciertas distinciones se entiende lo que quiero decir.

1) Si ponemos en un grupo a Góngora (nacido en 1561), Lope de Vega (1562) y los hermanos Argensola (Lupercio, 1559; Bartolomé, 1562), estos hombres son ya profesionales

---

[3] Pérez Pastor, C., *Documentos cervantinos*, II, Madrid, 1902, páginas 194 y sigs.

de las letras y no espontáneos en ellas, sino profesionalmente formados en la universidad. Los dos primeros cultivan todos los géneros corrientes en su tiempo, especialmente Lope. Góngora se limita a la poesía, pero tiene también dos obras dramáticas en verso; y sus experimentos formales le hacen acreedor a figurar como el profesional de las letras por excelencia. Podrían recordarse escritores como Herrera, pero ni una golondrina haría verano, ni Herrera tuvo la constancia en el escribir que tendrán las generaciones siguientes. Tampoco se puede objetar con escritores anteriores muy prolíficos, como Fr. Luis de Granada (1504-1588), porque la ascética y mística, en definitiva, no son nunca vigentes en la república de las letras.

2) La generación de los nacidos en 1580: Quevedo, Tirso y demás dramaturgos de la escuela de Lope, no hace sino intensificar la tendencia de los maestros anteriores. En torno a 1600 se crean las academias literarias, se intensifica la teoría, las órdenes religiosas crean su propia historiografía de gran valor crítico y estilístico (recuérdese la *Historia de la Orden de San Jerónimo* de Sigüenza), y los nacidos en torno a 1600 (Calderón, Gracián) crean su literatura desde posiciones intelectuales muy claras y muy rígidas.

3) Esto significa que, comparando a los mayores escritores del siglo XVI con los nacidos a partir de 1560, encontramos en los primeros una sensación de verdad y autobiografía (Garcilaso, Fr. Luis de León, San Juan de la Cruz), que los segundos sustituyen por un mayor profesionalismo e intelectualismo. Pues bien, Cervantes y Mateo Alemán, nacidos en 1547, se presentan en esta imagen como las figuras de transición. En Cervantes debió de darse una lucha muy profunda entre sus aspiraciones de soldado y la vocación intelectual que le hizo el genial escritor que fue; todavía su obra tiene toda la sinceridad, la transparencia y el rea-

lismo de que hemos alabado a Fr. Luis o San Juan de la Cruz; pero ya es un profesional de las letras en constante experimentación con su oficio[4].

4) A primera vista parece ridículo hablar del carácter autobiográfico de Garcilaso o Fr. Luis de León, cuando es tan bien conocido su manierismo italianizante y su constante experimentación con formas italianas. Sin embargo, la calidad de su poesía se aprecia por el compromiso personal de los dos poetas a través de esas formas. Si la primera égloga de Garcilaso no refleja su dolor amoroso, refleja el de cualquier hombre posible bajo las figuras de Salicio y Nemoroso. Salicio y Nemoroso, amantes de ficción, son cualquiera de nosotros, posibles amantes reales, sobre todo Nemoroso, que a la experiencia de amor junta la experiencia de la muerte. Con más razón puede aplicarse esto a Fr. Luis de León, ya que la poesía religiosa exige, para ser buena como poesía, pleno compromiso y sinceridad. Una poesía religiosa con ironía intelectualista o manierista contendrá todo el ingenio que se quiera, pero sería una poesía muy dudosa.

Cervantes nació en Alcalá de Henares, probablemente el 29 de septiembre de 1547, ya que la partida de bautismo dice que se le bautizó el 9 de octubre, y el 29 de septiembre se celebraba la fiesta de San Miguel. Sus padres fueron Rodrigo de Cervantes y doña Leonor de Cortinas. Quizá no cristianos viejos por los cuatro costados[5], hidalgos con pri-

---

[4] Véanse los prólogos de sus distintas publicaciones y la diferencia de estilos que ensaya tanto en las técnicas de caracterización como en la búsqueda de estructuras nuevas.

[5] Tesis de don A. Castro, *Cervantes y los casticismos españoles*, Madrid, Ediciones Alfaguara, 1966, págs. 164 y sigs. Aunque alguno de sus ascendientes se hubiera convertido del judaísmo hacia 1391 o en los primeros años del siglo XV, Cervantes no tenía conciencia de ello; no hay posibilidad de establecer conexión entre la ascendencia y el

vilegios nunca discutidos hasta 1552, en que demostraron sus derechos con varios testigos, acostumbrados a buen trato y atavío, pero caídos a menos. El padre de Cervantes es «médico zurujano»; pero no se encuentra en ningún sitio que tuviera grados universitarios. Era sencillamente un oficial sin más estudios que la práctica, y algún manual de su profesión.

De 1551 a 1566, Rodrigo de Cervantes transporta su numerosa familia por varias ciudades de España, buscando ejercer su profesión con provecho, o la ayuda de familiares mejor situados[6]. En Valladolid es apresado varios meses entre 1552 y 1553 por no poder pagar una deuda a un usurero. Cervantes tuvo, pues, la experiencia de la cárcel en la carne de su padre cuando tenía cuatro años.

En 1566 la familia se instala definitivamente en Madrid. Miguel hace en esta capital los únicos estudios de que se tiene noticia documentada: letras humanas con el maestro López de Hoyos. Hay que pensar, sin embargo, que ya en Sevilla quizá asistiera a alguna escuela, por lo menos de gramática[7]. En 1569 abandona la Corte y se marcha a Italia.

---

contenido cultural de una obra concreta, y, suponiendo que la ciencia moderna llegase a documentar tal conexión, sería un anacronismo explicar por la sangre, el linaje o la casta ningún contenido cultural del siglo XVI. Todo cuanto se descubra en el sentido biológico y biográfico habrá que incorporarlo a la panacea universal de la «influencia indirecta» estudiada en la meditación anterior.

6 Astrana, *Vida*, I, 266. El proceso lo publicó por primera vez Rodríguez Marín, en *Nuevos documentos cervantinos*, Madrid, 1914, páginas 64 y sigs.: «Pleito de Gregorio Romano y Pero García, vecinos de Valladolid, con Rodrigo de Cervantes, por obligación de pago que éste contrajo, y por derecho a su excarcelación, en razón de ser hidalgo notorio.»

7 Cf. F. Rodríguez Marín, *Cervantes estudió en Sevilla (1564-1565)*, en *Estudios cervantinos*, Madrid, 1947, págs. 51-64. (Páginas de un discurso pronunciado en 1900 en Sevilla). Cervantes hace un elogio caluroso del colegio de los jesuitas en la ciudad del Betis: «Recibí

No se sabe la razón. Astrana identifica a nuestro ingenio con un Miguel de Cervantes que hirió a Antonio de Sigura en los terreros de Palacio y fue condenado a que le cortaran la mano derecha «con vergüenza pública» y a diez años de destierro de la Corte. Cervantes huyó antes de que pudiera ejecutarse la sentencia, y apareció en Roma, donde unos meses después entró a servir de camarero al cardenal Acquaviva. Billi di Sandorno recuerda que en Roma tenía entonces mucha influencia el cardenal Gaspar de Cervantes Gaete (Trujillo, 1511-Tarragona, 1575), pariente del escritor y amigo de Acquaviva. Quizá fuera buscando la ayuda del cardenal Cervantes. También Ascanio Colonna, a quien el escritor dedica *La Galatea*, era amigo del pariente eclesiástico. Pero no se explica bien que Cervantes jamás le nombre. En el prólogo a su primera obra dice que conoció a Colonna en casa de Acquaviva, pero no menciona al poderoso pariente. Los Cervantes de Trujillo estaban emparentados con los Pizarros y Orellanas; esto explica el interés de Cervantes por esa familia en un episodio del *Persiles* [8].

No le debió satisfacer su vida entre los eclesiásticos, y en 1570 sienta plaza de soldado. Asiste en 1571 a la batalla de Lepanto, lucha con heroísmo, es herido y pierde el uso

---

gusto de ver el amor, el término, la solicitud y la industria con que aquellos benditos padres y maestros enseñaban a aquellos niños, enderezando las tiernas varas de su juventud... Consideraba cómo los reñían con suavidad, los castigaban con misericordia, los animaban con ejemplos, los incitaban con premios y los sobrellevaban con cordura» (*El coloquio de los perros*, ed, cit., págs. 1004-05). Sobre el estudio de Cervantes con López de Hoyos y las poesías que el novelista compuso a la muerte de Isabel de Valois en 1568, cf. *OC.*, ed. cit., páginas 42-45.

[8] Billi di Sandorno, A., *El Cardenal Gaspar de Cervantes y Gaete, ignorado protector de Miguel de Cervantes Saavedra*, en *AC*, 2 (1952), 335-358; cf. Osuna, R., *Cervantes y Tirso de Molina: se aclara un enigma del «Persiles»*, en *HR*, 42 (1974), 359-368.

del brazo izquierdo. Entonces debió de nacer en él la idea de hacer carrera en el ejército. De hecho siguió en Italia cuatro años más, participando en diversas operaciones contra los moros. Parece tuvo amores en Nápoles con una dama que recuerda bajo el nombre de Silena en *La Galatea*, y de ella nació un hijo a quien se llamó Promontorio.

En 1575, cuando volvía a España para solicitar de Felipe II las merecidas mercedes, fue apresado en la galera *Sol* y llevado a Argel, donde pasó cinco años cautivo. Son conocidos sus diversos intentos de evasiva, en los que fue siempre traicionado por compañeros de patria y esclavitud. También hay testimonios de su abnegación, valentía y religiosidad. Y, como nota Astrana, debía de irradiar su figura tal respeto y aire de misteriosa grandeza, que el rey de Argel no le castigó cuando descubrió su papel en la conspiración para escapar:

> Sólo libró bien con él un soldado español llamado Tal de Saavedra, al cual, con haber hecho cosas que quedarán en la memoria de aquellas gentes por muchos años, y todas por alcanzar libertad, jamás le dio palo ni se lo mandó dar, ni le dijo mala palabra. (*Quijote*, I, 40, pág. 1212b).

En 1580, con muchos sacrificios de sus padres y hermanos, Cervantes es redimido por Fr. Juan Gil, trinitario. Vuelve a España en el momento en que Felipe II está de camino hacia Lisboa para tomar posesión del recién heredado reino de Portugal. Cervantes confía en conseguir alguna merced, basado en sus méritos como soldado de Lepanto, en su conducta durante el cautiverio y en la ayuda del secretario Mateo Vázquez. Sólo consigue una comisión momentánea para el gobernador de Orán. Espera un año más y, desengañado, vuelve a Madrid sin empleo ni encomienda. Probablemente sintió en su propia carne la experiencia que pone en *El licenciado Vidriera*:

Otro le preguntó qué remedio tendría para salir con una comisión que había dos años que la pretendía. Y díjole: 'parte a caballo y a la mira de quien la lleva, y acompáñale hasta salir de la ciudad, y así saldrás con ella' (pág. 884b).

En 1583 terminó *La Galatea*, pero no la publicó hasta 1585, parte porque no le fue fácil encontrar editor, y parte porque él mismo no se atrevía a presentarse en público con «églogas» en tiempos en que no se apreciaban. La reciente experiencia del cautiverio y la necesidad de ingresos rápidos le mueven a probar sus armas en el teatro con una obra que dramatiza su propia vida: *El trato de Argel* (1583). De estos primeros años es también *La Numancia*. Como se ha dicho muchas veces, esta obra puede compararse con las grandes del teatro europeo de su tiempo. Pero en España comenzaba entonces a despuntar la «tragicomedia» de Lope de Vega, fórmula nueva muy distinta del clasicismo europeo; el público español siguió a Lope, y Cervantes vio anticuado su teatro cuando apenas comenzaba.

En 1584 hizo un viaje al pueblo toledano de Esquivias. El motivo, conjetura Astrana, fue el proyecto de editar las obras de su amigo Pedro Laínez, recientemente fallecido. Juana Gaytán, esposa de Laínez, se había casado muy pronto en el pueblo toledano, y Cervantes se supone que fue a consultar con ella problemas de la edición o a recoger materiales. Entonces conoció a Catalina de Salazar, doncella de diecinueve años, y se casó con ella. Corre la leyenda de que el matrimonio fue un fracaso. Los documentos conocidos no lo demuestran. En junio de 1585 el padre de Cervantes, al hacer su testamento, nombra albaceas a su esposa, doña Leonor de Cortinas, y a la madre de Catalina de Salazar. Esto indica que las familias tenían amistad y trato. El que Cervantes viviera después muchos años separado de su mujer, mientras desempeñaba sus oficios en Andalucía, no es caso extraño, dada su penuria económica.

Poco tiempo gozó nuestro ingenio de su luna de miel. Ya en 1585 firma varios documentos en Madrid y Sevilla, aunque se llama «vecino de Esquivias». En 1585 empieza la serie interminable de viajes, que le llevan por diversos pueblos y ventas de La Mancha y Andalucía. Aunque se hace notar que no existe documento alguno de Cervantes firmado en La Mancha, está bien documentado su ajetreo entre Madrid, Esquivias y Sevilla. Muchas veces pararía él en la venta de Juan Palomeque, el Zurdo, y alguna se dejaría olvidada una maleta con algunos libros de caballería y unos papeles manuscritos [9].

En 1587, mientras se prepara la Gran Armada que había de luchar el año siguiente con Inglaterra —el miedo a la Armada española produjo el nacimiento prematuro de Thomas Hobbes [10]—, Cervantes es nombrado comisario para acopiar trigo y aceite en diversos pueblos andaluces. Lucha con los concejos y con los cabildos; tiene que embargar y ejecutar, «ensayar» el trigo para que no le den piedras y granzas, es apresado y excomulgado. Es decir, vive plenamente la intrahistoria española de su tiempo. En 1597, al parecer sin culpa, por causa de cuentas mal hechas, entra en la Carcel Real de Sevilla, «donde toda incomodidad tiene

---

[9] Entre 1585 y 1600 Cervantes vive fundamentalmente en Andaducía: si bien hay testimonio documental de dos estancias en Toledo, al lado de su mujer. Cf. Sánchez Romeralo, J., *Miguel de Cervantes y su cuñado Francisco de Palacios*, en *Actas del Segundo Congreso de la Asociación Internacional de Hispanistas*, Nijmegen, Instituto Español de la Universidad de Nimega, 1967, págs. 563-572; publicado después en *AC*, 11 (1972), 59-68.

[10] «His mother fell in labour with him upon the fright of the Invasion of the Spaniards», John Aubrey, *Brief Lives* (1680-1692). Editadas por O. L. Dick, Ann Arbor, Mich.: Michigan University Press, 1962, pág. 147.

su asiento y todo triste ruido hace su habitación». En ella se engendró el *Quijote*. Las dos obras más sublimes de nuestra literatura: El *Cántico espiritual* de San Juan de la Cruz y la novela cervantina se engendraron en la cárcel. Cervantes pasó en ella siete meses, hasta abril de 1598. Al salir continuó en la ciudad con viajes a Madrid y probablemente a Esquivias.

En 1600 abandonó Sevilla definitivamente y se instaló en Toledo. Aquí dispone el plan definitivo del *Quijote*. Si en un principio lo concibió como novela corta, un día en Toledo se le reveló la posibilidad de la nueva obra. Fue una inspiración; por eso no se atribuyó la originalidad, sino que se consideró un puro traductor de Cide Hamete Benengeli. Entre Madrid, Toledo y Esquivias pasa esos cuatro años hasta que termina la primera parte de la novela. Una vez vendidos los derechos de ella al librero Francisco de Robles, saca de Esquivias a su mujer, saca de Madrid a sus hermanas, hija y sobrina, y se instalan todos en Valladolid, donde está la Corte de Felipe III.

No llevaba un año en su nuevo domicilio, cuando en junio de 1605, una noche a eso de las diez, fue muerto delante de su casa don Gaspar de Ezpeleta, caballero navarro de mala reputación y escasos medios. Ezpeleta mantenía amores con una dama casada y fue acuchillado por el marido o algún deudo de la querida. El juez estaba interesado en tapar a los verdaderos autores y, para dilatar la investigación haciendo un simulacro de justicia, encarceló a todos los vecinos de la casa frontera al crimen. Entre ellos estaban Cervantes y su familia; en seguida fueron absueltos.

En 1606 la Corte se traslada nuevamente a Madrid. Cervantes y su familia no tienen nada que hacer en la ciudad castellana. En el verano de ese año, piensa Astrana que fijó su residencia definitiva en Madrid (VI, 186). En la capital vive dedicado a las letras. Compone la segunda parte del *Quijote*, el *Persiles*, comedias, entremeses y algunas novelas ejemplares; prepara ediciones de esos escritos y ve cómo el *Quijote* se difunde por Francia e Inglaterra mientras se suceden las ediciones en la península.

En 1609 solicita un empleo en el séquito del Conde de Lemos, nombrado virrey de Nápoles, pero los hermanos Argensola, encargados de reclutar a los literatos de la corte virreinal, rechazan a Cervantes.

¿Qué razones pudo tener el novelista para desear un traslado a Nápoles a sus sesenta y tres años? Según Astrana, dos: el deseo de abandonar los enredos que tenía su hija Isabel en Madrid (hija natural, habida en Ana de Villafranca en 1584) y el de volver a encontrar a Promontorio, aquel hijo de su juventud en Nápoles, que ahora sería hombre maduro de treinta y cinco años.

Cervantes no tuvo familia en su mujer legítima; pero había tenido a Isabel de Saavedra de amores con Ana de Villafranca, y ahora, viejo, había tenido una nieta, fruto de los amores adúlteros de su hija. Las hermanas y la hija de Cervantes no tuvieron suerte en su vida amorosa. Los fracasos de ellas han ensombrecido frecuentemente la vida del escritor. Ante episodios como el de Ezpeleta, se ha pensado si el príncipe de los ingenios no mantendría en su casa algún trato interesado. Según Astrana, su vida aparece siempre ejemplar y heroica; y la de sus hermanas, desgraciadas en amores, adquiere nobleza cuando las vemos renunciar a su patrimonio para redimir del cautiverio a los dos hermanos, Rodrigo y Miguel. A éste le acompañaron siempre desde su instalación definitiva en Madrid, y alguna vez le mantuvieron con el producto de su costura. Miguel las vio morir. Su hermano Rodrigo, que después del cautiverio siguió la carrera de soldado, cayó el 2 de julio de 1601 en la batalla de Las Dunas. Hacia 1614 contrajo Miguel una diabetes que le llevó a la sepultura el 23 de abril de 1616.

Resumida la vida, vamos a estudiar su pensamiento. Recordemos que para nosotros el pensamiento no es idéntico a la filosofía. Ésta es un saber riguroso de realidad, asociado desde su origen a la ciencia y la matemática. La filosofía estudia las estructuras de la mente humana, los conceptos universales comunes a las ciencias y a las humanidades, las relaciones entre lo que llamamos materia y lo que llamamos espíritu. La metafísica es el estudio de la inserción de la personalidad humana en el cosmos, en la sociedad y en la lengua.

En este sentido estaría fuera de lugar buscar una filosofía en Cervantes. Pero en el extremo contrario yerra quien considere a nuestro escritor un «ingenio lego», a quien le salió una obra maestra por casualidad. Cervantes reflexionó sobre sus experiencias personales, interpretándolas desde su lado reproducible por todos, es decir, desde su lado universal; miró cuanto pasaba a su alrededor y lo expresó en caracteres y situaciones por encima de las condiciones impuestas por su momento histórico. Al mismo tiempo tuvo suficiente libertad intelectual como para no dejarse ofuscar por oropeles y criticar cuanto de falso encontraba a su alrededor. Por esta crítica y por su creación, Cervantes es un modelo de pensador, de intelectual en el nivel supremo de inteligencia-poder.

Toda la filosofía de Cervantes se reduce, como veremos, a la repetición de unos cuantos aforismos escolásticos. Pero más allá de la filosofía está el pensamiento: la conciencia crítica que se muestra en su ironía, humor y discreción, y la conciencia creadora o pensamiento propiamente dicho. Es claro que estos tres niveles de conciencia tienen que ser tratados sucesivamente; pero la distinción mecánica que nuestro libro exige no fue una evolución temporal de distintos momentos en Cervantes. Aceptación complaciente de la escolástica, crítica y creación, son en él una experiencia simultánea; y si en algún aspecto puede rastrearse una evolución, será en cuanto a ideas o procedimientos estilísticos concretos, pero no un paso mecánico del nivel de aceptación al de creación a través del nivel crítico.

NIVEL DE COMPLACENCIA:
CERVANTES Y LA ESCOLÁSTICA

El análisis de los grumos escolásticos en los escritos cervantinos se puede hacer de dos formas: podríamos ir de una obra tras otra, catalogando esos elementos; pero a nosotros nos interesa más la síntesis. Vamos a utilizar el procedimiento primero con el ejemplo de *La Galatea*, y después vamos a resumir las ideas cervantinas usando el esquema ya empleado en la definición del método escolástico: ideas sobre Dios, el hombre y el cosmos.

La Galatea (1585) está dividida en seis libros. En la edición de Valbuena Prat, a que estamos refiriendo todas nuestras citas de Cervantes, abarca las páginas 608 a 767.

Ya en el prólogo teme que será condenado por haber mezclado razones de filosofía entre algunas amorosas de pastores. Al principio del libro primero se ponen de relieve las bondades de Galatea y Elicio, y la bondad merece amor. Este amor es honesto y basado solamente en las cualidades de bondad y hermosura de lo amado, no en inclinaciones utilitarias o pasionales del amante. Cervantes conoce bien la división tradicional entre amor de benevolencia y amor de concupiscencia. Cuando Elicio quería hablarla, el respeto que sentía por Galatea era tal, que tras «el primer

movimiento» se le helaban las palabras en la boca (611a).
La noción de «primer movimiento» era opuesta por los escolásticos al acto voluntario deliberado. En esa misma página se habla de deseo y «variedad de pensamientos». Todo
el que estudie el significado del término en nuestra literatura clásica sabe que pensamiento no significa lo mismo que
hoy. Es «el primer movimiento de la mente», o sea, la ocurrencia incontrolada, la tentación, una actividad de la mente
en cuanto está sujeta a la influencia de los sentidos y la
materia. Por eso el pensamiento es siempre vario, incontrolado. En los versos que siguen, Elicio juega con esa función del pensamiento y con la idea también escolástica de
que el recipiente debe ser proporcionado a lo recibido, y
los medios proporcionados a los fines.

En el personaje de Erastro, que inmediatamente entra
en escena, Cervantes ejemplifica el poder educativo del
amor. Erastro es de entendimiento simple; pero el amor honesto le refina y acultura. Cantando estaban Elicio y Erastro
un canto amebeo, cuando presenciaron la muerte del traidor Carino a manos del airado Lisandro, y éste les explica:
«la justa y mortal ira que contra este traidor tenía conce-
bida no me dio lugar a más moderados discursos» (614a).
En el libro cuarto hay un paralelo, que hoy sólo se entiende
conociendo ese universo de ideas: «Cualquier cosa buena
puede ser en mala convertida, y proceder de ella efectos
malos, si en las manos de aquellos son puestas que, como
irracionales sin mediocridad, del apetito gobernar se dejan» (702a). «Mediocridad» en este contexto es sinónimo de
moderación entre los extremos apasionados, es decir, Cervantes está siguiendo la definición aristotélica de virtud
como medio entre los extremos. Entre los personajes y situaciones de *La Galatea*, todos perdidamente enamorados,
éste es el motivo más repetido. Cervantes está tocando con-

tinuamente el tema de las pasiones, y la moderación o templanza es el punto de perfección frente a las inclinaciones pasionales.

A veces el pensamiento escolástico se hace manifiesto en la yuxtaposición de dos términos, cada uno de los cuales por separado pertenecía al habla común; pero la conexión en un sintaxema era típico de la filosofía y teología del tiempo. Al final del libro primero disputan el enamorado Elicio y el desamorado Lenio. En la discusión, Lenio dice: «la que Elicio tiene es opinión; que la mía no es sino ciencia averigüada»; unas líneas más abajo: «en tanto que la experiencia y la razón no me mostraren el contrario de lo que hasta aquí me han mostrado...» (632b). La relación entre ciencia y opinión ocupó mucho a los escolásticos. La ciencia suponía demostración por razones universales («ciencia averigüada») y engendraba certeza en el entendimiento, mientras que la opinión es una postura abierta a la duda y la inseguridad. Los escolásticos trataban esta materia al analizar la fe, que participaba de las dos: era segura como la ciencia (porque había sido revelada por Dios); pero no «averigüada», como la opinión. En la misma página tenemos otro ejemplo: «tan malo es, dijo Elicio, ser pertinaz en el mal, como bueno perseverar en el bien» (632b). El término «perseverancia», equivalente a constancia, se aplicaba sólo al bien; pertinacia era la constancia en el mal. Hoy diríamos también «perseverar en el mal»; pero no creo que se encuentre en Cervantes; «perseverancia» y «pertinacia» tienen para él sentido muy técnico.

Yo diría que la página más exagerada en este sentido está al fin del libro tercero, en el discurso de Damón, donde se dice que lo imposible de conseguir no puede ocupar por mucho tiempo el deseo; que la razón no puede siempre moderar el entendimiento, etc.

Este análisis, que podría ser mucho más extenso, nos permite afirmar dos cosas: *a)* Un texto se puede leer a niveles
muy distintos, y todos legítimos mientras no sean mutuamente contrarios. Pero un filólogo, profesor o investigador,
debe leer a un nivel que exige conocimiento del pensamiento del siglo XVI. *b)* Normalmente nos contentamos con atribuir las fórmulas cervantinas al «platonismo» tomado de
León Hebreo y de otras posibles lecturas que haría en Italia o España. Pero debemos recordar que ese «platonismo»
era bien común de la escolástica. Marsilio Ficino (1433-1499)
prefiere Platón al Filósofo cuando habla explícitamente de
ellos; pero la filosofía de Ficino: la influencia del cosmos
celeste sobre el terrestre, y la concepción del amor como
un resultado de la atracción mutua de las esferas, no es algo
platónico, sino la síntesis de astronomía griega y concepción del cosmos que se había hecho bien común de Platón,
Aristóteles y la escolástica. En un momento Cervantes con-
trapone las dos teorías del conocimiento: platónica y aristotélica. Nuestro ingenio prefiere la segunda:

> No me maravillaría yo tanto de esto si fuese de aquella
> opinión del que dijo que el saber de nuestras almas era acor-
> darse de lo que ya sabían, presuponiendo que todas se crían
> enseñadas; mas cuando veo que debo seguir el otro mejor
> parecer del que afirmó que nuestra alma era como una tabla
> rasa, la cual no tenía ninguna cosa pintada... (704b) [11].

---

[11] La imagen de la «tabla rasa» se encuentra dos veces más: *Quijote,* II, 46, pág. 1428b, y *Persiles,* pág. 1706b. Algunos ejemplos de
teología escolástica en otras obras: «Lo que el Cielo tiene ordenado
que suceda no hay diligencia ni sabiduría humana que lo pueda
prevenir» *(Coloquio,* pág. 998a). La frase no es determinista, porque
el Cielo hará que se cumpla el efecto sin determinar a la causa. En
La vida es sueño se cumple la profecía del rey Basilio, pero en un
sentido distinto del que Basilio le había dado. «Éstas que no quiero
llamarlas profecías, sino adivinanzas» *(ibid.,* pág. 1015b). Cervantes
sabe que la bruja no podía profetizar, pues esto es una gracia de

En un sentido más global y sintético, Cervantes concibe a Dios sencillamente como lo presenta la escolástica: el Ser puro, infinito, infinitamente bueno, inmenso, presente en todo lugar, creador, conservador y gobernador de todo el universo. Pero Cervantes escribe novelas, no hace teología; por consiguiente no es de esperar que se introduzca en problemas metafísicos. Los atributos de Dios más constantes en su obra son la providencia, la justicia y la misericordia. En este punto no voy a dar estadísticas, pero, como resultado de ellas, puedo afirmar que nuestro ingenio no usa mucho el nombre de Dios; el atributo de la providencia lo expresa con el nombre de «el cielo» o «los cielos»; y esto, no porque tuviera el más leve asomo de naturalismo, sino porque así se hablaba corrientemente.

Los atributos de justicia y misericordia van asociados al par de conceptos «rigor-piedad», que aparecen generalmente pareados en sus escritos y que son una dualidad obsesiva en el teatro de Lope y Calderón. Basta leer *El castigo sin venganza*, *La vida es sueño* y el *Persiles* para convencerse. El par de conceptos, provenientes de la simultaneidad de justicia y misericordia en Dios, se aplica a la conducta de los príncipes, y entonces, como es lógico, son oportunos para Sancho cuando le nombran gobernador:

Dios; pero era capaz de adivinar o conjeturando sin certidumbre el porvenir, o por inspiración diabólica. La oposición entre certeza y conjeturas aparece inmediatamente: «Muchas veces he querido preguntar a mi cabrón qué fin tendrá vuestro suceso; pero... él no sabe nada de lo porvenir ciertamente, sino por conjeturas» *(ibid., pági-na 1016a).* En *El Persiles* hay un paso especialmente técnico: «Yo, señor Arnaldo, soy hecho como esto que se llama lugar, que es donde todas las cosas caben, y no hay ninguna fuera del lugar, y en mí le tienen todas las que son desgraciadas» (pág. 1605b). Esa noción de «lugar» recuerda las disputas escolásticas sobre la naturaleza del «ubi», un tema ya un poco abstruso de la cosmología del tiempo.

No es mejor la fama del juez riguroso que la del compa-
sivo. Si acaso doblares la vara de la justicia, no sea con el
peso de la dádiva, sino con el de la misericordia. (II, cap. 42,
pág. 1416b).

Los misterios de la Santísima Trinidad, las creencias
comunes del catolicismo sobre la Virgen, Jesucristo, los sacramentos, e incluso las costumbres, como peregrinaciones,
romerías y actitudes sobre el estado religioso, aparecen muchas veces en su obra, y no creo se pueda descubrir ninguna
ironía o hipocresía en la confesión de sus creencias personales. Ahora bien, Cervantes critica al mismo tiempo costumbres del clero, falsas romerías y ermitaños, supersticio-
nes populares, etc. Estas críticas y su perfecta armonía con
las creencias básicas nos ocuparán en el próximo apartado
al estudiar el «erasmismo» de nuestro escritor.

El hombre es un «pequeño mundo»:

La compostura del hombre, tan ordenada, tan perfecta y tan
hermosa, que le vinieron a llamar 'mundo abreviado', y así es
verdad, que en todas las obras hechas por el mayordomo de
Dios, naturaleza, ninguno es de tanto primor ni que más descubra la grandeza y sabiduría de su hacedor, porque en la
figura y compostura del hombre se cifra y cierra la belleza
que en todas las otras partes de ella se reparte, y de aquí nace
que esta belleza conocida se ama... (*Galatea*, lib. IV, pág. 701a).

La naturaleza es «mayordomo de Dios», es decir, el conjunto misterioso de fuerzas creadas por Dios y conservadas
por él, que produce y destruye a cada uno de los individuos.
El hombre, en cuanto materia y carne, está sujeto a esas
fuerzas; pero su alma es directamente creada por Dios y
destinada a gozar de él en la inmortalidad. Siguiendo el esquema de la filosofía escolástica, todo está en movimiento
menos Dios, que es el descanso y la quietud. El movimiento

es fruto de la imperfección de lo creado, que se mueve a ser más perfecto. Dios, que es la perfección pura, no puede moverse en ningún sentido, porque no puede conseguir nada fuera de sí. En este punto Cervantes funde el cosmos aristotélico con la famosa frase de San Agustín en la primera página de las *Confesiones*: «Nos has hecho, Señor, para ti, y nuestro corazón está inquieto hasta que descanse en ti».

Pero si comparamos la formulación cervantina de la idea de San Agustín, nos convencemos de que nuestro escritor no la citaba directamente sino a través del carácter metafísico que le daba la escolástica española: «Nuestras almas siempre están en continuo movimiento, y no pueden parar sino en Dios, como en su centro» *(Persiles*, pág. 1706b). El corazón y la inquietud agustinianas, experiencias personales, han sido sustituidos por el alma y el movimiento, términos de la metafísica escolástica.

La naturaleza es «causa segunda», es decir, es verdadera causa de las cosas, pero sólo en cuanto es movida por Dios, causa primera. Las potencias espirituales del hombre: entendimiento y voluntad, no son directamente influidas por las fuerzas naturales, por hechizos ni siquiera por el mismo demonio. Las potencias espirituales han de ser libres, porque sólo así el hombre hará méritos para salvarse o deméritos para condenarse. Al mismo tiempo Cervantes, como todos los filósofos de su tiempo, admite y dramatiza la influencia *indirecta* del cosmos y cuerpo sobre el espíritu. Y como no es posible dar significado preciso a ese adjetivo: *indirecta*, no podemos definir exactamente el grado de influencia que Cervantes admitía. Una cosa es clara: que él mantiene la idea cristiana de la libertad y la espiritualidad de las potencias superiores. Pero aun manteniendo esta idea, se podía poner mayor o menor énfasis en la influencia del cuerpo.

Varias novelas ejemplares están construidas sobre esas fuerzas misteriosas que nos inclinan aunque no anulen la libertad: *La fuerza de la sangre* lo expresa en el mismo título; en *La Gitanilla* dice Preciosa:

> Yo, señor caballero, aunque soy gitana, pobre y humildemente nacida, tengo un cierto espiritillo fantástico acá dentro que a grandes cosas me lleva (pág. 782a).

Ese espiritillo es la sangre noble de quien resultará ser Doña Constanza de Azevedo. Este motivo de la nobleza desconocida de sus propios dueños conforma el argumento de *La española inglesa* y *La ilustre fregona*.

Cervantes no tiene una filosofía que le permita afirmar la libertad absoluta del espíritu frente a las inclinaciones; por eso se encuentran en él los motivos clásicos de la inferioridad social del criado y de la influencia del nacimiento y alimentación. Al mismo tiempo está obseso por la libertad y la conciencia del destino individual: «cada uno es hijo de sus obras» *(Quijote*, I, 4, pág. 1047a). Entre estos dos extremos sería imposible determinar la idea precisa de nuestro escritor. ¿Quién es ese «cada uno»? ¿Se aplica a todas las personas de cualquier estamento social?

> Los que nacen de padres humildes, si no los ayuda demasiadamente el Cielo, ellos por sí solos pocas veces se levantan a donde sean señalados con el dedo, si la virtud no les da la mano. *(Persiles*, pág. 1586b).

El párrafo es impreciso: ¿cómo medir la «demasiada ayuda del cielo»? ¿Qué tipo de determinismo se deriva de los padres humildes? ¿Qué significa la mano de la virtud?, ¿la ayuda del poderoso? ¿Es más fácil que los pobres se hagan famosos por el camino de la santidad —virtud— que por otros? Las preguntas que haríamos después de haber leído a Marx no encuentran respuesta precisa en Cervantes.

El mismo equívoco encontramos en las ideas de Cervantes sobre el linaje. La buena ascendencia es para él un bien del cielo. Además, ser hidalgo en España estaba premiado con privilegios, de los cuales su padre tuvo que echar mano ya en 1552, cuando Cervantes tenía cuatro años. Las opiniones sobre el linaje están, pues, condicionadas por una práctica legal contra la que es difícil rebelarse. Al mismo tiempo nuestro escritor tiene una conciencia muy clara del valor de la persona. Medio en broma encontramos alusión al linaje en *La Gitanilla,* cuando Preciosa echa la buenaventura a la señora del teniente de la villa y Corte: «tendrás un hijo canónigo / la iglesia no se señala / de Toledo es imposible» (pág. 780b). De Toledo no podía ser canónigo porque esa catedral tenía el estatuto de limpieza de sangre.

En varios lugares aparecen aludidos los descendientes de moros y judíos; de los gitanos piensa que por naturaleza, inclinación y educación son agudos y ladrones. Pero la bajeza del linaje se extiende también al labrador y, sobre todo, como en los documentos y estatutos del tiempo, a los oficios infamantes: pregonero, porquero, verdugo. Lo de haber sido porquero le puso nervioso a Sancho en el momento en que iba a ser gobernador. Don Quijote le recuerda que guardó puercos en su lugar y Sancho, que apenas interviene en todo el capítulo, corta en este momento a su señor y responde:

> Así es la verdad, pero fue cuando muchacho; pero después algo hombrecillo, gansos fueron los que guardé, que no puercos. Pero esto paréceme a mí que no hace al caso; que no todos los que gobiernan vienen de casta de reyes. (II, 42, página 1416a).

Es muy clara la conexión entre guardar puercos y linaje en la mente del escudero.

Si pretendemos definir la mente de Cervantes sobre ese punto diríamos: se rebela personalmente contra la clara injusticia de que ciertos oficios o linajes den preferencias o estigmaticen a los individuos desde su nacimiento; pero no tiene la audacia ni se propone crear una teoría filosófica que justifique esa rebelión personal y que mostrase la injusticia de la relación entre linaje y ventajas sociales.

Con esto entramos en un tema fundamental de los escritos cervantinos: la libertad. La libertad en Cervantes tiene cinco sentidos:

1) Concepto metafísico tradicional: el hombre es libre porque sus potencias espirituales no pueden ser influidas directamente por el cuerpo ni las estrellas.

2) Concepto teológico: Nuestras acciones buenas y malas son nuestras. Ni Dios, ni los ángeles ni demonios pueden hacernos violencia o hacer méritos o pecados por nosotros.

3) El mayor mal que al hombre le puede sobrevenir en esta vida es el cautiverio; la libertad del cautiverio, el mayor de los bienes. En este punto son conocidas las «cosas nunca vistas ni oídas» que hizo en Argel «y todas por alcanzar libertad» (*Quijote*, I, 40, pág. 1212b). Es de sumo interés el acentuar el sentido militante de este pasaje, el carácter incitativo a la guerra que Cervantes pone en *El trato de Argel*, y la dureza de la crítica cervantina a muchas instituciones españolas, para no atribuir a nuestro escritor un sentido quietista y estoico de la libertad [12].

_____

[12] El siguiente pasaje del *Persiles* contiene, a mi parecer, la postura definitiva de Cervantes sobre la libertad: «La baja fortuna jamás se enmendó con la ociosidad ni con la pereza; en los ánimos encogidos nunca tuvo lugar la buena dicha; nosotros mismos nos fabricamos nuestra ventura, y no hay alma que no sea capaz de le-

4) Libertad en la elección de estado. Catalogando los textos cervantinos sobre este punto no podríamos definir su posición definitiva, aunque siempre reconoce que no se debe casar a los hombres y mujeres contra su voluntad. En *El Persiles* se acentúa siempre la necesidad de elegir estado libremente. Al mismo tiempo se condena la elección frívola y sentimental. El casarse es una decisión para toda la vida y, según Cervantes, por tanto, se debe tomar muy despacio. Por eso está justificado el consejo y la intervención de los padres, aunque no esté justificada la fuerza. Pero si preguntáramos ¿dónde termina la intervención y comienza la decisión personal?, probablemente no encontremos respuesta en los escritos cervantinos. Tampoco la encontramos para nosotros hoy, porque las decisiones más importantes de la vida comportan inseguridad y riesgo. En tiempo de Cervantes era más difícil, porque la antropología escolástica imponía ciertos esquemas al pensamiento: el amor era o pasión del alma sensitiva, o acto de la voluntad. En el primer caso, el sentimiento era una potencia inferior y el hombre no se debía dejar llevar de ella; en el segundo, el amor era «apetito racional», es decir, decisión a base de consejo y cálculo. El sentimiento no era una potencia espiritual equiparable al entendimiento y a la voluntad. Sólo cuando los ingleses elevaron esa potencia al nivel de dignidad que corrientemente se concedía a las dos tradicionales, se pudo resolver el problema de la elección de estado, no sólo práctica, sino teóricamente. Como veremos luego, la elevación

---

vantarse a su asiento; los cobardes, aunque nazcan ricos, siempre son pobres, como los avaros, mendigos» (pág. 1604b). Luis Rosales reconoce el elemento activo en la idea cervantina de libertad, pero me da la impresión de que acentúa demasiado el momento de resignación. Cf. *Cervantes y la libertad*, Madrid, Sociedad de Estudios y Publicaciones, 1960, I, 137, 255.

del sentimiento a dignidad superior es obra del neoclasicismo, y trae consigo una concepción nueva del arte y de
la estética.

5) Libertad soñada. Nuestra mente es capaz de traspasar sus propios límites y pensar lo «inimaginable», el infinito,
lo irracional, la nada, lo imposible. Podemos construir un
Olimpo donde los amores y relaciones humanos sean puros
e ideales; podemos tener una libertad totalmente desligada
del concepto de obligación; es la que tienen los gitanos, los
pícaros, los pastores, la edad de oro y el concepto absoluto
que Don Quijote invoca para libertar a los galeotes. No es
que Cervantes admitiera esa libertad soñada como el ideal
para la vida; pero a través de su ironía nos dramatiza una
profunda experiencia humana: nuestra aspiración a lo infinito y absoluto, la experiencia que ha conducido a los mitos
de la edad de oro y el paraíso perdido.

Estudiados estos cinco sentidos de la libertad, aparecen
claros algunos errores de los críticos. Don Américo Castro
habla de fatalismo en nuestro escritor a base de unas palabras en *El coloquio de los perros*: «Como el hacer mal viene
de natural cosecha, fácilmente se aprende en hacelle». Don
Américo añade: «Cuando Cervantes sonríe melancólico ante
la imposibilidad de la perfección natural, no irá guiado por
motivos teológicos»[13]. Va guiado por motivos teológicos de
la mayor exactitud: nacemos en pecado original, con las
potencias corrompidas y, por consiguiente, inclinados a pecar más. En tiempo de Cervantes se distinguían dos nociones de posibilidad que nos han de servir después al definir
su realismo: la posibilidad física y la posibilidad moral. La
primera se refiere a todo lo que no va contra la esencia de
una cosa; la segunda es lo que llamaríamos hoy posibilidad

---

[13] *El pensamiento de Cervantes*, Madrid, 1925, pág. 167.

histórica, o sea, lo que realmente es posible que suceda en condiciones normales. Pues bien, para Cervantes es físicamente posible que el hombre no haga el mal; pero es moralmente imposible que no lo haga, pues está inclinado a él por nacimiento. Esta inclinación no está puesta por Dios en la naturaleza, sino que es fruto del pecado original que heredamos; por eso el hacer el mal es de nuestra natural cosecha.

Tampoco son aceptables las siguientes palabras de Casalduero:

> El curso de la vida no solamente está decidido por Cervantes, sino que está decidido para él; por eso es Cervantes quien lo decide para sus personajes... Sus novelas no son la realización de una vocación, sino un acontecer [14].

Pocas veces se habrán atribuido a nuestro escritor palabras más contrarias a su pensamiento. Si recordamos el argumento de *La Gitanilla* y *El licenciado Vidriera*, en la primera la historia es un acontecer, pero Preciosa está constantemente decidiendo según su alma grande; un motivo constante de la obra es la honestidad, y en todas las concesiones de Preciosa, ella libremente pone siempre esa condición. En la segunda, cuando Tomás Rueda se cura de su enfermedad y abandona la patria y las letras para irse de saldado a Flandes, hace una decisión que probablemente representa la actitud de Cervantes cuando quiso dejar España varias veces para irse a las Indias o a Nápoles. Don Quijote, si hay alguna explicación para su tipo y sus fracasos, es porque representa una vocación personal al margen de las condiciones de su sociedad; y en el *Persiles*, aunque hay mucho de acontecer, el hilo que une todas las historias es la peregrinación a Roma que han emprendido Periandro

---

[14] *Sentido y forma de las «Novelas ejemplares»*, Madrid, Gredos, 1969, pág. 17.

y Auristela. Todo el movimiento termina cuando descansan
en el centro del catolicismo.

Aunque Cervantes reconoce el poder de la pasión sobre
las decisiones libres, no perdona al que peque por pasión.
Las pasiones, como las estrellas, inclinan, pero no fuerzan.
La mujer, como menos espiritual, domina sus pasiones peor
que el varón.

Muchos más elementos podríamos catalogar y con mucha
más tramoya de citas; pero lo aducido es suficiente para
demostrar la inmersión de nuestro escritor en el pensamiento escolástico. Su filosofía, efectivamente, no tiene originalidad ninguna. Lo original es cómo funde los elementos
abstractos con los personajes y las acciones en el todo artístico. Decía Croce en la primera página de su *Estética* que
una obra literaria puede tener más ideas que un tratado de
metafísica; pero en la obra de arte deben estar encarnadas
como aspectos del carácter del personaje. Sería difícil encontrar una novela donde esa idea esté mejor realizada que
en el *Quijote*. Cervantes hará crítica y teoría literaria, pre-
sentará ejemplos de buena vida cristiana, dará consejos a
los gobernadores; pero todo ello hecho vida y movimiento
en los personajes de su obra. Nunca se tiene esa sensación
de rotura entre la acción y el sermón, que se tiene en el
Guzmán de Alfarache.

El estudio de la escolástica en Cervantes nos ha sugerido
preguntar si existe alguna evolución en su pensamiento, documentable con este criterio. No me parece rentable perseguir el tema. Los elementos escolásticos abundan en *La
Galatea* (1585) y en el *Persiles* (1616), es decir, en la primera
y en la última, más que en el *Quijote*. Pero el *Quijote* está
informado por el mismo pensamiento.

Otra pregunta interesante en este contexto sería si los
elementos catalogados documentarían un estudio universi-

tario de Cervantes. Yo creo que no. Cuanto hemos visto es filosofía y teología vulgarizadas, que se podían aprender en la conversación, en el catecismo, el sermón y libros espirituales y profanos corrientes.

NIVEL CRÍTICO

Cervantes no tiene una filosofía original. Tampoco tuvo la fuerza y hasta la petulancia de un Descartes para hacer tabla rasa de cuanto le habían enseñado, y, desde luego, no tuvo la formación necesaria ni la intención de hacer reformas en filosofía. Pero tuvo una inteligencia excepcional que le hizo percibir claramente lo tópico y lo falso. Por eso son sus escritos un drama vivo donde luchan la conformidad y la ira, la ironía, la crítica, la temeridad y la templanza. Nosotros estamos catalogando sucesivamente los niveles de conformidad, crítica y creación; pero sería equivocado pensar que este esquema, impuesto por el carácter material del libro, responde a un esquema de evolución en el alma de Cervantes. Los tres niveles coexisten en drama y tensión. Para proceder sistemáticamente alojamos bajo el nivel crítico cuatro preguntas: ironía, erasmismo, perspectivismo y discreción.

La ironía es lo contrario del entusiasmo. El entusiasmo nos identifica incondicionalmente con un objeto; la ironía mantiene la independencia frente al objeto y permite el juicio sereno de la razón. Precisamente porque el entusiasmo suele comportar admiración incondicional, la ironía connota siempre actitud negativa frente a su objeto. Desde esta definición podemos acercarnos al soneto cervantino «Entrada del duque de Medina en Cádiz»:

Vimos en julio otra Semana Santa
Atestada de ciertas cofradías,
Que los soldados llaman compañías,
De quien el vulgo, no el inglés, se espanta.
Hubo de plumas muchedumbre tanta,
Que en menos de catorce o quince días
Volaron sus pigmeos y Golías,
Y cayó su edificio por la planta.
Bramó el becerro y púsoles en sarta;
Tronó la tierra, oscurecióse el cielo.
Amenazando una total ruïna;
Y al cabo en Cádiz, con mesura harta,
Ido ya el conde sin ningún recelo,
Triunfando entró el gran duque de Medina.

(Ed. cit., p. 51a.)

Este soneto lo publicó por vez primera Pellicer en su *Ensayo de una bibliotheca de traductores españoles*, en 1778. En 1596, el conde Essex había saqueado Cádiz, siendo dueño de la ciudad durante casi un mes. Cuando el duque de Medinasidonia llegó a reconquistar la plaza, ya se había ido el ejército inglés. El soneto es sangriento, y si lo es para nosotros, más lo sería para el héroe de Lepanto. Compararía el día de la victoria bajo las banderas de Don Juan de Austria con esta ignominia y la pérdida de la gran armada de 1588. El ejército español se ha hecho una cofradía de semana santa sevillana, que al inglés no le causa temor alguno. Los soldados con sus plumas no son más que pigmeos o gigantes que revolotean —con tanta pluma—, pero sin base. Y ahora Cervantes intensifica la descripción para infundirnos terror a ese ejército como si los montes sintieran dolores de parto, para que nazca el ratón: «ido ya el conde sin ningún recelo, / triunfando entró el gran duque de Medina».

Igual sentido tiene el Soneto al túmulo de Felipe II (1598). Hay que imaginar la consternación del pueblo ante la muerte del gran rey, los gastos hechos por la ciudad para la construcción del túmulo, recordar que unos años después el arzobispo de Sevilla se empeñó en doce mil ducados para salir a recibir a la esposa de Felipe III, etc. Con este fondo, leemos el soneto que comienza: «Voto a Dios que me espanta esta grandeza / y que diera un doblón por describilla...» [15].

La ironía de Cervantes no va contra el rey, sino contra los gastos inútiles de la ciudad. Cervantes no criticó la institución monárquica, si bien aludió a muchas injusticias de los gobiernos, criticando, más que al rey, a sus ministros. El expediente de criticar a los ministros no libra de culpa a quien les da libertad de hacer cuanto quieran; pero aquí Cervantes no persigue el tema.

En *El coloquio de los perros* encuentra su mejor expresión la ironía cervantina, que a veces es auténtica ira contenida tan sólo por la propia inseguridad de sus teorías y su templanza cristiana. Varias veces los perros tienen que con-

---

[15] El túmulo de Felipe II fue un catafalco de tres cuerpos, inmensamente alto. Era cuadrado y tenía varias aberturas. En estas aberturas, en las enjutas de los arcos, en los cuarteles entre columna y columna tenía estatuas y pinturas que representaban hazañas de Felipe II, reinos que había poseído, virtudes en que se había distinguido y santos de los cuales la ciudad de Sevilla era especialmente devota. Entre los escultores que trabajaron en el túmulo estaba Martínez Montañés. Al celebrarse la misa por el difunto rey el 25 de noviembre de 1598, se entabló una disputa entre la Inquisición y el Regente de la ciudad porque éste tenía el banco cubierto de un paño negro y el de la Inquisición no tenía paño. Se interrumpieron los funerales y surgió un pleito que duró más de un mes. El 29 de diciembre entró «un poeta fanfarrón» (Cervantes) y declamó allí su famoso soneto. Cf. Gallardo, B. J., *Ensayo de una biblioteca española de libros raros y curiosos*, núm. 1.176, Madrid, Gredos, 1968 (facsímil de la edición de 1863), I, 1143. Para la descripción del túmulo, Francisco Gerónimo Collado, *Descripción del túmulo y relación de las exequias que hizo la ciudad de Sevilla en la muerte del rey Felipe II* (1610). Edición de Francisco de B. Palomo, Sociedad de Bibliófilos Andaluces, Sevilla, 1869.

tener sus ímpetus porque van cayendo en la murmuración. *El coloquio* es, como las antiguas danzas de la muerte y otras obras del Renacimiento, un recorrido por diversos estados exponiendo sus vicios y virtudes; en él se critican varios tipos de oficiales: alguaciles, escribanos, soldados; oficios, como los jiferos y pastores; se critica la falsa piedad a los poetas y a los comediantes. Además de la crítica explícita, se da con mucha frecuencia la reticencia. Los perros tendrían muchas cosas que decir, pero tienen que callar, y, sobre todo, «has de considerar que nunca el consejo del pobre, por bueno que sea, fue admitido, ni el pobre humilde ha de tener presunción de aconsejar a los grandes y a los que piensan que lo saben todo» (pág. 1025b). En el *Quijote* y en el *Persiles* muchas veces se enredan los protagonistas en una cuestión importante de gobierno, y tienen que cortar «porque no es de ese lugar» o porque algún nuevo suceso corta la conversación a tiempo.

En esta doble actitud de conformidad teórica con lo establecido y crítica y rebelión personal de los abusos, se impone estudiar el llamado «erasmismo de Cervantes». La historia del problema desde que lo anunció Menéndez Pelayo se puede ver en el precioso capítulo que Bataillon le dedica al tema [16]. Yo voy a resumir las ideas de Bataillon y Castro, que se extienden a tesis generales. Luego voy a resumir el análisis detallado que A. Vilanova hizo sobre paralelos y semejanzas entre el *Quijote* y el *Elogio de la locura*. Como ninguno de ellos ha definido el erasmismo en relación con la escolástica, y como ninguno ha estudiado el fondo esco-

---

[16] *Erasmo y España.* Trad. de Antonio Alatorre, 2.ª ed., México, Fondo de Cultura Económica, 1966, págs. 777-801; cf. Américo Castro, *Erasmo en tiempos de Cervantes,* en *Hacia Cervantes,* 3.ª ed., Madrid, Taurus, 1967, págs. 222-261; Antonio Vilanova, *Erasmo y Cervantes,* Barcelona, C. S. I. C., 1949.

lástico de Cervantes, sus observaciones no serán de gran
valor para nosotros.

Bataillon ve una concordancia general entre la literatura
ejemplar propugnada por Cervantes y el humanismo cristiano de Erasmo, Juan de Valdés y Vives. Al mismo tiempo
reconoce que esta concordancia general no probaría mucho,
pues los grandes escritores del siglo XVI, Fray Luis de León
y Malón de Chaide, por ejemplo, pedían lo mismo y no se
puede decir que lo hicieran por influjo erasmiano. Por lo
que se refiere a ideas religiosas, Bataillon se resiste a los
extremos de llamar a Cervantes librepensador o propagador
del Concilio de Trento. Él ve en Cervantes la dualidad de
un espíritu íntimamente libre y rebelde contra los abusos,
y al mismo tiempo respetuoso de las ceremonias católicas.
Ahora bien: junto a estas observaciones irrefutables aparecen en el libro de Bataillon frases como la siguiente:

> Cervantes, partícipe del espíritu histórico y crítico del hu-
> manismo, sabe que en el panteón de Roma el culto de todos
> los santos ha sustituido al culto de todos los dioses (pág. 786).

Estas frases se deslizan sobre nosotros imponiendo la
idea de una influencia erasmiana que el mismo Bataillon
niega cuando se plantea el problema directamente. ¿Tiene
algo que ver con el humanismo cristiano el saber que en
Roma el culto a los santos ha sustituido en el antiguo Panteón al culto de todos los dioses? El antiguo Panteón se
había convertido en la iglesia de Minerva de los padres
dominicos; en ella se había fundado la cofradía de esclavos
del Santísimo Sacramento que luego se difundió por España.
Cervantes se hizo miembro de esa cofradía en 1609; de manera que pudo conocer el supuesto dato de humanista por
la razón más antierasmiana del mundo: hacerse miembro
de una cofradía que tenía la obligación de acompañar al

Santísimo Sacramento cada vez que se daba el viático a una persona, hacer una procesión mensual por el interior de la iglesia, llevar un estandarte en la procesión del Corpus y otras muchas ceremonias que se especifican en una Bula de Paulo III (1539).

Bataillon acentúa la ironía cervantina frente a las oraciones repetidas mecánicamente con intención lucrativa. Pero, de nuevo, esta crítica es común a erasmistas y antierasmistas. Si Cervantes tiene ecos de Erasmo, deben encontrarse en él reflejos de la famosa idea erasmiana «Monachatus non est pietas». En este contexto se citan dos pasajes: *Quijote*, II, cap. VIII, donde Sancho le aconseja al caballero que se hagan humildes frailecicos de cualquier orden que sea para ir fácilmente al cielo, y el del *Licenciado Vidriera*, donde Rodaja se enfada contra los que satirizan al clero. Bataillon ve cierta ironía en la defensa del clero, y es probable que exista. Se puede además reforzar con muchos pasajes paralelos en que la ironía es abierta, y hasta el ataque airado de Cervantes a los eclesiásticos [17]. Pero, con todo,

---

[17] *Quijote*, I, cap. VIII: aparecen los frailes de San Benito y Don Quijote les apostrofa: «Gente endiablada y descomunal» (1059a); esas palabras podrían comprenderse como equivocación; pero los frailes responden: «Nosotros no somos endiablados ni descomunales, sino dos religiosos de San Benito que vamos nuestro camino». Don Quijote responde ahora: «Para conmigo no hay palabras blandas; que ya os conozco, fementida canalla» (pág. 1059b). Son palabras de loco; pero Cervantes las escribe con tanta fuerza que parecen de un cuerdo. El cura del *Quijote*, Pero Pérez, graduado en Sigüenza, lector incansable de libros de caballería, tracista, componedor de encantos, ¿podía ser el ideal de clérigo para Cervantes? Creo que no. Pero Pérez no se puede juzgar ni como el clérigo ideal ni como un clérigo antipático: es un experimento novelesco de Cervantes porque es un modo posible de ser clérigo; pero no es el mejor modo. El canónigo de Toledo sabe más de libros de caballería que de *Súmulas* de Villalpando (*Quijote*, I, cap. 47); antes, cuando el caballero vence en la noche a los encamisados, que transportan el cuerpo muerto (I, cap. 19), el

es erróneo relacionar esos ataques con el erasmismo. Erasmo afirmó contra los escolásticos que el ser monje o monja no es objetivamente más perfecto que ser seglar. Frente a eso, los teólogos mantenían que el seguir los consejos evangélicos de pobreza, castidad y obediencia era ya un estado objetivamente más perfecto que el no seguirlos. Dentro de la doctrina neoplatónica y metafísica seguida por los escolásticos, la perfección estaba en oposición directa al grado de materia que un estado u oficio manejaba. Por eso en esta doctrina la contemplación pura, separada de todo lo sensible, y la vida monástica como dedicación a la contemplación pura, eran más perfectas que cualquier otro género de vida. Lutero considera todo eso degenerado y ve que los consejos evangélicos no son más que origen de vicios. Erasmo se ríe de quienes mandan a la gente pasar el domingo bebiendo y jugando, y les castigan si trabajan por caridad.

En esas luchas ideológicas nadie supo definir bien sus posiciones. Mejor dicho, Erasmo y Lutero se definieron muy bien, pero los escolásticos tenían muchas dificultades para explicar su doctrina. Porque veían con toda claridad las

---

caballero le dice al bachiller Alonso López: «El daño estuvo, señor Bachiller Alonso López, en venir, como veníais de noche, vestidos con aquellas sobrepellices, con las hachas encendidas, rezando, cubiertos de luto, que propiamente semejabais cosa mala y del otro mundo; y así yo no pude dejar de cumplir con mi obligación acometiéndoos, y os acometiera aunque verdaderamente supiera que erais los mismos satanases del infierno; que por tales os juzgué y tuve siempre» (pág. 1099a). No podemos demostrar que esas palabras reflejen la idea de Cervantes; pero son demasiado gráficas y tienen demasiados paralelos. Cf. II, cap. 31, donde Cervantes, en nombre propio, hace una crítica durísima de los eclesiásticos de ánimo apocado que gobiernan las casas de los príncipes. Pero Cervantes critica al eclesiástico de los duques desde principios antierasmianos: «De estos que, como no nacen príncipes, no aciertan a enseñar cómo lo han de ser los que lo son» (pág. 1380a). El principio del nacimiento es ajeno al erasmismo.

objeciones de sus adversarios, pero la concepción de la vida desde la doctrina de la materia y la forma no les permitió desarrollar una filosofía en que esa experiencia se pudiera explicar. Así caemos en una casuística inmensamente complicada y estéril.

Pero lo importante es que Cervantes no toca esa casuística y se encuentra enredado en ella. El humor en esos pasajes cervantinos es el reconocimiento de que él no tiene solución para el problema y el dilema que se ven tan claros. Si Cervantes hubiera tenido un adarme de erasmismo, tendría que verse en alguna tesis cuando toca este punto; pero él no da tesis, y esto muestra que seguía más el esquema escolástico que el erasmiano.

El ideal cristiano de Cervantes estaría, según Bataillón, pintado en el Caballero del Verde Gabán:

> Paso la vida con mi mujer y con mis hijos y con mis amigos; mis ejercicios son el de la caza y pesca, pero no mantengo ni halcón ni galgos, sino algún perdigón manso o algún hurón atrevido. Tengo hasta seis docenas de libros, cuáles de romance y cuáles de latín, de historia algunos y de devoción otros; los de caballerías aún no han entrado por los umbrales de mis puertas. Hojeo más los que son profanos que los devotos, como sean de honesto entretenimiento, que deleiten con el lenguaje y admiren y suspendan con la invención, puesto que déstos hay muy pocos en España. Alguna vez como con mis vecinos y amigos, y muchas veces los convido; son mis convites limpios y aseados, y no nada escasos; ni gusto de murmurar, ni consiento que delante de mí se murmure; no escudriño las vidas ajenas, ni soy lince de los hechos de los otros; oigo misa cada día; reparto de mis bienes con los pobres, sin hacer alarde de las buenas obras por no dar entrada en mi corazón a la hipocresía y vanagloria, enemigos que blandamente se apoderan del corazón más recatado; procuro poner en paz los que sé que están desavenidos; soy devoto de Nuestra Señora, y confío siempre en la misericordia de Dios Nuestro Señor. (*Quijote*, II, cap. 16, pág. 1324b).

Después de reproducir este texto, apostilla Bataillon:

> Reemplacemos la misa de cada día por la misa del domingo, pasemos por alto la devoción a Nuestra Señora —que, por lo demás, no impide a Don Diego poner toda su confianza en la misericordia divina—: este cuadro de una vida sencilla, holgada, piadosa y benefactora, sin sombra de fariseísmo, aparecerá rigurosamente conforme al ideal erasmiano [18].

Con todo respeto para el gran hispanista francés, su razonamiento podría traducirse así: «quitemos de Cervantes cuanto sea distinto de Erasmo o contrario a él, y Cervantes será erasmista». Ver una oposición entre la devoción a la Virgen y la confianza en la misericordia divina, es un error. Jamás un católico medianamente formado ha reconocido a la Virgen más papel que el de medianera universal de todas las gracias. La devoción a Nuestra Señora de Don Diego de Miranda está en perfecta consonancia con la visión escolástica y no con la erasmiana. En Cervantes, como en Don Juan Manuel, como en el Arcipreste de Hita o en el *Diario* de Unamuno, la Virgen ocupa un lugar en la literatura española tan elevado y tan respetado, que los chistes de Erasmo resultan fuera de lugar y de todo buen gusto.

En el *Índice expurgatorio* de Zapata (Sevilla, 1632) se condena una frase que Cervantes pone en boca de la duquesa. Cuando está intimando a Sancho a que se dé los azotes necesarios para el desencanto de Dulcinea, la señora le dice:

> No se ha de dar tan barata la libertad de una tan gran señora como lo es Dulcinea, por tan poco precio; y advierta Sancho que las obras de caridad que se hacen tibia y flojamente no tienen mérito ni valen nada. (*Quijote*, II, cap. 36, pág. 1399a).

---

[18] *Erasmo y España*, pág. 793.

Bataillon y Américo Castro descubren en esa frase piedad interior, espíritu de San Pablo y otras muchas cosas.
La frase es ambigua e inofensiva. Dicha en la conversación
diaria entre una duquesa —que al fin y al cabo no es más
que una «mujerzuela» en cosas de religión— y Sancho Panza, significa que un favor, si no se hace de grado y voluntad,
no se agradece. Leída desde una teología técnica, es errónea;
porque si la obra es de *caridad,* tiene que ser hecha en gracia. Sin gracia no hay caridad. Al ser la obra hecha en gracia,
por ser buena, produce un mérito. El aumento de la gracia
y mérito se daba no por adición cuantitativa, sino por una
«mayor radicación de la gracia en el sujeto»; en este sentido
la tibieza y flojedad disminuyen el mérito, pero no lo elimi-
nan todo. Incluso aunque la persona que hace un favor no
esté en gracia, el favor no se llamará técnicamente obra de
caridad; pero la bondad natural o el pábilo apagado de la
virtud podrá ser una disposición para recibir de nuevo la
gracia y la caridad. Por consiguiente, decir que las obras
de caridad hechas flojamente no valen nada es también
erróneo en este sentido. Además, para un hombre como Erasmo, que tanto aconsejaba la caridad, sería erróneo exigir
que necesitamos un sentimiento de fervor para hacer meri-
torio un acto caritativo. Si algo hay claro en el sistema de
Erasmo es su oposición al sentimentalismo religioso y a la
cuantificación sentimental del fervor. En este sentido, la
frase de la duquesa que le pide a Sancho darse buena disciplina sería completamente antierasmiana. Pero lo mejor sería
estudiar a Cervantes en su mundo y dejar tranquilo a
Erasmo [19].

---

[19] Los estudios sobre el erasmismo hechos por profesores de literatura han producido una dicotomía grotesca. Se supone que todo
encarecimiento del fervor sincero es erasmiano y paulino, y, por el
contrario, las ceremonias se opondrían a ese fervor, y serían típicas

Como última prueba para demostrar la falta de precisión que reina en los estudiosos de este problema, voy a citar el paralelo de Fr. Juan de los Ángeles aducido por Don Américo Castro:

> No tanto debemos atender a lo que hacemos, cuanto a lo que de verdad somos; porque si fuésemos interiormente en lo íntimo de nuestras almas buenos, también nuestras obras serían buenas... Por muy santas que parezcan nuestras obras, sino en cuanto nosotros somos santos, y ellas salen de interior o centro santo, tanto tienen de santidad y no más [20].

---

de los «conservadores» o «contrarreformistas». Para ver lo equivocado de tal simplificación basta reproducir un título de Suárez: «Pia voluntatis affectio religione perfectior est» (*Opera omnia*, XIII, Paris, Vivès, 1859, pág. 69). Ese título viene después de tratar las virtudes teologales: fe, esperanza y caridad. La fe es una luz *interior*, la caridad es un hábito *interior;* derivado de la fe está el «habitus piae affectionis» o fervor piadoso, que es hábito *interior;* derivada de las virtudes teologales y de ese hábito está la virtud moral de la religión, que es también hábito *interior;* todas estas virtudes producen con facilidad actos *elícitos* de la voluntad que son *interiores;* y sólo como derivados de todos los hábitos y actos interiores cobran sentido los externos o ceremonias. Lo que hizo Erasmo, cuyos libros religiosos pretendían difundirse entre los seglares, fue eliminar todos esos análisis y distinciones. Pero nosotros no podemos estudiar seriamente el erasmismo creándole unos supuestos adversarios ciegos, enquistados en puros ritos exteriores.

[20] Cit. A. Castro, *Hacia Cervantes*, pág. 215. Castro encuentra erasmismo en *Luz del alma cristiana* de Fr. Felipe de Meneses (Valladolid, 1554). Don Quijote entra en la imprenta de Barcelona (II cap. 62) y ve que están imprimiendo un libro titulado *Luz del alma*. El caballero comenta: «Estos tales libros, aunque hay muchos de este género, son los que se deben imprimir, porque son muchos los pecadores que se usan, y son menester infinitas luces para tantos desalumbrados» (pág. 1491a). El libro de Meneses tuvo una edición de Sevilla, 1564, con la provisión de que los predicadores leyeran un capítulo cada domingo en el ofertorio de la misa. Cervantes vivió en Sevilla entre 1564 y 1566, y pudo familiarizarse con el libro. Éste se parece remotamente a Erasmo en cuanto es una explicación sencilla de los dogmas. Pero Meneses es antierasmiano en todo lo sustancial: alaba la Inquisición, las ceremonias y el ayuno. Erasmo propagó el estudio

Esta frase, que se supone paralela a la de Cervantes, es muy distinta de ella y, desde luego, no es nada erasmiana. Fr. Juan de los Ángeles es un seguidor de la escuela franciscana; cita con gran frecuencia a Escoto, y su esquema de vida espiritual tiene tres aspectos: exterior, interior, superior. Comenzamos por los sentidos; los superamos entrando en el conocimiento de nosotros mismos, y al despojarnos del apego a lo sensible y a nuestras propias ideas, vamos elevándonos a Dios por amor. El esquema franciscano responde al metafísico y neoplatónico de estadios de superación de la materia. Nada más contrario al sistema erasmiano, que ignora esa metafísica. En el *Enchiridion* o *Manual del caballero cristiano*, Erasmo habla de dos estadios de la espiritualidad: exterior e interior, pero no del superior. Y los dos estadios erasmianos no están clasificados según grados de superación de la materia, sino según las distinciones del habla diaria: exterior-interior, carne-espíritu, etc.

Desde esta diferencia de esquemas básicos, la concordancia superficial en pedir sinceridad a los actos exteriores no se puede considerar ni influencia ni siquiera parentesco. Hay que pensar que para Erasmo, nominalista, la gracia es la amistad con Dios que el hombre tiene por voluntad de darse a él; el concepto de pecado en Erasmo sería muy difícil de definir, porque para un hombre que quiere básicamente estar en Dios, muy pocos actos son pecaminosos. En este punto yo personalmente soy erasmiano, y creo que la teolo-

---

de las lenguas; Meneses, en cambio, repite las palabras de Soto citadas por nosotros en pág. 84: «Cayó Babylonia, Babylonia, aquella confusión de vicios de sensualidad... y juntamente con esso, aquel demasiado estudio de lenguas y procazidad en ellas para que muy de veras se pueda dezir Babylonia» (*Luz del alma*, Medina del Campo, 1583, folio 37). Algunos textos de Meneses citados por Castro como erasmistas, no lo parecen cuando se los lee en su debido lugar.

gía católica de hoy lo es. Incluso la antigua lo era en cierto punto si se toma en serio. Para el pecado mortal se requería, según los teólogos, materia grave, advertencia plena y consentimiento pleno. Si analizamos la existencia humana y vemos lo infrecuente de las tres condiciones, veremos que sólo el mala persona comete realmente pecado mortal.

Pero los escolásticos pensaban de distinta manera. La gracia era un ser nuevo que se añadía al alma infundiéndosele a manera de accidente. Este ser traía consigo la inhabitación de la Santísima Trinidad y las tres virtudes. Teniendo este ser, todos los actos eran meritorios, aunque se hicieran con flojedad; por eso yerra Cervantes. Desde ese centro de santidad cobraban santidad los actos exteriores; y no hubo escolástico que no exigiera esa «interioridad» para toda ceremonia y obra exterior. Por consiguiente, lo típicamente erasmiano es su concepción imprecisa, nominalista, de todas estas cosas y su predicación de la interioridad como sinceridad al margen de las cuestiones teológicas que él despreciaba. Pero de nuevo la concordancia en las ramas no arguye concordancia en las raíces.

Así podríamos seguir destruyendo la novela del erasmismo cervantino; pero algunas páginas más tampoco podrían desenredar la maraña existente. Para estudiar bien el erasmismo de Cervantes tendríamos que tener un conocimiento serio del pensamiento de Erasmo como nominalista, filólogo, historicista, enemigo de esa metafísica en que a todo concepto respondía una realidad: la gracia no es una pura relación personal, sino un ser; la inhabitación no es una pura metáfora, sino presencia interior de Dios; los sacramentos obran por un poder objetivo, no sólo según la disposición del que los recibe, como pensaba Erasmo. En todas estas materias el pensador de Rotterdam es un nominalista implacable, y en todo tenía ideas opuestas a los escolásticos españoles. Pues bien, las relaciones de cosmos y libertad individual que hemos visto en Cervantes prueban que nuestro escritor seguía más a los frailes españoles que al humanista holandés.

Antonio Vilanova insiste en ciertos paralelos entre el *Quijote* y el *Elogio de la locura*. Como yo quiero hacer un libro de síntesis, no quiero empedrar sus páginas de citas y paralelos; pero suponiendo que se encontraran, las coincidencias en ese punto concreto deben ser incorporadas a las bases del pensamiento. Entonces el erasmismo cervantino sería un punto digno de mención pero a un nivel superficial y muy específico.

El *Elogio de la locura* explica muy bien la narración en primera persona y la inocencia que aparenta al principio de su historia Lázaro de Tormes. En la medida en que se pueda establecer una línea directa de influencia entre el *Lazarillo* y el *Quijote*, se puede decir que sin Erasmo la gran obra cervantina hubiera sido imposible. Pero, como veremos al estudiar la locura del caballero y el carácter de Sancho, Cervantes tomó su creación de experiencias muy distintas a las del humanista holandés. ¿Qué tiene que ver la locura erasmiana, irónica y conformista, con el sentido de misión de Don Quijote? Es más, la «estulticia» de Erasmo no se traduce bien por el término «locura». La estulticia es más bien la simpleza, la falta de conciencia y exigencias. Esa simpleza se ríe de los pobres sabios que se pasan las vigilias quedándose vizcos para componer libros que no van a leer más de cuatro, cuando las necedades alcanzan el gran público y dan dinero. La simpleza vive feliz siendo amiga de todo el mundo y procurando aprovecharse de todas las circunstancias. Nada hay más opuesto a Don Quijote que ese personaje alegórico erasmiano. Sólo en una cosa coinciden: en que no tienen doblez. Don Quijote es también simple, sencillo; pero su sencillez es la del entusiasmo por un ideal; y ese entusiasmo le hace arrostrar todos los sufrimientos. La simpleza erasmiana es precisamente la que abandona todo proyecto personal para evitarlos. Por eso vale muy bien como fuente de la simpleza y conformismo de Lázaro de Tormes, pero no para la obra de Cervantes. Sancho la encarna en algún aspecto; pero ya veremos que nuestro escritor refleja otras verdades humanas en el personaje de Sancho.

Por el camino de lo formal se pueden catalogar paralelos no sólo entre Erasmo y Cervantes, sino entre Erasmo y Quevedo, que documentan la pervivencia del humanista en los estudios de gramática. Por ejemplo, en el *Ciceronianus* Erasmo critica el latín de muchos humanistas y entre ellos se cita a sí mismo. ¿Tendrá eso que ver con el escrutinio de los libros y la mención que Cervantes hace de sí mismo en el *Quijote?* En Quevedo el humor predominante es la estilización grotesca de personajes y situaciones. Si alguna fuente se les puede señalar sería Erasmo. El dómine Cabra pudiera haber sido inspirado por el maestro sañudo y cruel que Erasmo condena en *De pueris instituendis.* Allí mismo se condena la costumbre de las novatadas. En relación con el texto erasmiano, el de Quevedo gana reflejos como una presentación grotesca de ciertas formas de educación. De todas formas, todos estos hilos que se pueden sumar y atar, deben ser vistos sobre la base de un antierasmismo vigente que no es tanto contrarreforma frente a renacimiento, ni formas exteriores frente a piedad interior, sino método escolástico, metafísica del ser, el cosmos y estructuras ónticas, frente a filología, nominalismo y antropocentrismo religioso.

Completamente antierasmiano sería el humanismo de las armas que Cervantes propugna. Erasmo condena toda gue-

rra; Cervantes, en cambio, lucha, colabora cuando no puede
luchar e incita al rey a conquistar Argel para terminar con
los peligros de la fe cristiana. En su canción a la pérdida de
la Armada, nuestro escritor lamenta la derrota del catolicismo frente a la secta falsa. Varias veces en el *Persiles* se
repite la idea de que en los países del Norte no está la religión en sus debidos términos. Para Cervantes, como para
Cisneros, el que reniega de la fe es justamente condenado
a muerte (*El trato de Argel*), mientras los moros no tienen
derecho a matar al cristiano. Nuestro escritor respeta y
emplea ceremonias, devociones, milagros, ayunos, es decir,
todas las obras típicamente católicas que habían constituido
el centro de las luchas con Erasmo. Una vez más, sobre este
fondo hay que situar las posibles concordancias documen-
tables [21].

Otro tema de importancia en este contexto es el llamado
perspectivismo de Cervantes. Este concepto se hizo fundamental en la filosofía de Ortega y Gasset desde 1923. El perspectivismo se les presentó a los españoles entonces como
la verdad y como la última conquista de la filosofía.

Y sin duda es una filosofía de valor permanente. Los
conceptos existenciales de «destrucción» y «diferecia» en-

---

[21] Se suele acentuar que el *Persiles*, novela de intención clásica en
su forma y ejemplarmente cristiana en su fondo, responde bien al
ideal literario de los humanistas. Desde que se conoció el *Heliodorus*
fue considerado como un modelo de poema en prosa. Pero los humanistas cristianos perdonaban a los autores paganos cosas que no
hubieran perdonado a un escritor de su tiempo. Nada más opuesto
a las ideas de Erasmo que dos jóvenes cristianos, amantes, que abandonan su casa y corren las cuatro partidas para cumplir un voto en
Roma. Si se quiere señalar una novela que contenga todos los elementos más opuestos al pensamiento erasmiano, se encontrará en el *Persiles*. Sobre el erasmismo de Cervantes en general me parecen defi-
nitivas las tesis de A. González de Amezúa, *Cervantes, creador de la
novela corta española*, I, Madrid, C. S. I. C., 1956, págs. 139-199.

cuentran su mejor incorporación en un perspectivismo correctamente definido. Pero este perspectivismo no se opone a la creencia en una verdad absoluta; se opone al dogmatismo de que yo sea el poseedor de esa verdad.

En cambio, cuando no se acepta la existencia de Dios y la verdad absoluta, el perspectivismo es lo último a que puede llegar la inteligencia humana. Precisamente porque la verdad absoluta no existe, la actitud de diálogo es la última verdad en teoría del conocimiento, y la diferencia la realidad básica.

Me parece indiscutible que Cervantes expresó en su obra el perspectivismo en el primer sentido, pero sería absurdo atribuirle el segundo. Desde la primera obra hasta la última, la teología constituye el horizonte último de la verdad. Más abajo de ese absoluto Cervantes experimenta y dramatiza los problemas y límites del conocimiento; pero esto no le hace ni un escéptico ni un relativista.

En la crítica literaria se ha puesto de relieve la «abertura» de sus novelas frente al dogmatismo de la picaresca. Es una apreciación que no se podría demostrar con análisis rigurosos. En el *Quijote* entra muchas veces Cervantes con su adjetivo valorativo, con su sonrisa o su condenación. Y en la segunda parte se le van escapando en el diálogo de caballero y escudero trozos de literatura ejemplar que se compaginan mal con una pura presentación de perspectivas sin valoración. Además, ¿por qué sería mejor artísticamente la presentación puramente ambigua de realidades, que la valoración y toma de postura personal? El perspectivismo no excluye la toma de postura, sino que la requiere [22].

---

[22] «Esta abertura de la realidad hacia múltiples sentidos se funda en la idea de no ser absoluta la realidad, de depender su sentido

Cervantes cree en Dios; entre sus poesías hay muchas religiosas; su primera obra teatral, *El trato de Argel* (1583) contiene oraciones con un fervor que no se puede explicar por simple retórica; en todo momento valora las acciones de sus personajes y la sociedad circundante desde criterios muy seguros. Es más, autores que consideran a Cervantes «erasmista», crítico duro de la Iglesia y la monarquía, le atribuyen luego un perspectivismo que presentaría diversos modos de conducta humana como igualmente valiosos. Crítica y perspectivismo pueden coexistir, pero no al mismo nivel; uno tiene que resolverse en el otro; y Cervantes entra constantemente en sus novelas como un personaje central de ellas precisamente en calidad de juez [23].

Al mismo tiempo, la conciencia de limitación y la rica experiencia humana de la bajeza o la concesión anulan en él el dogmatismo que pudiera tener el teólogo escolástico. Cervantes tuvo la experiencia más dura y más enriquecedora

---

del modo en que cada uno vive lo real». (A. Castro, *Cervantes y los casticismos españoles*, pág. 67).

[23] Avalle-Arce hace un estudio de la epistemología cervantina, resumiendo su idea en los títulos siguientes: «El *Quijote:* la verdad problemática; el *Persiles:* la verdad absoluta». La distinción resulta artificiosa porque el problematismo de la verdad aparece igual en las dos obras y lo mismo la creencia cervantina en la verdad absoluta. En el *Quijote*, cuando se plantea un conflicto sobre la realidad o percepción correcta de algo, por debajo de la discusión está Cervantes, que da su tesis absoluta; en la segunda parte, como veremos después, hay ya una clara intención ejemplarista que se muestra en varios discursos de los personajes. Por otra parte, si reconocemos que el *Persiles* dramatiza la verdad absoluta, concordamos en que Cervantes cree en ella. Cf. Avalle-Arce, J. B., *Deslindes cervantinos*, Madrid, 1961, págs. 15-80. Me parecen indiscutibles las palabras de Spitzer: «Más allá de este perspectivismo podemos sentir la presencia de algo que no está sujeto a la fluctuación: el principio permanente e inmutable de lo divino». (*Perspectivismo lingüístico en «El Quijote»*, en *Lingüística e historia literaria*, 2.ª ed., Madrid, Gredos, 1968, pág. 136).

que puede tener el hombre: el cautiverio. Estar cautivo es vivir con toda plenitud la experiencia de que no debes contar jamás con el próximo instante; de ahí el sentido de armonía y comprensión que toda su obra refleja. En la perfección del estilo, en su musicalidad y paralelismos tan cuidadosamente estudiados, podemos ver realizada la característica fundamental de su genio: la armonía. Esa armonía no es la complacencia de quien acepta por interés las verdades oficiales, sino la sabiduría de quien acepta resignanadamente la realidad como es, con sus bienes y males, más males que bienes, pero que no desespera porque admite un sentido final: la salvación. Todo el pesimismo que le infunde a Cervantes su sociedad se templa y modera con la esperanza de la justicia última: «el mayor pecado del mundo era el de la desesperación, por ser pecado de demonios» *(OC*, pág. 994b). Por eso condena siempre el suicidio.

NIVEL CREADOR

El gran salto de Cervantes al realismo se da cuando abandona la idea de escritura como conjunto de reglas y alcanza la idea de escritura como autobiografía. Todo el calor humano y la profunda sensación de verdad que irradian sus escritos se debe a la presencia de Cervantes en ellos. Y Cervantes no era un psicologista ni surrealista que buscase determinados aspectos de la persona humana. Con su yo iba toda su circunstancia; por eso es él quien introduce la sociedad en la obra literaria.

Su primera obra teatral es ya un programa de su realismo. Presenta la vida del cautiverio que acaba de ser la suya; y en sus versos, quizá no muy sonoros ni bien limados, pero fervorosos y fuertes, se le dice al rey que mande una expedición porque los moros son débiles y no podrían defenderse. Cervantes presenta el sufrimiento de los esclavos y lo que más podía tocar la conciencia del rey: la apostasía frecuente de los cristianos débiles. Esas apostasías caían indirectamente sobre el rey, cuya obligación es velar por el bien espiritual de sus súbditos. *El trato de Argel* no es una obra de celebración o entretenimiento, es lo que llamaríamos hoy auténtico teatro de compromiso.

Un segundo sentido del realismo cervantino lo encontraríamos en el valor educativo que le otorga a la obra literaria. Cervantes rompe los moldes de la ejemplaridad tradicional y experimenta con nuevas posibilidades educativas en su obra. La ejemplaridad tradicional se reduce a la crítica general de la conducta humana y a la presentación de modos ejemplares de conducta. El Pinciano atribuye dos fines a la obra literaria: imitación y alegoría:

> Yo entiendo esto de la alegoría, y por una doctrina semejante, no me parece mal que se pierda la imitación...; el poeta que guarda la imitación y verisimilitud, guarda más la perfección poética; y, el que dexando ésta, va tras la alegoría, guarda más la philosóphica doctrina [24].

Dos ejemplos de alegoría da el Pinciano; el primero es la fábula del matrimonio de Neptuno y Cibeles, del cual nacieron los gigantes; el segundo, las fábulas de Esopo. Los dos son inverosímiles y, por consiguiente, contrarios al precepto de imitación; pero en el primero se encuentra una verdad física: de la conjunción de tierra y agua nacen grandes frutos; y el segundo está lleno de preceptos morales. Anticipando el resultado de análisis posteriores, ya se puede afirmar que Cervantes está lejos de estos esquemas. Al

---

[24] *Philosophia antigua poética (1596)*, II, Ed. A. Carballo Picazo, Madrid, C. S. I. C., 1953, 94-95.

poner su persona en su escritura, pinta verdades humanas que están más allá de la imitación y alegoría. La ejemplaridad de Cervantes está en ese compromiso con la verdad.

Y como resultado del compromiso personal con la verdad al margen de los esquemas establecidos, está la transparencia de su estilo. Como una idea obsesiva se repite en toda su obra el propósito de contar las historias con palabras claras y significantes. El término «significantes» tiene en Cervantes el sentido de esa total transparencia que pedimos a la palabra cuando no es slogan ni lugar común. La palabra en Cervantes es conjuración de cosas y, como Juan Ramón Jimiénez, parece estar diciendo siempre: «inteligencia, dame el nombre exacto de las cosas».

Desde el momento en que un escritor se pone todo en su obra: con su carácter individual, su entorno social y las anécdotas pasajeras de su vida, pueden ocurrir dos cosas: el autor puede concentrarse en lo típico y darnos cuadros de costumbres, o concentrarse en lo que tiene cada individuo y sociedad de universal, y entonces darnos, al menos en la intención, un *Quijote*. Pues bien, en ese uso de la propia vida con acento sobre sus estructuras universales radica la originalidad del pensamiento cervantino.

Para demostrarlo hay que aislar y analizar los temas básicos de su obra. Para hacer esto hay que dar un salto a la generalización, y aquí se hace necesario decidir sobre la perspicacia o ceguera del crítico. Porque si estamos de acuerdo con el siguiente párrafo, no podremos discutir fácilmente algunas tesis posteriores.

Los temas básicos y más frecuentes de la obra cervantina son cinco: cautiverio, reencuentro, desilusión, locura y escritura. Todo cuanto sepamos de la escolástica o el erasmismo en Cervantes está muy bien; pero esas migajas filosóficas no son su pensamiento en lo que tiene de aportación original. El pensamiento de Cervantes en su nivel creador está en la realización artística de esas cinco experiencias humanas. Todas habían sido objeto de tratamiento y teoría antes de Cervantes; pero después de incorporarle a esa tradición vemos que la incorporación no basta. El texto cervantino presenta esos temas a un nivel incomparable con la tradición literaria de su tiempo.

El cautiverio vuelve en sus escritos como preocupación constante. Varias obras de teatro, *El amante liberal* entre las novelas ejemplares, y la historia del cautivo en el *Quijote*, documentan esta afirmación.

Por la constancia del tema y la manera de tratarlo podemos medir lo que significó la experiencia del cautiverio en la propia vida de Cervantes; y para entender bien el significado del término cautiverio, podemos compararlo con dos situaciones parecidas: la del emigrante y la del exiliado.

El emigrante añora su tierra y su familia. Su trabajo tiene siempre una gran dosis de frustración porque quisiera estar produciendo en su pueblo. Si el emigrante es profesor, siente no estar dialogando con personas de su mismo fondo y lengua. Si enseña filosofía en inglés, en el fondo no sabe lo que dice; y si se agarra a la lengua madre, tiene que incorporar sus hallazgos a contextos extraños y no propiamente suyos. Todo es una tragedia muchas veces expresada por pensadores y escritores. Pero, en definitiva, rompiendo la inercia y comodidad del domicilio extranjero, el emigrante puede salir del ambiente donde se pudre. Ser extranjero, después de todo, tiene un aspecto trágico, pero tiene también muchos aspectos de comodidad.

En situación más seria está el desterrado, sencillamente porque la vuelta a la tierra no depende sólo de él. Es probable que tampoco haya dependido la salida. No obstante, el exiliado en la nueva patria será normalmente libre y hasta puede hacer fortuna.

Cervantes conocía muy bien estos niveles de intensidad; he aquí cómo se lo dice a Sancho el morisco Ricote: «Fuimos castigados con la pena del destierro, blanda y suave al parecer de algunos; pero al nuestro la más terrible que se nos podía dar. Doquiera que estamos lloramos por España; que, en fin, nacimos en ella y es nuestra patria natural» *(Quijote,* II, 54, pág. 1459b). Y con la misma fuerza se repite la experiencia en el *Persiles*: «la persecución de los que llaman inquisidores en España me arrancó de mi patria, que, cuando se sale por fuerza de ella, antes se puede llamar arrancada que salida» (pág. 1595a). Cervantes no tenía una filosofía donde los derechos del individuo fueran el principio fundamental; por eso y por pura táctica no condena la expulsión de los moriscos. Pero realizó literariamente la misma experiencia que un día condujo a los filósofos a proclamar los derechos del individuo como principio básico de toda política, por encima de raza o religión. La fuerza de la realización artística junto a la falta de la clara afirmación filosófica, da a Cervantes esa ambigüedad y reticencia tan típicas suyas cuando toca problemas concretos de gobierno.

Siguiendo el esquema de emigrante y desterrado, el cautivo sufre un mal más hondo. La ausencia de la patria, la falta de libertad y la dependencia de fuerzas exteriores se funden en la total arbitrariedad a que el cautivo está sujeto. El cautivo no tiene derecho a considerar suyo el próximo instante; se balancea entre la vida y la muerte sin lógica alguna; todo es vacío delante de sí:

> Vida es esta, señor, do estoy muriendo
> entre bárbara gente descreída
> la mal lograda juventud perdiendo (p. 58b)[25].

---

[25] Las traiciones hechas a Cervantes en el cautiverio por el Dora-

Desde la profundidad de esta experiencia hay que medir el significado de la libertad en los escritos cervantinos: «no hay en la tierra, conforme a mi parecer, contento que se iguale a alcanzar la libertad perdida» *(Quijote,* I, 39, página 1211a). Esas frases absolutas «no hay en la tierra, conforme a mi parecer...», o esas distinciones sutiles como la que hace Cervantes entre salir y ser arrancado de un sitio, indican cómo él había vivido los distintos niveles de intensidad.

Y como resultado del cautiverio y la liberación, el camino, el encuentro y el reencuentro. ¿Cuántas veces aparecen estos motivos en la obra de nuestro escritor? Sobre el motivo del reencuentro está montada *La Galatea,* varias novelas ejemplares y el *Persiles;* en el *Quijote,* si bien no es el motivo central, es probablemente el más frecuente.

A un primer nivel cabe explicar los reencuentros cervantinos como aplicación del «reconocimiento» aristotélico. Pero esto es diluir la experiencia cervantina en una tradición demasiado vaga. Todavía tendríamos que preguntar por qué tiene Cervantes tal obsesión por ese motivo precisamente.

A un nivel ya existencial, pero todavía vago porque sólo puede documentarse con una apreciación personal, se puede explicar el motivo del reencuentro por la memoria de Cer-

---

dor y Juan Blanco de Paz reflejan la estructura existencial del cautiverio. Las condiciones de la esclavitud exterior le hacen a uno esclavo interior y explican degeneraciones que no se darían en la vida normal. He aquí un paralelo reciente; un criminal austriaco le dice a Mariano Constante, en el campo de Mauthausen: «No olvides que aquí cada uno trabaja para él. Posibilidades de escapar no hay ninguna. Preocúpate de ti mismo, no de los otros. Nada de sentimentalismos; hay que ser hombres sin piedad. Si es necesario aplastar a otro detenido, no titubees; si no, serás tú el aplastado. Frente a un bandido hay que procurar ser doblemente bandido». (Mariano Constante, *Mauthausen: españoles en los campos nazis,* en *Triunfo,* Madrid, 18 de enero 1975, pág. 27a).

vantes. Leyendo a Erasmo, Cervantes, Goethe y Unamuno se les encuentra como rasgo común la capacidad de recoger en cada instante su pasado. Son hombres que aspiran a recoger plenamente su vida y no dejarla derramarse y resbalar. En la obra cervantina el reencuentro va asociado a esa capacidad de repetición. Cervantes escribe el *Viaje del Parnaso* en su pobre casa de Madrid. Su deseo de ir a Nápoles con el conde de Lemos no ha sido escuchado, y con la palabra conjura la presencia de la ciudad:

> Esta ciudad es Nápoles la ilustre,
> que yo pisé sus rúas más de un año.
> En mis horas más frescas y tempranas,
> esta tierra habité, hijo (le dije),
> con fuerzas más briosas y lozanas.

(Cap. VIII, pág. 102a).

A un nivel existencial y perfectamente documentable con textos, el reencuentro en Cervantes es el despertar a la conciencia de la sociedad y el tiempo después de haber vivido en la arbitrariedad y en el instante. Desde la profundidad de esta experiencia supera Cervantes el peligro de la anagnórisis literaria, que es la artificiosidad o el melodrama; y al mismo tiempo su obra gana la dimensión de sentimiento sincero y calor humano.

Donde hay memoria y reencuentro hay voluntad de estructura. Poco hace falta para darse cuenta de cómo Cervantes redondea sus frases y sus argumentos logrando esa perfección que le es característica. Con un criterio moderno de verosimilitud e incluso con el propugnado por el Pinciano, los reencuentros cervantinos no cumplen las leyes de la imitación; «son posibles, pero no verisímiles» [26], di-

---

[26] Pinciano, *op. cit.*, II, 70 y sigs.

ríamos siguiendo al preceptista. Sin embargo Cervantes había viajado mucho y tenía una experiencia muy rica del camino. Los encuentros concretos, en definitiva, suspenden porque sólo suceden una vez, al menos con la misma persona. Pero Cervantes presentaba la experiencia humana del reencuentro. En este punto la imitación era descripción de realidad, no pintura de anécdotas más o menos probables.

Y ahora sigamos al soldado lleno de méritos alcanzados en la más alta ocasión que vieron los siglos, recomendado por Don Juan de Austria, cautivo heroico, casi mártir en Argel por defender a sus compañeros y la religión cristiana. Vuelve a la Corte del rey más poderoso de la tierra, y después de mucho pretender recibe un oficio parecido al de pregonero que recibió Lázaro de Tormes [27]. En él se ve apresado, excomulgado y sujeto a sospecha de manos sucias. Cuando en 1610 ya corre su nombre de escritor por las naciones europeas, solicita un empleo en la Corte virreinal de Nápoles y es rechazado por uno de esos clérigos que gobiernan las casas de los grandes conforme a su pequeñez. En estas circunstancias nos parece que habla Cervantes en las siguientes palabras del derrotado caballero: «considérame impreso en historias, famoso en las armas, comedido en mis acciones, respetado de príncipes, solicitado de doncellas; al cabo al cabo cuando esperaba palmas, triunfos y coronas, me he visto esta mañana pisado y acoceado y molido de los pies de animales inmundos y soeces» (*Quijote*, II, 59, pág. 1474b).

Desde la profundidad del cautiverio hay que medir la ilusión de la vuelta, y desde esa ilusión, la crueldad del desengaño. En este punto la biografía explica el texto mucho

---

[27] «Tuvo que acogerse a un oficio vil y desacreditado por demás, el de comisario de abastos». (A. G. de Amezúa, *Cervantes, creador de la novela corta española*, I, 25-26).

mejor que las categorías culturalistas. ¿Qué ganaríamos con
diluir la palabra cervantina en generalidades como «desengaño del barroco» o decadencia del imperio español? La
desilusión de Cervantes alcanza estratos de la experiencia
humana que sobrepasan los condicionamientos de su tiempo.
A ese nivel tuvo que palparse muchas veces dudando de
su propia existencia. Y el dolor moral se reflejaría muchas
veces en dolor físico, en tensión e irritación. Desde esta
experiencia perfectamente normal, se comprende la creación
del licenciado Vidriera, el personaje dolorido temeroso de
cualquier contacto. Cervantes vive moral y físicamente dolorido; tuvo la desilusión de su propia carrera, la separación constante de su familia, la mala suerte de sus hermanas y su hija, el cautiverio y la muerte de sus padres y
todos sus hermanos.

Un hombre con su memoria y su capacidad de revivir,
tuvo que contrastar muchas veces los sueños con las realidades; y así se explica que su obra contenga otro tema que
parece obsesivo: la exploración con los niveles de la conciencia y con las fronteras de la razón. No sólo es la locura
del licenciado Vidriera o Don Quijote; es una exploración
sistemática del sueño, el ensueño, el autoengaño que consuela o la justificación del propio interés. En la meditación
cuarta, tomando como ejemplos distintos personajes y situaciones del *Quijote,* analizaremos el arte cervantino de
la caracterización. Aquí nos contentaremos con señalar la
lógica unión de este tema con los otros señalados [28].

---

[28] Hago mías las siguientes palabras de Francisco Ayala: «La
locura sirve a Cervantes para potenciar direcciones radicales del espíritu. En vez de ser pretexto para gracias groseras, como parecen pretender algunos, está llamada a producir contacto con lo sobrehumano
desde las raíces mismas de la más desamparada humanidad». (*Experiencia e invención*, Madrid, Taurus, 1960, pág. 43). En cambio, véase
lo que se lee sobre Cervantes por el mundo: «There is very little of

A través del personaje loco Cervantes hace experiencias con el problema de la personalidad que están fuera de toda tradición literaria en su tiempo. Lo que ha hecho a Don Quijote un símbolo universal más allá de toda frontera o confesión religiosa ha sido la sensación de verdad humana que transmite. Ahora bien, en la España de 1600 un personaje literario difícilmente podía contener valores humanos universales, si no era loco. En aquellas fechas un escritor católico tenía que dejar bien claro el papel de la libertad humana en todas las decisiones. Si no rechazaba el determinismo protestante podría ser víctima de la Inquisición. Esto quiere decir que los personajes tenían que actuar a un nivel ético donde las fronteras entre el bien y el mal estuvieran bien delimitadas. Ahora bien, Cervantes vivió en el cautiverio la experiencia de posibilidades humanas no explicables desde criterios tan fáciles. La vida humana, a un nivel ontológico más profundo que el ético, es la lucha por buscarse a sí mismo frente a un destino oscuro. Todo personaje literario que alcanza valor de símbolo, tiene que expresar esas verdades humanas entre la libertad y el destino, más profundas que el nivel ético del

---

problem and tragedy in Cervantes' book —and yet it belongs among the literary masterpieces of an epoch during which the modern problematic and tragic conception of things arose in the European mind. Don Quijote's madness reveals nothing of the sort. The whole book is a comedy in which well-formed reality holds madness up to ridicule». (E. Auerbach, *Mimesis: The Representation of Reality in Western Literature*, Tr. by W. Trask, Princeton, N. J., Princeton Univ. Press, 1968, pág. 347). Cf. en contra de esa idea Otis Green, *España y la tradición occidental*, IV, trad. C. Sánchez Gil, Madrid, Gredos, 1969, 76 y sigs. Es de suma importancia reconocer que la locura le pone a Don Quijote fuera del plano moral. Por eso hay que matizar los juicios morales que se hacen sobre el caballero en los trabajos de Hatzfeld, Amado Alonso, Alexander Parker y Alberto Navarro, entre otros dedicados a dibujar el perfil moral de Don Quijote.

bien y el mal. Por eso con el concepto escolástico de libertad Cervantes no hubiera podido crear más que un hidalgo ejemplar o un Don Juan libertino. En la locura encontró Cervantes la expresión de su verdad. Al ser loco Don Quijote era «incapaz de sacramentos»; toda exploración en el juego de libertad y destino quedaba justificada sin peligro de censura. Calderón, en *La vida es sueño*, hace la misma exploración con las fronteras de la razón y el sueño. En un momento los personajes del drama calderoniano dudan de lo que están viendo, y al dudar, afirman los posibles niveles de conciencia que el hombre puede tener. El personaje central, Segismundo, alcanza el valor de símbolo humano, y, como en el *Quijote*, su conflicto es no saber si vive o sueña, si es fiera o es hombre. Don Quijote y Segismundo expresan verdades humanas a nivel ontológico más allá de la elección y el pecado. Don Juan, en la mente de Tirso, es simplemente un pecador. El valor simbólico que ha ganado a partir de Kierkegaard, como el representante del sentimiento estético de la vida, le libera del plano ético en que le puso el fraile mercedario y le da connotaciones que no tuvo en la mente de Tirso.

Estos libros de historia literaria en que se toca la filosofía tienen un peligro, y es que el historiador le cuelgue al autor estudiado ideas o filosofías que a éste no le pasaron nunca por la imaginación. Se dirá que yo caigo en esto cuando veo tantas cosas en la locura de Don Quijote. Sin embargo, como demostraré después, ocurrencias casuales de nuestro ingenio no explicarían la sistemática exploración de la conciencia humana que aparece en sus escritos. Precisamente porque Don Quijote está en los bordes de la razón y lo irracional, de la libertad y el destino, es un símbolo poderoso como Prometeo y Hamlet. Y ahora podemos añadir ¿qué tiene que ver esa locura con la «estulticia» de

Erasmo? ¿Qué sentido tendría diluir a Don Quijote en una tradición que no haría sino cegarnos para las diferencias de nivel en cuanto a la verdad humana y artística que los diferentes hitos de esa tradición presentan?

La misma profundidad que vemos en la experiencia cervantina del hombre, se encuentra en su conciencia de escritor. Un tratamiento digno de este problema exige más espacio del que le damos aquí; pero, incorporado a lo que añadiremos en el análisis del *Quijote*, lo dicho aquí me parece suficiente. Para proceder con sistema y ayudar la memoria del lector, organizo la exposición en cinco puntos:

A) La conciencia del problema de la escritura.
B) El poder del libro.
C) El acto de escribir.
D) Benengeli o la inspiración.
E) Entre la necedad y el manierismo: escritura y creación.

A) El problema de la escritura le ocupa desde el prólogo de su primera publicación: *La Galatea*. Parece como avergonzado de salir al mundo de las letras con una «égloga»; pero advierte que se trata sólo de un ensayo para usar después su capacidad en mayores aventuras. La novela pastoril le da la oportunidad de limar su estilo, estudiar los problemas de la transición cuando maneja grupos distintos, le obliga a ejercitarse en la narración de historias particulares y coordinarlas en el todo. Parece justificar su vergüenza diciendo que las églogas no estaban muy favorecidas por la sociedad de su tiempo; pero desde nuestra perspectiva de hoy es difícil creerle. En 1585, cuando todavía no existía la picaresca, la novela postoril estaba en pleno apogeo. ¿Será que Cervantes no estaba satisfecho con las posibilidades del género pastoril ya desde su primer intento en él? Quizá esta pregunta esté fuera de lugar y se me acuse de poner en el Cervantes de 1585 al que conocemos en 1605. Pero, en todo caso, ahí siguen las palabras del prólogo:

> No puede negarse que los estudios de esta facultad —la poesía—, en el pasado tiempo con razón tan estimada, traen consigo más que medianos provechos, como son enriquecer el poeta considerando su propia lengua, y enseñorearse del artificio de la elocuencia que en ella cabe, para empresas más altas y de mayor importancia (pág. 608b).

Se podría entender este texto según el esquema de algunas preceptivas tomando la ciencia poética como un ejercicio en que el entendimiento se prepararía para usos más altos de la elocuencia: para la práctica sagrada o forense. Pero Cervantes habla de la poesía pastoril como un ejercicio que le permita prepararse para la expresión de verdades más hondas en otras ocasiones.

El otro lugar clásico para nuestro tema es el capítulo 47 de la primera parte del *Quijote*. El canónigo hace una crítica dura de los libros de caballería. Los acusa de disparatados, faltos de toda verosimilitud y lascivos. En el prólogo del *Quijote* Cervantes satiriza, además de la inverosimilitud y lascivia, la bárbara mezcla de lo humano y lo divino. Sin embargo, reconoce que los libros de caballería ofrecen ocasión para una escritura de valor, ya que su extensión permite desarrollar los temas en su debida amplitud; el estar escrito en prosa libera al autor de las ataduras que el verso supone, y le permite una expresión sincera de lo que tiene que decir. Los dos textos aludidos son ejemplos de una preocupación constante por su papel como escritor. Las observaciones sobre la novela pastoril y el libro de caballerías expresan la circunstancia cultural como Cervantes la percibía y nos permiten definir la propia conciencia de Cervantes en relación con esa circunstancia.

B) «Bien sé lo que son tentaciones del demonio, y una de las mayores es ponerle a un hombre en el entendimiento que puede componer e imprimir un libro» *(Quijote,* II, prólogo, pág. 1272b). Cuando Cervantes vio el *Quijote* de Avellaneda se sintió más seguro en sus principios sobre la escritura. Percibió la diferencia de su obra frente a la del enemigo; por eso desde ese momento se define su actitud frente a Don Quijote. El caballero ya será sólo para él y él para su caballero. Pero en esta identificación hay una conciencia de la diferencia entre dos modos de escribir y una reflexión sobre cómo su obra se distingue de la de Avellaneda.

Cervantes puede comprender la tentación del demonio en los otros, porque la ha sentido dentro de sí. Comprende a Avellaneda porque puede recrear la experiencia del autor apócrifo. El libro se presenta como una tentación; con él soñamos ganar dinero y fama: poder e inmortalidad. Escribir un libro es una pregunta a los demás sobre nuestra capacidad de aportar algo digno de mención en la historia. Incluso un libro sobre Cervantes es un fracaso como explicación de Cervantes. Basta con releer cualquier obra suya para ver que nuestro libro dice poco sobre ella. Aun así lo publicamos porque los otros nos satisfacen menos todavía; porque un libro, aunque sea de historia, quiere sobre todo ser un libro nuestro.

El libro es un poder antes de estar hecho; es una tentación. Pero después de publicado es una fuerza. La escritura, por absurda que sea, tiene un poder terrible de convicción. Incluso una errata nos lleva a dudar de si se esconderá tras ella una intención. Los mayores absurdos y quimeras cobran un poder de influencia tan pronto como han recibido expresión escrita.

La expresión escrita no es un mero sucedáneo de la expresión hablada. El habla se oye en el momento y desaparece: el escrito se ve y se repite; la expresión hablada es improvisación, el escrito se corrige. Ahora bien, no podemos decir que la improvisación es más sincera que la expresión corregida. La espontaneidad humana no es el primer movimiento incontrolado, sino la expresión humana querida. Un escrito mío es mío cuando lo presento después de cuatro correcciones, no en el primer borrador de ocurrencias. Por eso nuestra escritura refleja nuestra personalidad auténtica mejor que la conversación improvisada.

¿Pensó Cervantes en estas cosas? Si no hubiera pensado sería imposible que hubiera estructurado todo el *Quijote* en torno al poder del libro. Ese poder, conscientemente presentado por Cervantes, podemos verlo en tres niveles: el primero sería el poder tradicionalmente atribuido por los moralistas: *La Celestina*, las *Dianas* y los libros de caballería inclinan a los jóvenes a pecar o les distraen de mejores lecturas; el segundo es el poder de los libros de caballería sobre Don Quijote y sobre el ventero (*Quijote*, I, 32, pág. 1171); el tercero es el nivel específicamente cervantino: toda su gran novela estructurada sobre el poder del libro. En el *Quijote* no solamente el caballero está influido por ellos; el cura y el barbero son especialistas en su lectura y todas las trazas que usan para curar al protagonista provienen de esa lectura. Cardenio, Dorotea, Don Fernando y el canónigo, todos, quién más, quién menos, han pasado sus ratos ociosos leyéndolos; algunos, si no se han hecho caballeros o caballeras andantes, han reaccionado a la caballeresca ante ciertas situaciones de su vida; y el canónigo ha sentido la tentación de la inmortalidad escribiendo hasta

cien páginas. Los personajes principales de la primera parte
están tocados por el poder del libro. En la segunda, el poder del libro es uno de los motivos centrales. Don Quijote
y Sancho están ya influidos por su propia historia; Sansón
Carrasco, bachiller por Salamanca, sabía más de libros de
caballería que de *Súmulas* probablemente, pues sabe fingir
tan bien las escenas de desafío; finalmente, los duques preparan todas las aventuras de su palacio conforme a los libros
y conforme al libro de Cervantes: la primera parte que ya
conocen. Y para que no falte nada, cuando nuestro ingenio
está terminando el suyo, aparece el *Quijote* de Avellaneda;
en este momento hasta Cervantes se vuelve loco queriendo
salvar la unicidad de su libro.

C)   En el prólogo de la primera parte del *Quijote* se nos
presenta Cervantes en un momento de esterilidad:

> Te sé decir que, aunque me costó algún trabajo componerla
> (la historia de Don Quijote), ninguno tuve por mayor que ha-
> cer esta prefación que vas leyendo. Muchas veces tomé la plu-
> ma para escribirla, y muchas la dejé por no saber lo que es-
> cribiría; y estando una suspensa, con el papel delante, la pluma
> en la oreja, el codo en el bufete y la mano en la mejilla, pen-
> sando lo que diría... (pág. 1032a).

Estaba en un momento de esterilidad porque no se piensa
con la pluma en la oreja y la mano en la mejilla, sino escribiendo. El pensamiento es un desarrollar en sucesión; según
vamos escribiendo se nos van viniendo las ideas al papel,
y el peor enemigo del pensamiento es el ensimismamiento
inactivo. El estar pensativo sin escribir es, a lo más, tener
una idea fija, pero no es auténtico pensar, transparentar
realidad. Cuando el amigo sacó a nuestro ingenio de su estado soñoliento, se creó un diálogo, es decir, surgieron las
ideas por asociación o contraste. El acto de escribir es ese

diálogo; la primera idea estampada en la página blanca es el amigo que nos sugiere las demás. Quizá sólo se nos ocurren vulgaridades porque no da más nuestro ingenio; pero de la primera idea surge el estímulo para buscar lo que otros han dicho sobre nuestro tema; en el diálogo con ellos fijamos nuestras propias ideas, nos ejercitamos en la exposición o en la parodia. Pensar es escribir o hablar; pero la escritura permite corregirse. Cervantes se corrigió mucho. Ya en el prólogo de *La Galatea* nos habla del miedo que uno siente antes de dar sus escritos al público; ese miedo surge de que siempre es posible mayor perfección. En la primera parte del *Quijote* dice que no sabía qué decir en el prólogo. ¿Qué le faltaba? Le faltaba seguridad sobre el género de lo que había creado y cuál debía ser su figura última; o si se toman sus expresiones en sentido puramente irónico, al menos la posible inseguridad le pasó por el pensamiento. Por eso pudo ironizar sobre ella. En todo caso, Cervantes fue consciente de la conexión entre pensamiento y acto de escribir. De dos novelas ejemplares: *Rinconete y Cortadillo* y *El celoso extremeño*, se conservan dos redacciones, la del manuscrito de Porras de la Cámara y la publicada por Cervantes en 1613. En los cambios introducidos por Cervantes se suelen ver razones de prudencia religiosa o moral sexual. Sin embargo, en cuanto a las razones religiosas, sería inexplicable por qué en *El celoso extremeño* cambió algunas cosas insignificantes y dejó intactas otras más comprometedoras; parecida observación vale para los motivos sexuales. En cambio, si relacionamos esas correcciones con la obsesión cervantina por la obra perfecta, las explicaremos mejor. Cervantes no se podía copiar a sí mismo. Copiarse era corregirse.

D) Escribiendo se nos revela el propio pensamiento. Nuestros libros terminados no se parecen a la corta intención con que los comenzamos; y cuando llegamos a la última versión tenemos la idea de que con la primera nos tenían que haber suspendido. El escribir es la diferencia y tensión entre lo que queremos decir y lo que dice nuestra escritura. Comenzamos quizá con una idea y recibimos de nuestro propio escrito muchas más de las que pusimos en principio. En el proceso de escribir, el libro se organiza y teje imponiéndose a nuestra mente.

Cervantes debió de empezar su historia sin una idea clara de lo que quería exactamente. Y en un momento, quizá con algún recuerdo del cautiverio, quizá oyendo el chisme amoroso de un hijo del duque de Osuna, se le reveló el grupo de la venta con sus distintas historias recogidas en torno al humilde albergue de Juan Palomeque. Desde ese momento supo a dónde iba con su libro. Escribir fue como traducir o copiar, aunque nunca traducción y copia serviles, sino siempre con estilo —y, por consiguiente, trabajo— personal.

La creación se le presentó como una influencia; por eso se llama «padrastro de Don Quijote»; pero en el proceso de la traducción y copia personales el *Quijote* se fue haciendo obra suya; en la segunda parte lo iba ya demostrando dejando burlados a todos los burladores del caballero; pero Cervantes no lo decía. Hasta que apareció Avellaneda. Si Cervantes era padrastro, ¿no tenía derecho Avellaneda a presentarse quizá como el padre legítimo? Y si era traductor, ¿no podía el licenciado de Tordesillas imprimir una traducción más fiel del original? Preguntas ociosas: Cide Hamete era la inspiración objetivada en fuerzas exteriores; Cervantes no es todavía un psicologista del siglo XVII; pero esa inspiración la sentía como suya, como propio trabajo ante el papel; por eso en la última página del libro, Cide Hamete, el Cervantes inspirado, cuelga su pluma de la espetera y ella dice: «Para mí sola nació Don Quijote y yo para él; él

supo obrar y yo escribir; solos los dos somos para en uno»
(II, 76, pág. 1523b). En las dos funciones de Cide Hamete:
la de inspirador exterior y la función creadora en que el
autor es uno con su pluma, expresa Cervantes su experiencia de la escritura como expresión personal y función social:
yo escribo y la escritura escribe en mí.

E) Y ahora preguntaríamos: ¿puede asignarse una tradición a estas experiencias y pensamiento cervantinos? Creo
que no. Los paralelos que se pudieran señalar romperían la
unidad creadora Miguel de Cervantes. Lo nuevo de él es el
poder con que recrea todo lo asimilado porque tiene una
experiencia personal profunda y la capacidad de reducirla
a expresión. La parodia de todos los géneros literarios que
aparece en su obra no es su primera intención; la parodia
surge porque se repiensan los géneros desde una experiencia
personal. Los géneros tradicionales aparecen entonces refe-
ridos a la nueva creación que se hace vigente y centro de
referencia para todos ellos. Desde el *Quijote* y con respecto
a él pierden o ganan calidad obras que antes serían clasifi-
cadas según otros criterios.

La experiencia personal sitúa la obra de Cervantes entre
los dos polos de la teoría literaria de su tiempo: la «necedad» y el manierismo. En los dos casos los escritores abandonan su centro para acomodarse a los gustos: «el vulgo es
necio y, pues lo paga, es justo / hablarle en necio para darle
gusto». Contra ese acomodamiento habla Cervantes acen-
tuando el poder educador, es decir, reformador, de la escritura. En el extremo contrario estaría el acomodamiento a
reglas de gusto, de clásicos y modelos. Entre los dos extremos pasa el estilo de nuestro ingenio, siempre cuidado y
siempre en busca de la palabra significante, es decir, de la
total transparencia sin acomodaciones [29].

---

[29] La conciencia de su poder como escritor que tenía Cervantes

En relación con el concepto de verosimilitud que se tenía en su tiempo, Cervantes es independiente. Para el Pinciano hay muchas cosas posibles que no son verosímiles; por consiguiente, el poeta debe presentar lo normal y probable y sólo raramente acudir a lo improbable aunque no sea imposible en sí. A veces se nota cómo Cervantes, que tanto acusa de inverosimilitud a los libros de caballería, pudo fingir tan libremente las aventuras de todos sus escritos. Para Cervantes lo verosímil y lo posible se identifican.

La escolástica reconocía tres tipos de imposibilidad: metafísica, física y moral. Imposibilidad metafísica era la que implicaba contradicción en los términos; imposibilidad física, la que iba contra la naturaleza de algo; e imposibilidad moral, aquello que no va contra la naturaleza de nada, pero de hecho no pasa nunca o casi nunca. Pues bien, Cervantes critica los libros de caballería porque presentan cosas físicamente imposibles; pero él se permite pintar casos maravillosos y sorprendentes aprovechando precisamente lo moralmente imposible. Con esta distinción las aparentes inconsecuencias entre la teoría cervantina de la verosimilitud y su práctica desaparecen. Para Cervantes todo lo posible es verosímil; y precisamente lo que se sale de las vías normales es lo que admira y suspende y, por consiguiente, merece ser contado. Como veremos en la meditación próxima,

---

aparece varias veces en su obra publicada y en sus críticas a otros. Pero el documento firmado con Rodrigo Osorio en 1592, indica una seguridad de genio. Sería banal considerar petulancia lo que es modesta conciencia de la propia capacidad y aspiraciones: «Y si aviendo representado cada comedia paresciere que no es una de las mejores que se han representado en España, no seáis obligado de me pagar por la tal comedia cosa alguna». («Contrato con Rodrigo Osorio», en Asensio y Toledo, J. M., *Nuevos documentos para ilustrar la vida de Cervantes*, Sevilla, 1864, pág. 27).

la noción de posibilidad y verosimilitud está conectada en su obra a una determinada concepción de la Providencia.

Los tres aspectos del pensamiento cervantino estudiados sucesivamente en este capítulo, naturalmente están fundidos en todo momento. Lo estudiado en el nivel creador indica la originalidad y potencia de su entendimiento; pero esa originalidad hay que fundirla con una filosofía y una teología que él globalmente acepta, aunque mire con ironía ciertos aspectos de ella. Hablar de «filosofía» en Cervantes es absurdo; hablar de pensamiento, no. Su pensamiento es escritura, creación simbólica desde una experiencia de la vida que abarca los mayores extremos de bajeza y sublimidad.

IV

EL *QUIJOTE*, NOVELA TOTAL

El *Quijote* apócrifo de Avellaneda comienza con estas palabras:

> Como casi es comedia toda la *Historia de Don Quijote de la Mancha*, no puede ni debe ir sin prólogo; y así sale al principio desta segunda parte de sus hazañas éste, menos cacareado y agresor de sus lectores que el que a su primera parte puso Miguel de Cervantes Saavedra, y más humilde que el que segundó en sus novelas, más satíricas que ejemplares, si bien no poco ingeniosas [1].

En el prólogo de la segunda parte del *Quijote* responde Cervantes:

> Le agradezco a este señor autor el decir que mis novelas son más satíricas que ejemplares, pero que son buenas; y no lo pudieran ser si no tuvieran de todo (pág. 1272b).

---

[1] Avellaneda, *Quinta parte del ingenioso hidalgo Don Quijote de la Mancha y de su andantesca caballería*, Buenos Aires, Espasa-Calpe, 1946, pág. 12.

Como se ve, comparando los textos, Cervantes no leyó con mucho cuidado las palabras del autor apócrifo. Avellaneda dice que las *Novelas ejemplares* son ingeniosas; no dice que son buenas; y Cervantes identifica lo bueno con un «todo». Cervantes leyó en el texto del enemigo lo que tenía dentro, que era la preocupación por un todo en que se fundieran los elementos descriptivos y realistas con la ejemplaridad o pintura ideal tradicionalmente requerida de la obra literaria. Como en toda situación donde se enfrentan dos polos, era fácil realizar uno de los extremos: ahí estaba *La Celestina*, obra maestra en la pintura de lo real; o era fácil yuxtaponer el elemento descriptivo —sátira— y el ejemplar sin fundirlos (*Guzmán de Alfarache*); el todo para Cervantes significaba precisamente la fusión de la sátira y la ejemplaridad en los caracteres y la acción. Por eso él identifica la calidad de la novela con la realización del todo.

El primer aspecto de esa realización es el que llamaríamos extensivo o cuantitativo. Cervantes funde en sus escritos los géneros tradicionales creando unidades nuevas. En *La Galatea*, recién vuelto del cautiverio de Argel, se propone hacer un experimento literario; quiso probar su capacidad de manejar la lengua para usarla después en proyectos más audaces; tomó el proceso de narración en prosa más en boga: la novela pastoril; pero el marco general que la novela pastoril le ofrecía lo aprovechó para incluir recuerdos personales de amor y cautiverio. En la novela pastoril corriente, la muerte y el dolor eran resultados de los amores; Cervantes, en cambio, introduce el crimen y la traición. El arrebato de los turcos y la escena del cautiverio recuerdan escenas sufridas por él; la historia de Timbrio, Nísida y Silerio (págs. 645 y sigs.) es ya un esbozo de *El curioso impertinente;* se da un encuentro de caballeros y pastores que recuerda los futuros encuentros del *Quijote;* la historia de Marcelo y

Gelasia es una anticipación de la de Marcela y Grisóstomo, y el robo de Rosaura por Artando, caballero aragonés, es más propia de los libros de caballería que de la novela pastoril.

Esa fusión de los elementos autobiográficos, caballerescos y pastoriles indica que Cervantes no se movía con soltura en los límites de un género y de una tradición más o menos codificada. En *La Galatea* no ha encontrado su camino nuevo; pero ejerce su poder de invención en una orgía de aventuras, incomparable con las novelas pastoriles que le precedieron. De *La Galatea* a la segunda parte del *Quijote* puede verse una evolución en la conciencia de Cervantes: lo que al principio fue un todo por extensión e inclusión, se convierte en un todo de profundidad. Cervantes tuvo conciencia de ese cambio y nos presenta su lucha en el capítulo cuarenta y cuatro de la segunda parte: «Dicen que en el propio original de esta historia se lee que, llegando Cide Hamete a escribir este capítulo, no le tradujo su intérprete como él le había escrito, que fue un modo de queja que tuvo el moro de sí mismo, por haber tomado entre manos una historia tan seca y tan limitada como esta de Don Quijote, por parecerle que siempre había de hablar de él y de Sancho, sin osar extenderse a otras digresiones y episodios más graves y más entretenidos; y decía que el ir siempre atenido el entendimiento, la mano y la pluma a escribir de un solo sujeto y hablar por las bocas de pocas personas era un trabajo incomportable» (pág. 1420a).

No sabemos qué grado de ironía pondría Cervantes en esas palabras; pero a través de la ironía se muestra con toda seriedad el trabajo del artista buscando interés y variedad para su narración sin salirse de sus dos personajes. El todo, que es todavía extensivo en la primera parte, incluyendo historias ajenas al argumento principal, se hace conscientemente intensivo en la segunda.

Dos objeciones se abren: A) ¿Por qué pensó Cervantes durante toda su vida terminar *La Galatea?* B) ¿Cómo se explica la variedad de historias en el *Persiles* si ya en la segunda parte del *Quijote* se ha logrado conscientemente superar el todo extensivo en favor del todo profundidad?

A la primera pregunta puede responderse con otra: ¿qué repugnancia sentiría Cervantes hacia *La Galatea,* que nunca pudo volver a ella para terminarla? Estaba orgulloso de ella porque tenía algo de buena invención; quizá tuviera presiones de amigos y bienhechores para que les diera más aventuras con que gozar; finalmente, quizá le doliera dejar la obra incompleta. Cervantes buscaba el todo y por eso le dolía dejar un escrito que «propone algo y no concluye nada» (pág. 1054a); pero de hecho no pudo volver sobre ella. En la segunda parte del *Quijote,* como veremos después, se da una realización de la estructura narrativa incompatible con la yuxtaposición que todavía perdura en la primera parte y que es típica de *La Galatea;* y en el proceso de evolución la escritura cervantina ha cambiado la estructura de sus frases; en las obras posteriores predomina el verbo sobre los adjetivos y sustantivos; en *La Galatea* predomina el sustantivo con epítetos prepuestos como en la construcción latina. El manierismo latinizante ha cedido al realismo típicamente cervantino; desde la nueva experiencia nuestro ingenio no hubiera podido continuar su obra primera en el espíritu en que la comenzó.

Después de *La Galatea* escribe el teatro de su primera época, del cual conservamos dos piezas: *El trato de Argel* y *La Numancia.* La primera es, como ya he dicho, una obra de teatro comprometido. Todo es experiencia vivida en los años de cautiverio presentada desde el punto de vista que más podía mover a su auditorio: el peligro que corría la fe de los cautivos. Cervantes, además, repite que los moros son débiles y es fácil destruirlos, evitando para siempre su amenaza corporal y espiritual.

Con *La Numancia,* Cervantes crea un todo en que se funde la tradición de la tragedia clásica con el patriotismo personal. La profundidad de ese patriotismo hay que medirla con la ilusión que Cervantes tuvo al volver a España después de cinco años sin esperanza. En esa obra se hace el experimento de un teatro europeo, anclado en la tragedia senequista, comprometido con la verdad histórica y que aspira a educar a los espectadores. En esos mismos años comenzó su carrera literaria Lope de Vega, y Cervantes vio anticuada su fórmula teatral cuando apenas la ensayaba. *La Numancia* fue muy alabada por Goethe y otros románticos alemanes. Se explica, pues se acercaba a la idea del teatro que ellos proponían, y cantaba el anhelo de libertad de un pueblo oprimido; un rasgo fundamental del romanticismo es la simpatía por las pequeñas naciones subyugadas en los grandes imperios. La simpatía por *La Numancia* es el mismo sentimiento que explica el *Wilhelm Tell* de Schiller y su odio a Felipe II, como opresor de los Países Bajos.

EL TODO EN EL «PERSILES»

Hemos hablado de un todo extensivo y un todo de profundidad. El sentido pleno de esta distinción aparecerá en el apartado siguiente; pero una cosa es clara: concediendo que el *Quijote,* sobre todo la segunda parte, lograse el todo de profundidad en contraste con *La Galatea,* el *Persiles* parece una vuelta al primero, más que una continuación de lo adquirido en el *Quijote.* El *Persiles* es una novela de camino en la que suceden las aventuras más extrañas y los reencuentros más inverosímiles. Por otra parte, todas las historias se hilan débilmente en torno al viaje de los dos protagonistas; pero la unidad es demasiado débil y no encuentra explicación satisfactoria en la obra.

Sin embargo, esta novela, escrita en los últimos años de su vida, es considerada por Cervantes la mejor de sus obras. El supuesto error de Cervantes con respecto al *Persiles* parece echar por tierra esa conciencia de escritor que nosotros constantemente le atribuimos. Porque si él fue consciente de sus hallazgos formales en el *Quijote*, ¿cómo pudo abandonarlos después?

Antes de hacer un análisis del *Persiles* para probar que las objeciones tradicionales contra esa obra son parcialmente injustas y parcialmente fundadas, debemos advertir cuatro puntos:

a) Desde el siglo XVII, en Francia, «verosimilitud» equivale a «normalidad», y se refiere a lo que pasa o puede pasar en circunstancias corrientes. En Cervantes es verosímil todo cuanto es físicamente posible, es decir, lo que no va contra la naturaleza de una cosa. Al mismo tiempo, lo verosímil tenía que fundirse con la admiración y la suspensión; por eso no es extraño que la más decidida voluntad de realismo coexista con la invención de casos «moralmente» imposibles.

b) El concepto escolástico de imposibilidad moral equivale, en términos modernos, a «imposibilidad histórica», es decir, es aquello que de sí no es imposible, pero de hecho sucede muy raramente o nunca. El progreso en los medios de comunicación conduce a una progresiva eliminación de la sorpresa.

Podemos decir que los hombres del tiempo de Cervantes vivían la casualidad más que nosotros. Sin embargo, también nosotros estamos expuestos a lo «increíble», a los encuentros inesperados y a las noticias extrañas.

c) La escolástica y la concepción popular del cristianismo transmiten una concepción simétrica de la Providencia divina, muy distinta de la corriente en la teología moderna. Lo que se llama «justicia poética» en el teatro, donde el pecador es castigado, no es primariamente justicia poética, sino una concepción teológica de la Providencia, según la cual el pecador es castigado por Dios ya en este mundo para que las gentes tomen ejemplo del castigo y eviten el mal [2]. Cervantes es inmensamente moderno al suprimir con plena conciencia lo sobrenatural de sus obras. No obstante, nadie en su tiempo hubiera considerado inverosímil el milagro, las apariciones de ángeles o demonios, o pruebas visibles de la influencia de los astros sobre los sentidos del hombre.

d) Finalmente, hemos de tener en cuenta la equivocidad de términos como «imitación» y «verosimilitud». La obra de arte es imitación en la medida en que presenta verdad humana; pero esa imitación no debe entenderse en el sentido elemental de que la descripción de un árbol tenga que parecerse a un árbol. Los críticos que se extrañan de que Cervantes tuviera el concepto de arte como imitación, cuando él crea supuestamente una cosa tan distinta, no se dan cuenta de que Cervantes expresaba con esa teoría lo que él hacía de hecho. Por consiguiente, el creador Cervantes no daba a esos términos el mismo sentido que pudiera darles el humanista, profesor de gramática. La teoría cervantina de

---

[2] C. Morón Arroyo, *Sentido y forma de «La Celestina»*, Madrid, Ediciones Cátedra, 1974, pág. 79. Un ejemplo de ese providencialismo simétrico lo tenemos en el siguiente texto del *Quijote* de Avellaneda: «Acordaos, hijo, que me habéis oído decir cómo hasta hoy ninguno dejó el hábito que una vez tomó de religioso que haya tenido buen fin; que justo juicio es de Dios que, quien siendo llamado por su divina vocación a su servicio, si después le deja de su voluntad en vida, que el mismo Dios le deje a él en muerte». (*Ed. cit.*, pág. 126).

la novela se da en la fusión de lo que Cervantes dijo y de lo que realizó.

Con estas advertencias podemos analizar *Los trabajos de Persiles y Sigismunda*, publicados en 1617, después de su muerte.

Esta obra es mucho más complicada que el *Quijote*. Como veremos en la meditación próxima, Cervantes tiene un ideal de estructura novelesca muy distinto del moderno. Para él un libro tiene que tener correspondencia y proporción de unas secciones con otras. El arte de la estructuración se le presenta como un problema de unidad y orden en la variedad. Cervantes desconoce el procedimiento de intensificación progresiva de la acción o las pasiones, que introdujo en la novela europea Mme. de La Fayette.

La unidad del *Persiles* se logra con la identidad de los protagonistas, que ensartan como un hilo el mar de historias y aventuras; de vez en cuando los protagonistas recuerdan su propósito, que es visitar Roma para enterarse de la verdad católica en su fuente, ya que en las islas del norte se encuentra impura; y en ciertos lugares Cervantes introduce recapitulaciones de cuanto ha sucedido en capítulos anteriores. En el octavo del libro cuarto, Arnaldo, príncipe de Dinamarca, recuerda por este procedimiento los episodios fundamentales de toda la novela. Unidad de personajes, unidad de propósito y recapitulaciones periódicas dan orden y proporción a la variedad.

Ésta surge de la multitud de episodios y de la multitud de historias que cuentan los distintos personajes. Como toda la novela española de aquel tiempo, el *Persiles* es novela de camino; pero frente al *Quijote*, que sólo anda caminos de tierra, el *Persiles* es la novela de la tierra y el mar. Cervantes extiende su espacio desde La Mancha a Barcelona; allí sueña el caballero con embarcarse para rescatar cristianos cautivos; pero el caballero ha sido vencido por el de la Blanca Luna y ha prometido retirarse a su aldea y no luchar durante un año. Le faltaba a Cervantes convertir en literatura sus experiencias de hombres de mar, y al mar dedica los dos primeros libros del *Persiles*. En un orden puramente cuantitativo, esta novela representa un intento de cubrir más espacio que el *Quijote*.

Esta extensión por diversas naciones le plantea a Cervantes un problema: la comunicación entre distintas nacionalidades y, por consiguiente, distintas lenguas. Al principio titubea sobre el modo de resolver con lógica la situación. El príncipe Arnaldo de Dinamarca se entiende con una intérprete en polaco. Pero la lógica se salva cuando Cervantes nos introduce en la isla al bárbaro español Antonio. Él ha enseñado español a Ricla, su mujer, y a sus hijos. Ricla, como nativa de la isla, no tiene problema en comunicarse. Periandro sabe latín:

> Y como es uso de los septentrionales ser toda la gente principal versada en la lengua latina y en los antiguos poetas, éralo asimismo Periandro, como uso de los más principales de aquella nación; y así por esto como por haber mostrádole a la luz del mundo aquellos días las famosas obras del jamás alabado como se debe poeta Garcilaso de la Vega, y haberlas él visto, leído, mirado y admirado... (pág. 1649b);

el latín le permite leer a Garcilaso. Durante el viaje por España suponemos que Periandro y Auristela perfeccionaron su castellano, aunque en un pasaje se dice que Auristela no lo sabía; es cuando el poeta quiere que se haga comedianta. La obra termina cuando Periandro, despechado porque Auristela quiere meterse a monja, escucha a dos hombres hablar en noruego, su propia lengua; uno de ellos es su ayo Serafido; otro, Rutilio, que aparece diversas veces en la historia cumpliendo una función estructural importante. Rutilio era italiano y había sido transportado a Noruega por medios de hechicería; después se había quedado de ermitaño; pero era inconstante; ahora reaparece en Roma con la ventaja de hablar noruego; es, por tanto, la persona más lógica para que acompañe a Serafido. El último punto donde Cervantes explica cómo gentes de tantas naciones se han podido comunicar, es al fin de la obra; Persiles es heredero del reino de Tile; Sigismunda de la isla de Frislandia. Cerca de Frislandia

> hay otra isla, asimismo poderosa, y casi siempre llena de nieve, que se llama Groenlandia, a una punta de la cual está fundado un monasterio debajo del título de Santo Tomás, en el cual hay religiosos de cuatro naciones: españoles, franceses, toscanos y latinos; enseñan sus lenguas a la gente principal de la isla, para que en saliendo de ella sean entendidos por doquiera que fueren (pág. 1711b).

Si la pluralidad de lenguas ofrece un ejemplo de esa universalidad extensiva, también la ofrece el estudio que Cervantes hace de ciertos rasgos de los personajes. Además de los protagonistas y diversos reyes bárbaros, aparecen a través de la obra italianos, portugueses, españoles, ingleses, moriscos y judíos. Rutilio, el italiano, es maestro de danza, personaje frívolo, que decide hacerse ermitaño, pero no persevera; el portugués se muere de amor; el francés ha sido víctima de un lance de honor; el español es bárbaro, colérico, generoso; el inglés Clodio es maldiciente y la inglesa Rosamunda, inmunda[3]. Pero en este aspecto no puede concluirse que Cervantes considere deshonesta a la mujer inglesa; de igual calaña es Luisa la talaverana, y lo mismo,

---

[3] Rosamunda no es inmunda por ser inglesa, sino por no ser «cristiana», es decir, por haberse apartado de la religión católica. Cf. *La española inglesa* (*OC*, págs. 854-874).

aunque más elegante, Hipólita, la cortesana de Roma. Todas estas mujeres forman el contraste necesario a la honestidad de Auristela y Constanza. Las moriscas y judías tienen pacto con el demonio. La morisca tiene la llave de los secretos del anciano rey Policarpo; esa influencia le hace deshonesto, traidor con sus huéspedes, y, como resultado de su abandono a la hechicera, pierde su reino (1596b, 602a).

Los judíos viven en Roma dedicados a todo tipo de granjería: «a un judío dádivas y amenazas le hacen prometer y aun hacer imposibles» (1703a); la mujer de Zabulón el judío es también hechicera: «tenía amistad con quien no la tiene nadie» (1712a), es decir, con el diablo. La explicación de la hechicería por obra del demonio era la más corriente entre los teólogos del tiempo de Cervantes. La referencia a la hechicería, por consiguiente, no va contra las leyes de la verosimilitud e imitación. En general, Cervantes, que es tan libre para anudar historias y encuentros en el *Persiles*, tiene verdadera obsesión por distinguir los sucesos raros del milagro.

En el capítulo once del libro tercero se habla de un templo «el cual no ardió, no por milagro, sino porque las puertas eran de hierro y porque fue poco el fuego que se les aplicó» (pág. 1662a); y en el capítulo catorce vuela una mujer desde una torre al suelo: «caso ·posible sin ser milagro» (1669a). La explicación natural es que las faldas se le abrieron, sirviendo de paracaídas. Las escenas, aparentemente inverosímiles, tienen siempre una explicación natural: o son un sueño (pág. 1613a) o son sencillamente hechicerías, perfectamente posibles para Cervantes, ya que el demonio tiene entonces una presencia más visible en la historia humana que la que hoy se le reconoce.

La obsesión de Cervantes contra el milagro no debe tomarse como prueba de erasmismo. La Iglesia católica era muy exigente a la hora de certificar milagros auténticos para canonizar a los santos; y para nuestro escritor, la eliminación del milagro era una exigencia de su noción de imitación, que le impedía presentar lo que no fuera físicamente posible. El milagro es precisamente la suspensión momentánea de las leyes naturales por parte de Dios; pero un escritor respetuoso sabía que no debía usar a Dios para resolver situaciones literarias mal imaginadas. Eso es lo que Cervantes critica en los libros de caballería.

Los distintos personajes en sus diálogos, y el narrador en sus comentarios, introducen en el *Persiles* la crítica social y la ejemplaridad. Las dos cosas están introducidas con la maestría proverbial de Cervantes. Jamás el consejo abstracto rompe la armonía de la narración y la acción; no obstante, esa crítica se queda a un nivel abstracto y ajeno a las situaciones históricas. Quizá alguna vez pueda documentarse la débil alusión a la vida española del momento; por ejemplo, la misma alusión al conocimiento del latín entre las gentes principales del Norte parece una crítica de la incuria cultural de los caballeros españoles, tan documentada en los siglos XVI y XVII.

En varios lugares del *Persiles* se menciona la Inquisición sin sombra de crítica, ya que las circunstancias y quizá sus propias ideas no le permitían criticarla; pero al morir el maldiciente Clodio, castigado por haberse atrevido a enamorarse de Auristela, ésta rompe el papel en que Clodio le declaraba su amor, y el narrador añade: «No quiso saliesen a luz las culpas de los muertos; consideración tan prudente como cristiana (1596b). Esa consideración prudente y cristiana, es decir, conforme a la razón (prudente) y al Evangelio (cristiana), era contraria a la práctica inquisitorial, que mantenía los sambenitos en las iglesias con los nombres de los condenados, infamando a su familia durante generaciones. Ahora bien, en la misma historia de Clodio, Cervantes presenta su idea de la desigualdad de los hombres según su nacimiento y según el oficio que ejercen. Rutilio, maestro de baile, y Clodio, el maldiciente, son bajos por su nacimiento y por su oficio; no obstante, cometen la insolencia de enamorarse de Pilocarpa y Auristela, hija del rey la primera, y belleza digna de ser reina, la segunda. Rutilio ve su error a tiempo y no comete el pecado; pero Clodio, que da el papel a Auristela, se ve castigado por el arco del bárbaro Antonio. Este castigo, además, no es intentado por Antonio, sino permitido por Dios contra la voluntad de Antonio mismo, que ha disparado contra la hechicera Zenotia. La flecha le pasó a Clodio la boca y la lengua, y el narrador apostilla: «castigo merecido a sus muchas culpas» (pág. 1595b). El sentido simétrico de la Providencia hace que muera el maldiciente por do más pecado había.

Ya en el *Quijote* había hecho Cervantes un experimento con el tratamiento literario del amor. Dulcinea es el resorte que permite hablar constantemente de él y no presentarlo nunca. Cervantes encubre la pasión humana oponiéndose conscientemente a la tradición de *La Celestina* y los libros de caballería. Pero Dulcinea no es un personaje propiamente dicho en el *Quijote;* es un móvil fundamental de la novela, pero queda fuera de ella. En el *Persiles* aparecen los dos amantes en un largo viaje y Cervantes estudia cómo lograr interés y deleite con unas relaciones amorosas en que la razón y el amor de benevolencia señorean sobre el deseo y la pasión sin lucha ni titubeo. Lo mismo que en el *Quijote* los amores lascivos sólo se atribuyen a Rocinante, en el *Persiles* sólo la gente baja se deja llevar de la pasión. No obstante, Cervantes es siempre Cervantes, y entre las mallas de su intento ejemplar aparece la sonrisa del viejo pecador. En el capítulo quinto del libro cuarto dice que los

penitenciarios de Roma les enseñaron las verdades católicas
más importantes. Estas lecciones así alegraron las almas de
Auristela y Periandro, «que las sacó de sí mismas y se las
llevó a que paseasen los cielos, porque sólo en ellos pusie-
ron sus pensamientos» (pág. 1697a). El capítulo siguiente comienza con estas palabras: «Con otros ojos se miraron de
ellí en adelante Auristela y Periandro» *(ibid.)*. El lector es-
peraría que ese paseo por los cielos les hubiera movido a
ingresar en religión para seguir una vida contemplativa;
sin embargo, los nuevos ojos dejan entrever el amor pasional, pues han llegado a Roma y, cumplido el voto, podrán
desposarse [4].

La variedad en el *Persiles* se logra a través de una orgía
de historias e invención. Un aspecto fundamental de esas
historias es su teatralidad. Algunas hubieran sido comedias
y entremeses si Cervantes hubiera tenido éxito con los representantes [5].

La estructuración de esa variedad se podía haber logrado por el procedimiento lineal de la picaresca o de la
primera parte del *Quijote;* pero la lectura de *Teágenes y
Cariclea* de Heliodoro le permitió emplear un procedimiento
nuevo: la suspensión. Los personajes aparecen de improviso sin que pueda el lector explicarse por qué; en el ca-

---

[4] La distinción escolástica entre amor de benevolencia y concupiscencia se encuentra explícitamente en Cervantes: «Como fue creciendo Isabel, que ya cuando Recaredo ardía, tenía doce años, aquella benevolencia primera y aquella complacencia y agrado de mirarla
se volvió en ardentísimo deseo de gozarla y de poseerla» (*La española
inglesa*, ed. cit., pág. 854b). La definición aristotélica de hermosura es
«quae visa placent»: «complacencia y agrado de mirarla». El paso
del *Persiles* es perfectamente paralelo al de *La española inglesa*.

[5] Verdad es que esas historias, posibles entremeses, se dan en los
libros III y IV, no en los dos primeros. Como dice en otro lugar, es
imposible poner un lacayo consejero, es decir, elementos de comedia, en medio del mar.

pítulo siguiente, el escritor destruirá el *suspense* haciendo
el encuentro perfectamente natural. Después veremos que
hay una diferencia fundamental en la organización de las
dos partes del *Quijote*. La forma de introducir ante el lector
al caballero de los espejos, el mono encantado, el retablo
de las maravillas, la cabeza encantada de Barcelona y otras
escenas, es desconocida en la primera parte; en cambio es
la típica del *Persiles;* podemos concluir, por tanto, que Cervantes llegó a ella después de 1605, en los años en que más
reflexiona sobre los problemas del acto y oficio de escribir [6].

Pero el *Persiles* es mucho más complicado que la historia de Teágenes y Cariclea. Esta obra, escrita por el obispo
Heliodoro en el siglo III después de Cristo, había sido publicada en español ya en 1554; pero la traducción más di-
fundida fue la de Fernando de Mena, publicada por primera
vez en 1587.

Teágenes y Cariclea son dos castos amantes. Ella, hija de
los reyes de Etiopía, que son proverbialmente negros, nació
blanca porque su madre, mientras la engendraba, estaba
imaginando en la piel blanquísima de Andrómeda [7]. No obstante, temiendo por su honra, cuando la niña nació mandó
que la llevaran lejos de Etiopía y dijeran que había muerto. La niña es criada por Caricles, quien le da el nombre de
Cariclea. Teágenes y Cariclea, profunda y castamente enamorados, huyen a buscar a la reina de Etiopía. Pasan mu-

---

[6] De acuerdo con estas palabras de J. J. Bertrand: «Le *Don Qui-
chotte* n'est qu'un moment d'une évolution qui fut continue. Une con-
clusion provisoire, une synthèse de toute une vie, un bilan d'une ban-
queroute. Et aussi, un point de départ, une renaissance, une surpre-
nante annonce faite à l'humanité». «La naissance du chef-d'oeuvre»,
AC, 6 (1957), 194.

[7] Este motivo, muy corriente en las literaturas clásica y renacentista, lo encontramos en *Las afinidades electivas* de Goethe (Cfr.
infra, págs. 340-41).

chos trabajos y separaciones; por fin son hechos prisioneros por el mismo rey etíope y, cuando van a ser sacrificados a los dioses según las leyes, ocurre el reconocimiento de padres e hijos.

Esta historia es muy superior en el aspecto formal a todos los tipos de narración que se conocían entonces en España. Como en toda obra clásica, se intenta reducir en ella lo más posible la variedad a unidad. Especialmente se busca reducir en ella la pluralidad de lugares buscando la unidad espacial; por eso muchas de las aventuras son narradas como pretéritas en el diálogo de los personajes. El lector, en una conversación y sin moverse de un lugar, asiste a los lugares y tiempos más lejanos. El diálogo es a veces tan vivo y perfecto, que nos parece estar leyendo a Platón. No es lícito buscarle a esta obra significados alegóricos. Es puro placer de inventar y narrar; pero la línea central se mantiene más clara que en el *Persiles*, sencillamente porque es mucho más parca en episodios e historias marginales.

El interés de la narración no se logra por lo inaudito de las aventuras mismas, sino por el modo de distribuirlas de manera que el lector se quede suspenso e incrédulo al principio, hasta que una explicación posterior las hace perfectamente coherentes. Éste es el procedimiento de suspensión que asimiló Cervantes, añadiendo su riqueza de invención y escenas aparentemente inverosímiles para que el lector admirara su capacidad de narrar.

Aunque Heliodoro era obispo cristiano, supo darle a su novela un colorido pagano muy fiel. De esa forma combina la libertad del individuo con la creencia en los hados y en la acción de los dioses; esta acción se refleja en los sueños. Heliodoro juega de esa manera con lo sobrenatural y maravilloso, creando una atmósfera novelesca inmensamente moderna.

Frente al procedimiento de narración lineal, típico de la picaresca, la pastoril y los libros de caballería, la *Historia de Teágenes y Cariclea* suponía una inmensa contribución en el arte de estructurar la novela. Pero, de nuevo, ese sistema de estructuración no era el que tendría éxito a partir del siglo XVII. Imitando Cervantes esa historia, dio testimonio de su afán de innovación en el menester literario; de esa forma produjo una novela recargada, auténticamente barroca, no sólo en el sentido peyorativo, sino en el sentido más técnico: el *Persiles* tiene una profunda unidad estructural a pesar de su enmarañada variedad; pero esa unidad estructural se logra por correspondencia simétrica de elementos y no por una intensificación progresiva del interés o del desarrollo de las pasiones humanas. Es una obra estática, un gran retablo como el que hizo pintar Periandro o como las escenas de cautivos que llevaban los falsos cautivos en aquel lugar, «ni muy pequeño ni muy grande», de cuyo nombre no se acuerda Cervantes (Lib. III, cap. 10, pág. 1656 a).

Precisamente en ese mismo capítulo, consciente de los peligros de su propia fecundidad, advierte:

> Las peregrinaciones largas siempre traen consigo diversos acontecimientos; y como la diversidad se compone de cosas diferentes, es forzoso que los casos lo sean. Bien nos lo muestra esta historia, cuyos acontecimientos nos cortan su hilo, poniéndonos en duda dónde será bien anudarle; porque no todas las cosas que suceden son buenas para contadas, y podrían pasar sin serlo y sin quedar menoscabada la historia (pág. 1656a).

El *Persiles* es el desarrollo lógico del esfuerzo de invención que Cervantes había hecho durante toda su vida, unido a un principio de estructuración simétrica cuyo resultado es el edificio barroco. Cervantes escribe su obra en el momento en que la discusión sobre temas literarios se hace con un alto grado de conciencia y profesionalismo. Él, no formado en la universidad, dialoga en Madrid con poetas profesores o ex alumnos, al menos, de Sigüenza, Salamanca o Alcalá. Después del *Quijote*, obra humana, Cervantes intenta la obra literaria. En ella le ocupan más los problemas formales que los verdaderamente humanos. Como experimento narrativo es más audaz que el *Quijote*, pero le falta sencillamente la verdad.

¿Cómo podemos decir esto cuando los protagonistas comienzan su peregrinación a Roma en busca precisamente de la verdad católica? El viaje a Roma es el hilo conductor de la novela; pero el hilo es demasiado tenue. La búsqueda de la verdad católica se anuncia como tema, pero no aparece de hecho como fuerza motora de la obra. Los personajes principales no se definen ni siquiera en sus rasgos físicos. Lo único que sabemos de Periandro y Auristela es que son la pareja más hermosa del mundo; que sus amores están por encima de toda pasión y que son de alto nacimiento. En su búsqueda de la verdad católica no se da un momento de titubeo, cuando precisamente la experiencia religiosa, en las personas que no han alcanzado la seguridad del místico, se da siempre como lucha contra la incredulidad. Al *Persiles* le falta verdad, porque el hilo central de la experiencia religiosa no alcanza la sublimidad de la entrega mística y, al mismo tiempo, le falta el conflicto inherente a la experiencia religiosa común.

Esto hace que el hilo del viaje a Roma que unifica todos los episodios sea tan débil, como he dicho antes. Al mismo tiempo la debilidad de ese hilo hace imposible considerar el *Persiles* una obra alegórica. Ni siquiera el motivo del viaje a Roma puede considerarse alegoría de la búsqueda de la verdad católica, ya que ese viaje está encarnado en mucha vida de mar y tierra, artísticamente interesante al margen de la verdad que se busca; pero además, el mar de historias intercaladas, a las cuales no se les puede buscar significado alegórico alguno, hace inaconsejable el hablar de alegoría en ese contexto.

Como resultado de este análisis cabe decir que el *Persiles* realiza el ideal cervantino del todo de una manera predominantemente extensiva, pero es inferior al *Quijote*, sencillamente porque le falta el grado de verdad presente en el *Quijote*.

TODO Y SÍMBOLO

En las reflexiones hechas hasta ahora hemos tomado como línea directiva el concepto de todo; lo hemos tomado a base de unas palabras del mismo Cervantes, y esto sería suficiente para dar autoridad a nuestro presupuesto. Pero esas palabras han sido interpretadas por nosotros desde un axioma callado: y es que la noción de todo era central en la valoración de la obra de arte.

Al mismo tempo hemos distinguido un todo de extensión y un todo intensivo, y hemos mostrado clara preferencia por el segundo frente al primero. Para justificar esos presupuestos y preferencias debemos recordar que hay cuatro concepciones básicas del arte a través de la historia occidental: la primera define el arte como imitación. Este concepto, familiar ya en Platón, tenía originalmente un sentido más profundo del que nosotros le damos hoy. El arte se veía como el producto de una creación por parte del hombre; al mismo tiempo, la mente humana toma su medida del ser de las cosas y no al revés. Sólo el demiurgo tiene la potencia creadora de seres; el demiurgo es medida de las cosas, mientras el hombre es medido por ellas.

Esto significa que la creación humana es de sentido secundario y dependiente de la realización del demiurgo. Al mismo tiempo la definición del arte como imitación se da en una concepción metafísica que no pone límites a la capacidad creadora del artista ni define el ámbito de lo imitable. Nosotros, en cambio, al hablar de imitación hemos olvidado el entronque metafísico y reducimos lo imitable a las cosas concretas del mundo exterior. La imitación se reduce así a la reproducción en el cuadro de la silla o el racimo de uvas.

Al ver la consecuencia de esa concepción vulgar de la imitación, se creó la noción de «naturaleza idealizada», o imitación en lo universal opuesta a la imitación en lo particular. Pero estas distinciones ocultan ya el error inicial en la comprensión del término «imitación». Subrepticiamente se nos impone la pintura como el modelo de toda imitación, cosa lejana del pensamiento griego, que precisamente consideraba la apariencia como la no verdad.

El neoaristotelismo del siglo XVI y el llamado neoclasicismo francés del siglo XVII opera ese achatamiento de los conceptos griegos de imitación y naturaleza. Por eso encontramos esa lucha constante entre los creadores y los profesores; una lucha en que Lope de Vega y Cervantes expresan su experiencia de la creación como algo inconmensurable con la teoría de las escuelas. Al mismo tiempo Lope y Cervantes tienen que usar esa terminología y tampoco han estudiado directamente a Platón y Aristóteles como para estar seguros de que los maestros griegos no dicen lo que les atribuyen los profesores de poética. De ahí surgen las posturas equívocas o rebeldes, pero no una clara teoría estética que se oponga a la concepción propugnada por los profesores.

Al fundirse la idea de imitación con la idea de arte como «ratio recta factibilium», es decir, como el modo de trabajar una materia según reglas, se ponen de relieve una serie de normas concretas sobre el modo de imitar, y así surgen las famosas reglas y leyes de cómo se ha de componer un poema, hasta qué punto se debe usar lo maravilloso, etc. Lo que se llama neoclasicismo es más bien un preceptivismo de profesores, generalmente ajenos a la experiencia creadora. No obstante, en todo momento, ya dentro del siglo xvi, junto al aparente apogeo de la preceptiva neoaristotélica encontramos una actividad artística que rompe constantemente sus leyes sin romper la teoría; pero la teoría va ensanchando su significación hasta el punto de que términos como imitación, verosimilitud, belleza, imaginación y juicio se hacen completamente equívocos.

La segunda concepción básica del arte es la romántica, introducida por Vico en la *Scienza nuova* (1725). Todos los conceptos de la perspectiva neoaristotélica aparecen en este libro: fantasía, juicio, naturaleza, imitación y función moral del arte; pero todos aparecen a nueva luz. En la preceptiva del Pinciano, Muratori o Luzán, el juicio es el juez supremo que debe domar el «ingenio furioso»; para Vico, el juicio y la fantasía son dos potencias en relación inversa de poder; el predominio del uno supone la subyugación de la otra. La fantasía es el estado del espíritu humano antes de alcanzar el nivel de juicio. Todas las experiencias humanas en aquel momento de reino de la fantasía se atribuyen a fuerzas naturales o personales exteriores al individuo. Esa explicación crea los mitos, que son el arte. Arte es, por tanto, un modo necesario de expresión que ha tenido la humanidad en un estadio de su desarrollo. La poesía para Vico es imitación, pues expresa experiencias humanas; y la naturaleza para Vico es algo mucho más comprensivo que era para los preceptistas; la naturaleza es el cosmos en su totalidad, el hombre interpretando sus experiencias y el pueblo en lucha contra la nobleza para participar del trigo, es decir, de las gracias de Ceres:

> Los primeros hombres de las naciones gentiles, como niños del naciente género humano..., de su idea creaban las cosas, pero con infinita diferencia del crear de Dios. Dios en su infinito conocimiento conoce; y, al conocer, crea las cosas; ellos, en su robusta ignorancia, lo hacían a base de una corpulentísima fantasía. Y, como era corpulentísima, lo hacían con maravillosa sublimidad; tal, que perturbaba a los mismos que creaban tales cosas imaginándolas. De ahí fueron llamados 'poetas', que en griego quiere decir creadores. Estos son los tres propósitos de la poesía grande: encontrar fábulas sublimes acomodadas al entendimiento popular, que perturben hasta el exceso y así conseguir el fin propuesto por la poesía: enseñar al vulgo a obrar virtuosamente [8].

Estas palabras de Vico son una reinterpretación de los términos tradicionales de la poética. Él era profesor de Retórica en Nápoles; nadie podía acusarle de ignorar a Aristóteles ni a los clásicos. Al contrario, Vico propone su doctrina como la verdadera interpretación de los clásicos. En la *Scienza nuova* se toca genialmente el momento generativo de la obra de arte como interpretación «corpulenta», es decir, en forma material, de luchas sociales y de modos colectivos de interpretar el mundo. Si la creación artística es una interpretación colectiva del mundo, la comprensión de

---

[8] Vico, G. B., *La scienza nuova e opere scelte*, Torino, ed. Nicola Abbagnano, 1951, pág. 316. Usando el término «imitación», he aquí el giro que da Schiller a la preceptiva de los profesores: «Dem Griechen ist die Natur nie bloss Natur; darum darf er auch nicht erröten, sie zu ehren; ihm ist die Vernunft niemals bloss Vernunft; darum darf er auch nicht zittern, unter ihren Masstab zu treten. Natur und Sittlichkeit, Materie und Geist, Erde und Himmel fliessen wunderbar schön in seinen Dichtungen zusammen». (*Über Anmut und Würde*, *Werke*, II, München, Drömersche Verlagsanstalt, 1954, pág. 523).

la obra de arte será reproducir el proceso que condujo a su creación.

En Vico el artista realiza con su materia los ideales de una sociedad; y la comprensión de la obra de arte consiste en percibir la unidad de la obra como producto objetivo, y al mismo tiempo encarnada en la sociedad y en el individuo que la producen. La obra de arte es un símbolo, en el que coinciden una voluntad individual y una necesidad social de expresión, ya que el artista escogerá sus temas, estilo y estructuras con el grado de conciencia y libertad que su sociedad le hace posibles.

Este concepto de arte, remozado con términos de Hegel y de Heidegger, subyace a la crítica que se intenta en este libro. Vico era profesor de retórica; es, por consiguiente, un clasicista. Pero su clasicismo no tiene nada que ver con el preceptivismo de los maestros de escuela de su tiempo. Vico extrae sus ideas precisamente del estudio de Homero y la tragedia griega; pero ahora tendremos un Homero romántico contra el Homero de los preceptivistas.

La verdad y moralidad del arte adquieren un nuevo sentido. Ya no se trata de dar ejemplos de bien o de mal a través de los personajes o situaciones. Se trata de que la obra debe reflejar la lucha del artista por una expresión auténtica; y en la lucha por la autenticidad dará un ejemplo a todo el que quiera ser hombre en cualquier momento de la historia. La verdad y la moralidad de la obra de arte no son ya resultado de un modesto racionalismo, sino búsqueda comprometida de la autenticidad.

Una cosa está ausente de la concepción viquiana del arte: el sentimiento. En general, solemos confundir el romanticismo con el triunfo del sentimiento. Sin embargo, en los siglos XVII y XVIII la palabra «romántico» significa precisamente lo producido por la imaginación aventurera, algo ajeno al individuo y sus posibilidades; por consiguiente, lo que no se puede sentir.

La única objeción posible a las ideas de Vico es que nos dejan sin formación para un análisis concreto de la obra de arte. Vico explica genialmente el origen de la obra de arte como brinco del hombre en busca de verdad auténtica, pero no da reglas para la percepción de eso que se llama belleza en la conversación común sobre arte.

En ese nivel concreto y subjetivo de percepción de la belleza en la obra concreta planteó el problema estético Alexander Baumgarten, profesor de filosofía en Frankfurt/ Oder. Ya en sus *Meditationes philosophicae de variis ad poëma pertinentibus* (1735) define el poema como «oratio sensitiva perfecta». El poema es «discurso sensitivo» o «sensible». Baumgarten refleja la revolución que se había operado en el siglo XVIII con la idea de sentimiento. En la escolástica el sentimiento era pasión y pertenecía a la jerarquía equívoca de vivencias en las que participaban la materia y el espíritu. El sentimiento no pertenecía al plano de las potencias puramente espirituales: entendimiento y voluntad. El arte se convierte en expresión de sentimientos y la ciencia que estudia el arte se llamará «estética», es decir, ciencia del sentimiento [9]. El objeto de la estética es una capaci-

---

[9] Baumgarten, Alexander G., *Aesthetica* (Frankfurt/ M., 1750). «Aestheticae finis est perfectio cognitionis sensitivae qua talis; haec autem est pulchritudo, et cavenda ejusdem qua talis imperfectio; haec autem est deformitas» I, cap. 1, sectio 1, núm. 14, pág. 59. Es fundamental distinguir el neoclasicismo auténtico del preceptivismo del siglo XVII. Los neoclásicos del siglo XVIII son los verdaderos descubridores de la sensibilidad, que en un principio no tiene nada que ver con el romanticismo. Junto al ejemplo de Baumgarten y Kant, véase el siguiente de un gran neoclásico inglés: «All theories which attempt to direct or to control the art, upon any principles falsely called rational, which we form to ourselves upon a supposition of what ought in reason to be the end or means of art, independent

dad humana, que Baumgarten llama «analogon rationis», una potencia estimativa y perceptiva de la belleza. Con la dignidad cultural que adquiere el sentimiento en Baumgarten, tenemos la imagen neoclásica del hombre como el perfecto equilibrio de entendimiento, sensibilidad y voluntad. La cultura se definirá desde entonces como ciencia (entendimiento), ética (voluntad) y estética (sensibilidad). Las tres potencias recibirán su análisis magistral y su consagración en las tres críticas de Kant: *Crítica de la razón pura* (entendimiento), *Crítica de la razón práctica* (voluntad) y *Crítica del juicio* o más bien de lo que llamaríamos capacidad estimativa (*Urteilskraft*).

El cuarto concepto básico de arte es el que llamaríamos experimental o vanguardista. Este concepto ha existido desde que hay artistas y, por consiguiente, ha coexistido con los descritos anteriormente. Pero en ciertas épocas ha predominado más que en otras. El concepto experimental o vanguardista se caracteriza por el especial relieve que concede a los problemas formales de la obra de arte. En definitiva, siempre que los artistas han escrito sobre su propia creación, se han ocupado del arte como trabajo de búsqueda de los medios de expresión, de los procedimientos para encontrar caminos originales y de los problemas de estilo y estructura. Ahora bien en el siglo XVIII encuentra también su justificación teórica ese aspecto del arte como experimento formal. En España lo reflejan las *Investigaciones filosóficas sobre la belleza ideal* (1789) de Esteban de Arteaga [10].

---

of the known first effect produced by objects on the imagination, must be false and delusive. For thoughit may appear bold to say it, the imagination is here the residence of truth». (Joshua Reynolds, *Discourses on Art*, XIII, 1786, en Weitz, M., *Problems in Aesthetics*, 2.ª ed., New York, Macmillan, 1970, pág. 38).

[10]   Ed. Miguel Batllori, Madrid, Espasa-Calpe, 1943.

Arteaga define el arte como imitación. Inmediatamente distingue entre imitación y copia. Los artistas no copian nunca, sino que imitan. Cuando miramos una estatua de mármol nos deleitan sus ojos de mármol; sin embargo serían más fieles a la figura humana unos ojos de cristal. Esa fidelidad a la figura humana sería desastrosa desde el punto de vista artístico. La obra de imitación, dice Arteaga, nos deleita por lo que tiene de irreal. Ante estas expresiones nos parece estar leyendo *La deshumanización del arte* de Ortega y Gasset. Pero Arteaga tiene una rémora, y es que acepta sin crítica la noción de arte como imitación; así se crea un pseudoproblema; tiene que explicar cómo esa irrealidad llamada arte todavía imita a la naturaleza. El dilema se resuelve diciendo que el artista no pretende darnos más que su lucha con la materia. Por eso, dice Arteaga, apreciamos más una estatua de mármol que otra de cera o yeso. La cera y el yeso son más fáciles de modelar y el artista tiene menos mérito con estos materiales.

Es curioso que en todo el libro de Arteaga no se mencione apenas el término «expresión». Sin embargo, al final de su obra esboza un tratado de estética nunca escrito después, y en ese programa es el término fundamental. Ese tratado se dividirá en cinco secciones o discursos:

1.ª Teoría de la sensibilidad humana.
2.ª De los signos naturales y convencionales, y del origen de las lenguas.
3.ª «De las copiosas fuentes de expresión que traen su origen en la fantasía».
4.ª Sobre lo patético, o lo que es lo mismo, sobre el influjo de la humana sensibilidad y de las pasiones en la expresión.

5.ª De la influencia de las fuerzas exteriores, físicas y sociales, en la expresión.

En este esbozo, nunca desarrollado, Arteaga presenta una síntesis del simbolismo de Vico, la teoría de la expresión de Baumgarten y la doctrina clásica de la imitación. Pero esa síntesis no es una componenda ecléctica entre varias posibilidades. Arteaga, con términos que no son los nuestros, está expresando la esencia de la obra de arte como un todo independiente, en que se encuentra una intención individual, influida por fuerzas físicas y sociales, y que dentro de su independencia es «signo», es decir, símbolo.

En las cuatro concepciones del arte hay una exigencia de verdad. Esta exigencia se ha interpretado a muy distintos niveles. Se puede criticar, por ejemplo, el que Tirso de Molina pinte al rey Alfonso XI (1312-1350) con costumbres de un sevillano de 1625. Así entendían la verdad muchos preceptistas; pero eso es un aspecto muy superficial. La verdad que el arte debe imitar es la verdad absoluta, lo que busca el hombre como sentido último de su vida. Esta búsqueda no termina nunca; por eso las obras que la reflejan están por encima del tiempo. En cambio aquellas que se comprometen con verdades de un cierto momento histórico, están sujetas al interés que ese momento pueda suscitar. La obra de arte es temporal en el mismo sentido en que lo es el hombre: es de un momento y, al mismo tiempo, lo trasciende. La obra perfecta se da como un perfecto equilibrio de temporalidad y trascendencia.

En la proporción en que la obra es verdadera, es moral. También aquí hay que distinguir niveles: la alegoría con intenciones de propaganda no es arte; el puro juego formal, tampoco. En el perfecto equilibrio que es la búsqueda de la verdad, consiste el mensaje moral de la obra de arte.

Una última observación: en arte, la cantidad es calidad. Un poema de veinte líneas no puede ser grande en calidad si está solo. Puede ser un gran poema como resultado de una vida consagrada a la poesía, cuando recibe su explicación de una obra más amplia. Esta reflexión es de suma importancia para darnos cuenta de los problemas formales que Cervantes hubo de resolver a la hora de convertir las historias del *Quijote* en el *Quijote* como novela unitaria.

EL «QUIJOTE»: ASPECTOS FORMALES

El aspecto más exterior del *Quijote* sería la lengua y la estructura de la frase. Sus múltiples matices han sido catalogados por Helmut Hatzfeld de manera muy satisfactoria en *«Don Quijote» como obra de arte del lenguaje*.

El libro se divide en siete capítulos, de los cuales nos interesan los dos primeros y el séptimo. En el primero acota el autor ocho motivos que considera básicos en el *Quijote*: la misión caballeresca, la alabanza de Dulcinea, el sosiego del caballero, la cólera caballeresca, el cuerdo-loco, la ambición de Sancho, la amenaza de Sancho y el encantamiento. En torno a estos motivos va el autor catalogando las formas lingüísticas que los expresan. El capítulo segundo se titula «Los medios estilísticos y la técnica novelística», y es un estudio de la estructura de la obra, del arte y procedimientos de la transición, la plasticidad en el retrato y en la captación de posturas momentáneas, etc. Finalmente, el capítulo séptimo trata de Cervantes y otros paralelos artísticos: Cervantes y Velázquez, Rabelais, Manzoni y Flaubert. Las tesis de Hatzfeld nos serán importantes al estudiar el barroquismo del *Quijote* y al intentar la incorporación de nuestra novela en la europea moderna.

La perfección del lenguaje cervantino se da en el equilibrio perfecto que refleja y que imprime en el lector; y esto no sólo en la posición correlativa de adjetivo y sustantivo (adarga antigua, rocín flaco y galgo corredor) con las cadencias perfectamente calculadas, sino en la velocidad reposada de la frase. Para convencerse basta leer unos párrafos cervantinos junto a otros de Mateo Alemán o de *La pícara Justina*, y entonces se percibe la templanza del escritor reflejada en la forma.

Junto a la andadura de la frase, Cervantes realizó una innovación asombrosa en el manejo de la transición.

El problema de la transición, aunque puramente formal a primera vista, se presentaba como esencial en la constitución misma de la novela. Porque la novela es libro largo y en ella no se puede proceder como en el cuento; en este sentido la novela imitaba más a la historia que a la narración corta. Pero, de nuevo, la historia tiene un orden dado de antemano por la vida y andanzas del protagonista. La historia no tiene problema de invención, elección de materiales inventados ni ordenación de los mismos. Todo viene impuesto por la realidad historiada; pero la novela crea su propia realidad y la conforma. En principio parece natural que la novela tomase los procedimientos narrativos de la historiografía. Eso pensó Cervantes al principio, y así se llamó investigador en los archivos de La Mancha. Pero se dio cuenta muy pronto de que el trabajo no se justificaba con el archivo; necesitaba crear sus propios documentos. Cervantes expresó esta experiencia en la creación de Cide Hamete Benengeli. El Cervantes archivero de los primeros capítulos pasa a puro traductor o a editor de una traducción de Cide Hamete, es decir, a editor de una creación y no de una historia. La función creadora, selectiva y estructuradora explica por qué la transición fue tan difícil de lograr en el desarrollo de la novela. Si partimos del *Siervo libre de amor* (1450) de Juan Rodríguez de la Cámara y pasamos por las obras de Juan de Flores y Diego de San Pedro hasta *La lozana andaluza* (1528), todas ellas coinciden en su incapacidad para el arte de la transición. En ellas alternan libremente las figuras alegóricas con los protagonistas de la narración; el autor está presente como un maestro de ceremonias entre todos los personajes y las escenas se introducen de manera explícita con formas como las siguientes: «Grimalte a Gradisa», «el autor a Leriano», «Leriano a Laureola».

La lozana andaluza representa un paso decisivo en la historia de la novela, porque el género se define claramente como algo nuevo en oposición a los géneros tradicionales: «Aquí no compuse modo hermoso de decir, ni saqué de otros libros, ni hurté eloquencia; porque para decir la verdad poca eloquencia basta, como dice Séneca; ni quise nombre, salvo que quise retraer muchas cosas retrayendo una, y retraje lo que vi que se debía retraer»[11]. El verbo «retraer», usado cuatro veces en dos líneas, significa retratar. La novela se ha definido en oposición a los géneros consagrados que buscan hermoso decir, erudición y elocuencia. Sus personajes no serán héroes, sino las cortesanas orgullosas y los malos clérigos de Roma. La cátedra de San Pedro se ha convertido en Babilonia del pecado y el dolor no le permite más que condenar la sociedad que le rodea[12].

---

[11] Ed. Bruno Damiani, Madrid, Editorial Castalia, 1969, pág. 35.

[12] La visión negativa de Roma en *La lozana andaluza* se puede relacionar con la misma audacia crítica de los diálogos de Alfonso de Valdés, escritos por el mismo tiempo. Todos estos escritos reflejan aquella atmósfera de libertad mental que se daba en España hacia 1525, como hemos referido en la meditación segunda.

En cuanto a la forma, *La lozana andaluza* contiene la misma alternancia de diálogo y narración que vemos en las novelas sentimentales. Precisamente con referencia al personaje de Rampín en esta novela, se ha señalado la existencia del carácter autónomo de ciertos personajes con cuatro siglos de anterioridad a Unamuno y Pirandello. Es un grave error, a mi parecer, confundir la autonomía de Rampín con los personajes del siglo xx. En *La lozana andaluza* el diálogo entre personaje y autor obedece a falta de soltura en el arte narrativo. El autor sencillamente se introduce como personaje porque quiere explicar explícitamente el movimiento de sus personajes fingidos sin dejarle al lector conectar los cabos sueltos que deja toda escritura. En ninguna de aquellas novelas primitivas asoma la concepción existencial del hombre y del héroe literario que tuvieron Pirandello y Unamuno.

Ya en 1518 había insistido en la narración-retrato Don Enrique de Guzmán; pero él escribía su propia vida. No obstante, la vida de Don Enrique de Guzmán y *La lozana* coinciden en considerarse sucesores de la sátira de Juvenal. La novela surge como retrato alargando en extensión la sátira clásica y reduciéndola a prosa. Al mismo tiempo, quien presentaba personajes de baja calidad tenía una tradición en la comedia. No es extraño, pues, que estos pioneros del género, carentes todavía de un nombre, se consideren obreros de esos géneros tradicionales, aunque tienen plena conciencia de que no están repitiendo las fórmulas recibidas. En la meditación próxima veremos cómo se une el *Lazarillo de Tormes* a este proceso de hallazgos temáticos y formales. Lo que sí aparece claro desde ahora es el inmenso camino andado de *La lozana andaluza* al *Quijote*.

El ideal en el manejo de la transición sería eliminar la casualidad; pero es imposible. Las novelas mejor y más conscientemente trabadas tienen que hacer lugar para la llegada inesperada de personajes o situaciones que permitan sencillamente mover la acción hacia adelante. En Cervantes la vida se concibe como acción y pasión y, por consiguiente, en ningún momento pretende eliminar la pasividad, es decir, el acontecimiento casual que modifica los proyectos o caminos de sus protagonistas. La casualidad es un móvil básico de la novela cervantina. La aparición de nuevos personajes se introduce con fórmulas que cortan cuanto se hace o dice en un momento para poner atención en el nuevo grupo de personas que se acerca. Podemos llamar a estos cambios transición de escena.

Más que en la transición de escena aparece la originalidad de Cervantes en el manejo de la transición de forma, que es el modo de alternar diálogo y narración. En el siglo XVI y principio del XVII el diálogo es un género literario independiente. En él se tratan todos aquellos temas sobre los que no hay tesis consagradas en la tradición. Es el género exploratorio por excelencia, el auténtico padre del ensayo moderno. Es frecuente hallar al principio de los diálogos una discusión sobre quién debe introducir a los interlocutores; si el autor debe constantemente repetir «dijo Marcelo», «respondió Juliano» o si se debe transcribir directamente la conversación sin esas intromisiones del autor. Generalmente predomina el segundo criterio. Esta discusión tiene su primer origen en el *Teeteto* de Platón.

El diálogo puro y directo contribuye a presentar la vida en su aspecto dramático y a pintar mejor los caracteres; pero elimina a un personaje central: el autor, y Cervantes no se quiere eliminar de su novela. Por eso entra y sale de ella como un maese Pedro, pero con una maestría incomparable a la de los primitivos de la novela sentimental. El paso de narración a diálogo en el *Quijote* está logrado ya con la genial maestría que no será superada en la novela posterior.

Hay un tercer modo de transición, que es el corte. El novelista nos va describiendo algo. De pronto se da cuenta de que la novela debe seguir, y trunca su proceso con la fórmula: «en resolución...». Esta fórmula le permite acabar con algo que se convertiría en elemento de distracción si fuera continuado.

Finalmente se da en el *Quijote* un cuarto modo de transición, que Hatzfeld llama «ariostesca», pero que es el procedimiento clásico del *Amadís* (1508): «Volvió Sancho la rienda a Rocinante y se dio por contento y satisfecho de que podía jurar que su amo quedaba loco. Y así le dejaremos ir su camino hasta la vuelta, que fue breve» (I, 25, página 1135ab). Cuando Sancho va en la segunda parte a su gobierno, se repite la fórmula, pero no es normal en el *Quijote*. Cuando se compara el número de veces que ese procedimiento aparece en el *Quijote* con los libros de caballería, en que es el modo normal de transición, se percibe también la mesura cervantina.

LA INTENCIÓN: EL «QUIJOTE»
Y LOS LIBROS DE CABALLERÍA

El *Quijote* se escribe con la intención expresa de desterrar los libros de caballería. Bien conocidas son las especulaciones sobre si era sincera esa intención o no; sobre si tenía nuestro ingenio conciencia de lo que había creado o le había salido la obra maestra por casualidad. Desde la filosofía escolástica en que hemos visto inmerso a Cervantes, no debe extrañarnos que se propusiera un fin determinado y que su creación contenga mucho más de lo requerido para ese fin. La finalidad declarada de un escrito demuestra ya en cierto modo la capacidad de su autor, puesto que el escrito individual surge como respuesta para lo que se cree una necesidad en la sociedad. Al mismo tiempo, el fin declarado es algo que se queda fuera del contenido concreto de la obra y puede ser idéntico al que se han propuesto otros escritos muy distintos. Desterrar los libros de caballería y sustituir su lectura por otra más instructiva e igualmente deleitable es el propósito de Fr. Luis de León en *Los nombres de Cristo*; y, sin embargo, ese libro es algo totalmente distinto del *Quijote*. A nosotros no nos interesa especular sobre posibles motivos ocultos de Cervantes más allá de desterrar los libros de caballería. Le creemos a pie juntillas y, siguiendo la terminología escolástica, diremos que si tuvo la idea de desterrar esos libros como fin último, el fin próximo, no menos explícito, fue escribir el *Quijote*. Nuestro proyecto es entender el *Quijote* en su materia y forma, no en sus fines. Aunque esta última frase es exagerada; el fin lo condiciona todo y hay que tenerlo en cuenta.

En el todo del *Quijote* se aprovechan todos los experimentos anteriores de la novela: sentimental, pastoril, picaresca y caballeresca. Pero si los géneros anteriores se reflejan en algún episodio o referencia, la caballeresca forma la medula misma del libro. Cervantes incorpora el libro de caballería parodiándolo. En este sentido es necesario reconocer que el *Quijote* vive en gran parte de esos libros; de manera que el lector contemporáneo lo encontró tan humorístico porque en cada pasaje veía la parodia de alguna aventura que le era conocida de la novela caballeresca anterior. Nosotros, que desconocemos gran parte de aquella literatura, hemos perdido el foco de incorporación de muchas aventuras. Por eso para nosotros la obra ha ganado en trascendencia y ha perdido en humorismo. Al mismo

tiempo el paje que leía el *Quijote* en las antesalas de los
príncipes y veía en sus aventuras la parodia de las caballerescas, se perdía en los árboles y no veía el bosque.

El *Quijote* comienza con esta frase:

> En un lugar de la Mancha, de cuyo nombre no quiero
> acordarme, no ha mucho tiempo que vivía un hidalgo de los
> de lanza en astillero, adarga antigua, rocín flaco y galgo co-
> rredor (pág. 1037a).

Las reverberaciones de esa primera frase han sido am-
pliamente estudiadas y todas las sugerencias son verdade-
ras. Frente a la determinación que impone en la picaresca
el nacimiento bajo, a Don Quijote le encontramos sin pasado,
soñando con ser hijo de sus obras. Frente al nacimiento de
Amadís, hijo de reyes, tenemos a Don Quijote, hidalgo pobre de aldea. Don Quijote tiene además un abolengo literario en el tipo de hidalgo pobre, satirizado por Guevara,
en el *Lazarillo* y en otros muchos autores anteriores a Cervantes.

Pero quizá el paralelo más exacto a la primera frase del
Quijote sea el comienzo de *Tirant lo Blanc*: «En la muy
abundosa, rica y deleitosa isla de Inglaterra hubo un es-
forzado caballero...» El caballero es el conde Guillén de
Veroyque; tiene cincuenta y cinco años y se considera viejo
para seguir luchando. Alonso Quijano frisa en los cincuenta
y es entonces cuando decide comenzar sus aventuras. En
toda la obra de Cervantes hay como una noción determinista de las posibilidades y decoro de cada edad. A Cervantes le parece lascivia el que los viejos se enamoren; de
manera parecida, le parece absurdo que un pacífico hidalgo
manchego comience su vida de lucha a los cincuenta años.

En los libros de caballería, cuando el doncel es armado,
mantenía un paso, no permitiendo seguir su camino al ca-

ballero que no le concediera una demanda. Como el adve-
nedizo no concedía fácilmente a la exigencia del recién
armado, se disponían a la batalla. Primero se entablaba la
lucha con lanza y a caballo. Generalmente comienza per-
diendo el protagonista, que al fin ganará. Rotas las lanzas
y caídos del caballo, se levantaban presto echando mano a
las espadas; por fin uno se rendía y entonces decía su nombre. El caballero vencedor se alojaba, cansado de la refriega,
en el castillo del rey, cuya hija, súbitamente prendida en
las redes del amor, iba durante la noche a yacer con él[13].

Todo esto le pasa a Don Quijote en la España de 1600.
Recién armado, mantiene un paso el caballero; pero los
que llegan no son Tristán o Palomades, sino sederos toledanos que van a Murcia; la hija del rey que busca enamorada el lecho de Galaz, es en las ventas de La Mancha
Maritornes, que se refocila con los arrieros. La parodia cobra
un valor grotesco cuando se comparan las figuras de nuestros
protagonistas —Don Quijote, Sancho, Maritornes— con los
dechados de belleza de los libros de caballería: Iseo la Brun-
da, Iseo de las manos blancas, Pierres y la bella Magalona,
Angélica de la proverbial hermosura.

Ahora bien, ¿en qué sentido contenía el libro de caballería los gérmenes de su propia extinción? Desde el punto
de vista estructural hay una repetición de patrones, como
los señalados antes, que necesitaba una revolución absoluta
para variar y enriquecerse. El *Tirant*, por ejemplo, es un
modelo de agilidad narrativa; juega con el diálogo, la na-

---

[13] *La demanda del Santo Grial*, cap. 93 y sigs., ed. A. Bonilla y
San Martín, *NBAE*, VI, Madrid, 1907, 197. Escena parecida en *Tristán
de Leonís*, cap. 76, en que el hada Morgayna le pide amores a Tristán
(*ibid.*, pág. 443). El mismo nombre de Don Quijote pudo ser inspirado por el cap. 12 de *Primaleón e Polendos*, Valencia, 1534. Cf. Alonso, D., *El hidalgo Camilote y el hidalgo Don Quijote*, en *Del siglo de
oro a este siglo de siglas*, 2.ª ed., Madrid, Gredos, 1968, págs. 20-28.

rración y la carta manejando la transición mejor que el
Amadís. Pero contiene elementos primitivos contra los que
luchó expresamente Cervantes. El principal es la bárbara
asociación de motivos cristianos y paganos. Tirante es un
cruzado; sale de su nativa Bretaña y realiza las hazañas
principales en Constantinopla luchando contra los turcos
que amenazaban el imperio cristiano. Durante su estancia
en Constantinopla tiene amores con la princesa Carmesina,
ayudado primero por el celestino Diafebus y luego por la
doncella Placerdemivida. La vieja emperatriz da satisfac-
ción a su liviandad con el mancebo Hipólito, y todos rezan
a Dios fervorosamente para que les ayude en sus aventuras
de amor [14].

---

[14] Se ha comentado mucho el texto de Cervantes sobre el *Tirante:*
«¡Válame Dios! —dijo el cura dando una gran voz—, ¡que aquí está
Tirante el Blanco! Dádmele acá, compadre, que hago cuenta que he
hallado en él un tesoro de contento y una mina de pasatiempos. Aquí
está don Quirieleisón de Montalbán, y el caballero Fonseca, con la
batalla que el valiente de Tirante hizo con el alano, y las agudezas
de la doncella Placerdemivida, con los amores y embustes de la reina
Reposada, y la señora emperatriz enamorada de Hipólito, su escudero. Dígoos verdad, señor compadre, que por su estilo es éste el
mejor libro del mundo: aquí comen los caballeros y duermen y mue-
ren en sus camas, y hacen testamento antes de su muerte, con otras
cosas de que todos los demás libros de este género carecen. Con
todo eso, os digo que merecía el que lo compuso, pues no hizo tantas
necedades de industria, que le echaran a galeras por todos los días
de su vida» (*Quijote*, I, 6, pág. 1053). La interpretación más corriente
de esas líneas la dio en 1922 Bernardo Sanvisenti, *Il passo più oscuro
del «Chisciotte»*, RFE, 2 (1922), 58-62. Lo aceptan y refuerzan Bates,
M., *Cervantes' Criticism of Tirant lo Blanch*, HR, 21 (1953), 142-144;
Riley, E. C., *Teoría de la novela en Cervantes*, Madrid, Taurus, 1966,
págs. 45-53; Bandera, C., *Mimesis conflictiva*, Madrid, Gredos, 1975,
39-42. Su interpretación es que las alabanzas de Cervantes al libro
son sinceras; a pesar de los méritos del libro, como el autor no fue
consciente de su innovación literaria, merece ser condenado a galeras.
Citan como paralelo el verso del *Viaje del Parnaso*, donde Cervantes

Otro rasgo primitivo del *Tirant* es la yuxtaposición de lo narrativo y lo didáctico sin llegar a fusión en el todo. El primer libro es la historia de Guillén de Veroyque, convertido en ermitaño cuando deja sus caballerías, y luego en rey

---

se enorgullece de que él ha abierto un camino, «por do la lengua castellana puede / mostrar con propiedad un desatino».

Mi interpretación es: Por sus buenas cualidades de estilo (con todo eso), el autor del *Tirante* no debe ser condenado a muerte, como los demás, sino solamente a galeras, pues supo (de industria) no hacer tantos disparates como contienen los demás libros de caballería. Las pruebas para esa interpretación son: 1) En todo ese capítulo se hace la farsa de un juicio, en el que todos los libros han sido condenados al fuego menos el *Amadís*. Para el final quedan tres que no se condenan a muerte: *Palmerín de Inglaterra*, el único a quien se absuelve plenamente; *Don Belianís*, al que se da «término ultramarino», es decir, más largo de lo ordinario, para corregirse, y *Tirante el Blanco*, al que se alaba como «tesoro de contento, mina de pasatiempos» y por tener el mejor estilo del mundo. «Estilo» aquí no es sólo la lengua, sino disposición general, es decir, «realismo». 2) «Con todo eso» no tiene significado adversativo. En el episodio de Andrés lo tiene; pero *En la española inglesa* se dice: «Quedó la camarera admirada de las razones de su hijo y... temió que sus amores habían de parar en algún infeliz suceso. Con todo eso, como madre...» (pág. 864b). Aquí el «con todo eso» tiene valor consecutivo y no adversativo. El mismo valor tiene en el pasaje que interpretamos, es decir, «con todas esas cualidades». 3) Las cualidades son que «de industria» el autor no hizo tantas necedades como contienen los otros libros de caballería. «Tantos disparates» se refiere a los «libros de este género» que acaba de mencionar. 4) «Condenar a las galeras» es un castigo duro, pero más suave que la muerte. He aquí un paralelo sobre las galeras: «El mismo día aherrojaron en ellas (las galeras) a los soldados..., transformación triste y dolorosa, pero llevadera: que la pena que no acaba la vida la costumbre de padecerla la hace fácil» (*Persiles*, lib. III, cap. 12, ed. cit., página 1665a). 5) Lo típico del texto sobre el *Tirante* es que se condene al autor más que al libro. Para mi interpretación necesito que sea indiferente y que el uno sea equivalente al otro. Aunque esto no lo puedo explicar, todavía es menos absurdo pensar esto que condenar a un autor a galeras por no seguir la teoría cervantina del «desatino con propósito». Tendría que ser demasiado dogmático ese Cervantes al que se alaba como perspectivista.

para salvar a Inglaterra de los moros. Aprovechando el motivo del ermitaño se incrusta la materia moral, pero no se funde con lo narrativo propiamente dicho. A veces nos parece estar leyendo el *Libro del caballero y el escudero* de don Juan Manuel.

En el *Amadís*, los rasgos son muy semejantes. Este libro es mucho más extenso y maneja distintos grupos de caballeros situados en diferentes lugares. El procedimiento de transición es el señalado antes: advertir expresamente que se deja un grupo para tratar del otro. Los lugares del *Amadís* son fantásticos, y los únicos puntos vagamente realistas son ciertas críticas a la conducta de reyes y caballeros en un plano abstracto y aplicables a todos los tiempos.

El *Amadís* es la historia de un solo caballero, pasivo como todos los demás a pesar de su fuerza y valentía. No hace nada; todo le pasa por casualidad. Las aventuras se abren y cierran según la voluntad del autor en un sentido puramente lineal; no se enmarañan con otras creando la tercera dimensión y ese tratamiento del grupo social que tanto admiramos en Cervantes. La imaginación se desborda en la confusión de lo natural, lo sobrenatural y lo quimérico; los amores andan libres entre los caballeros más gallardos y las doncellas más hermosas del mundo. Al mismo tiempo, en consonancia con el carácter superficial de todas estas narraciones, jamás hay descripción morosa de un sentimiento y menos de actos amorosos. El escritor se declara incapaz de seguir describiendo e invita al lector a que imagine cuanto quiera.

El *Palmerín de Inglaterra* (1547) es una gran obra literaria. Cervantes la elogió como se merece: «Esa palma de Inglaterra se guarde y se conserve como a cosa única» (I, 6, página 1052b). Contiene muy buen estilo, bellos cuadros de paisaje, humor y crítica social. Pero es, como los demás de su género, libro de la imaginación y no del entendimiento.

Hemos presentado con brevedad los mejores ejemplos de novela caballeresca. Cervantes quiere desterrarlos por cinco razones:

1. Los libros de caballería son fábula milesia que no contiene intención educativa. La literatura debe ser un arma para la imposición de la verdad. El entretenimiento, necesario al hombre porque el arco no puede estar siempre tenso, no puede caer nunca en el puro juego frívolo.

2. Los libros de caballería son hijos de la imaginación y no del entendimiento. A la capacidad inventiva hay que ponerle las riendas del juicio para que las partes inventadas formen un todo armónico. Toda mentira es desatino y toda ficción es mentira; pero si el desatino se presenta con propiedad, es decir, formando un todo armónico posible, al arte se le permite fingir. Se suele ver como ambigua la posición de Cervantes en torno al tema de la verosimilitud, especialmente con referencia al *Persiles*, donde se cree que él mismo no la guarda. Sin embargo, la distinción antes apuntada entre los tres tipos de posibilidad: metafísica, física y moral, creo explica la posición de Cervantes sin ambigüedad alguna.

3. «Fuera de esto son en el estilo duros; en las hazañas, increíbles» (I, 47, pág. 1251a). La tercera razón por que se critican los libros de caballería es el estilo, arcaizante, conceptuoso y primitivo en cuanto a procedimientos estructurales.

4. «En los amores, lascivos; en las cortesías, mal mirados» *(ibid.)*. Podemos decir que toda la literatura profana del siglo de oro tiene el amor como tema obligado. Si había que mezclar la utilidad con el deleite, la presentación del amor cumplía la función segunda. Y aunque el autor se

propusiera condenar los excesos de la pasión, todavía se sentía obligado a poner en escena alguna muestra de la atracción del vicio. Esto producía la contradicción de que el lector aprendía mañas para el vicio del que se le quería apartar. Si el protagonista de la obra literaria era mujer, el tema del amor era más lógico, pues la mujer apetece al varón como la potencia al acto. El *Quijote* pretende mostrar cómo se puede cumplir la función de deleite sin emplear el tópico tradicional del amor. El personaje de Dulcinea representa esa innovación, y la crítica de Cervantes a *La Celestina* («libro en mi opinión divino, si encubriese más lo humano») obedece al mismo propósito.

5. El último punto en la crítica de los libros de caballería es lo que hemos llamado ya bárbara asociación de lo humano y lo divino, «guardando en esto un decoro tan ingenioso, que en un renglón han pintado un enamorado distraído y en otro hacen un sermoncico cristiano que es un contento y un regalo el oírle o leerle» (Prólogo, pág. 1032b).

Estas palabras se dice que van contra *El peregrino en su patria* de Lope de Vega (Sevilla, 1604). Puede ser que Cervantes pensara solamente en Lope cuando escribió sus líneas; pero las escribió porque pensaba en general que la confusión de lo humano y lo divino debía desterrarse de la obra literaria. En este sentido el libro de caballería, donde se reza, como ya hemos dicho, para pedir a Dios ayuda en el adulterio, era completamente contrario al gusto del autor del *Quijote*.

Después de estas cinco reflexiones podemos creer que Cervantes escribió su libro para desterrar los libros de caballería. Frente a la literatura de pura distracción se propuso introducir una escritura de entretenimiento y socialmente educadora. Este ideal, que habían perseguido los autores ascéticos, como Malón de Chaide o Fr. Luis, lo consigue

Cervantes en una perfecta síntesis de cristianismo y secularidad. El *Quijote* es una obra educativa de un cristiano seglar.

Si el placer producido por *La Celestina* o el *Amadís* era una cosa ambigua entre la estética y la tentación, Cervantes crea en el *Quijote* la idea del placer a nivel artístico, inteligente, como pedirá siglos después Ortega en *La deshumanización del arte.*

Ahora bien, no todo es crítica de la novela caballeresca en *Don Quijote.* Nuestro ingenio les reconoce una posibilidad:

> Hallaba en ellos una cosa buena: que era el sujeto que ofrecían para que un buen entendimiento pudiese mostrarse en ellos, porque daban largo y espacioso campo por donde sin empacho alguno pudiese correr la pluma, describiendo naufragios, tormentas, reencuentros y batallas, pintando un capitán valeroso con todas las partes que para tal se requieren... y siendo esto hecho con apacibilidad de estilo y con ingeniosa invención, que tire lo más que fuere posible a la verdad, sin duda compondrá una tela de varios y hermosos lizos tejida... que consiga el fin mejor que se pretende en los escritos, que es enseñar y deleitar juntamente, como ya tengo dicho (I, 47, 1251).

Este texto muestra que Cervantes pedía una literatura consciente de su misión educadora dentro de la sociedad. La educación no tenía un sentido exclusiva o primariamente religioso. Cervantes está proponiendo —por boca del canónigo de Toledo— un humanismo seglar, cuyas virtudes son la prudencia, el valor, el arte de gobernar y la capacidad de tomar una decisión madura en el tiempo debido. Los modelos de este humanismo seglar son los héroes griegos y romanos. Este humanismo seglar es ya cristiano; pero reconoce los fueros del orden natural y se abstiene de reducirlo todo al plano teológico.

El texto muestra también el ideal estructural de Cervantes: componer una tela de varios y hermosos lizos tejida. Es decir, para él la estructura no tiene sentido dinámico, sino estático: sucesión y correspondencia de partes.

«La escritura desatada de estos libros da lugar a que el autor pueda mostrarse épico, lírico, trágico, cómico» (*ibid.* 1251). El libro de caballerías, por estar en prosa, permite más posibilidades creadoras que el poema en verso. Tiene de común con éste el sujeto alto y ejemplar; en este sentido el libro de caballerías es el único con posibilidades, ya que la novela sentimental, pastoril y picaresca sólo ofrecen la posibilidad de ejercitarse en los problemas formales para la empresa verdaderamente digna, que es la pintura de los héroes ejemplares. La novela que logre esa pintura con las salvaguardas indicadas será un todo que supere los géneros tradicionales incorporándolos; y al ser en prosa, permitirá reflejar más fielmente la verdad.

El libro de caballerías era para Cervantes el ejemplo ya existente de una creación fingida extensa, que se parecía a la historia, pero que tenía que resolver los problemas básicos en forma distinta, ya que la historia tenía el tema y el orden dados por los acontecimientos sucedidos, mientras que la ficción necesitaba precisamente inventarlos, seleccionarlos y ordenarlos conforme a la capacidad de su creador.

¿Compuso Cervantes ese libro de caballería ideal? No. El *Quijote* trascendió esa intención, porque pintó mucho más que el capitán valeroso y el caballero determinado: pintó la sociedad en sus distintos niveles. El *Persiles* ya no es libro de caballería. Periandro y Arnaldo no son capitanes; el primero ha dejado el humanismo seglar por un humanismo ya específicamente católico, y el segundo es un príncipe frívolo que abandona sus obligaciones por seguir la pasión amorosa [15].

El capítulo cuarenta y siete de la primera parte del *Quijote* representa sólo un momento en la teoría literaria de Cervantes. En esos años 1604 y 1605, el ambiente literario en Madrid es muy vivo en discusiones y teorías. La lectura de *Los amores de Teágenes y Cariclea*, de *El peregrino en su patria* de Lope, y quizá la misma evolución religiosa personal, le llevaron a dejar los capitanes valerosos y astutos y a buscar la verdad en un plano más estrictamente sobrenatural.

DON QUIJOTE

Cometeríamos un grave error dando a los personajes cervantinos una interpretación alegórica. Precisamente la originalidad de Cervantes consiste en la complejidad con que retrata sus figuras. Toda reducción de esas figuras a valores simbólicos es una falsificación y simplificación de su verdadero ser. Reconocido esto, debemos también reconocer que unas se acercan más al tipo alegórico que las otras. Cuanto más definidos en torno a un ideal, tanto más cerca están los personajes de la alegoría. Por eso es más fácil definir a Don Quijote que a Sancho.

Don Quijote, sin nombre, sin familia conocida y sin pueblo. No tiene para nosotros pasado que le defina; sólo sabemos que es un hidalgo de una aldea de La Mancha. Cuando

---

[15] En un momento en el libro segundo del *Persiles* Periandro se describe como lo haría un caballero andante, pero de mar: «Buscando vamos ladrones, a castigar vamos salteadores y a destruir piratas» (cap. 14, pág. 1608); pero en el capítulo siguiente se dice que su conquista es espiritual: «Nosotros no queremos más de la gloria de haber vencido nuestros naturales apetitos» (pág. 1610a).

nos es presentado tiene cerca de cincuenta años, es de complexión recia, seco de carne, enjuto de rostro, gran madrugador y amigo de la caza. En dos pasajes posteriores del libro se alude a la pobreza del hidalgo; una en el capítulo segundo de la segunda parte; le dice Sancho:

> —El vulgo tiene a vuestra merced por grandísimo loco y a mí por no menos mentecato. Los hidalgos dicen que no contentándose vuestra merced en los límites de la hidalguía, se ha puesto don y se ha arremetido a caballero con cuatro cepas y dos yugadas de tierra y con un trapo atrás y otro adelante. Dicen los caballeros que no querrían que los hidalgos se opusiesen a ellos, especialmente aquellos hidalgos escuderiles que dan humo a los zapatos y toman los puntos de las medias negras con seda verde.
>
> —Eso, dijo Don Quijote, no tiene que ver conmigo, pues ando siempre bien vestido, y jamás remendado; roto, bien podría ser; y el roto, más de las armas que del tiempo (página 1280).

En el capítulo cuarenta y cuatro de la misma parte se le desatan a Don Quijote hasta dos docenas de puntos de una media; «afligióse en extremo el buen señor, y diera él por tener allí un adarme de seda verde una onza de plata; digo seda verde, porque las medias eran verdes» (pág. 1422a). En este momento lanza Cide Hamete Benengeli, como no cristiano, una diatriba contra la pobreza, especialmente la que se ensaña con los hidalgos. Estas diatribas permiten situar a Cervantes en la tradición de cuantos satirizaron al hidalgo pobre desde Guevara a Calderón. El poner esos recuerdos en torno a Don Quijote permite incorporar al hidalgo en esa tradición; pero la tradición literaria es un recuerdo tenue que contrasta con la complejidad de nuestro hidalgo. Don Quijote no es un tipo estilizado como el escudero del *Lazarillo* y del *Buscón*. Tiene muchas fanegas de pan llevar, viña, caballo, bastantes pollinos como para darle tres a San-

cho; debemos suponer que tenía los pares de bueyes sufi-
cientes como para labrar su tierra. La casa era grande, de
dos pisos, con patio central y corral en la parte trasera. Mantiene con decoro su casa, y Sancho le considera solvente en
todas las promesas de subida de salario. Aunque el caballo
tiene muchas faltas, sin duda el hidalgo le tiene cariño; con
los años se han acostumbrado el uno al otro y, por eso, no
le ha cambiado por otro más vistoso.

El hidalgo manchego no es un tipo literario. Cervantes
nos ha dado en las pocas pinceladas con que describe su casa
y su vitualla, un retrato de vida cotidiana. Pero la novela
surge precisamente con lo extraño y maravilloso. Alonso
Quijano con esa vida no hubiera sido sujeto digno de admiración. Cervantes nos da la vida del caballero partida en tres
por dos grandes crisis: la locura, que le viene cuando frisa
en los cincuenta años, y la lucidez cuando está en el lecho
de muerte. Tenemos, pues, tres Quijotes en un aspecto; pero
los tres están fundados en la bondad como fuerza de cohesión. En definitiva, si el hidalgo cayó en el tipo de locura
en que cayó, es porque ya era bueno y caritativo cuando
estaba sano.

Leyendo libros de caballería pierde el juicio y decide hacerse caballero andante saliendo al mundo para deshacer
sus entuertos y cobrar fama. El hidalgo Alonso Quijada o
Quijana se ha vuelto loco, es decir, ha perdido la noción de
su papel y de sus circunstancias, la noción del pasado y presente, y se lanza con una idea obsesiva a la creación de un
futuro. Su propósito primero no es la fama, sino el hacer
el bien; si busca la fama es solamente como medio para entrar gloriosamente en el palacio del rey e influir con más
autoridad en el desfacimiento de los entuertos. Su móvil
primero es la bondad, el bien por su propio valor.

Desde el punto de vista psicológico, la locura de Don Quijote se describe como sequedad en el cerebro, que produce el debilitamiento del control intelectual sobre la potencia imaginativa. Al perder el juicio, que es la capacidad de control, Alonso Quijano se queda sometido a la fuerza espontánea del ingenio, creatividad nativa, no formada. Estos cambios se producían por rotura del equilibrio de los humores:

> Si el hombre cae en alguna enfermedad por la cual el celebro de repente mude su temperatura, como es la manía, melancolía o frenesía, en un momento acontece perder, si es prudente, cuanto sabe y dice mil disparates, y si es necio, adquiere más ingenio y habilidad que antes tenía [16].

La locura de Don Quijote, desde el punto de vista más superficial, tiene tres caracteres: la idea obsesiva, la capacidad de encolerizarse y la melancolía. Son los rasgos que Huarte de San Juan atribuye a la constitución del hidalgo Alonso Quijano:

> El hombre que es caliente y seco en el tercer grado tiene muy pocas carnes, duras y ásperas, hechas de nervios y murecillos (músculos) y las venas muy anchas. El color del cuero, si es moreno, tostado, verdinegro y cenizoso, es indicio de estar el hombre en el tercer grado de calor y sequedad. La voz que fuere abultada y un poco áspera es indicio de ser el hombre caliente y seco en el tercer grado. Los hombres calientes y secos por maravilla aciertan a salir muy hermosos, antes feos y mal tallados [17].

---

[16] Huarte de San Juan, J., *Examen de ingenios para las ciencias*, cap. 4. Cit. Iriarte, M. de, *El doctor Huarte de San Juan y su Examen de ingenios*, Madrid, Ediciones Jerarquía, 1939, pág. 319.

[17] Iriarte, *op. cit.*, pág. 321. Cf. Green, Otis, *El ingenioso hidalgo*, *HR*, 25 (1957), 175-193. Opinión contraria a Iriarte y Green, y errónea en mi opinión, mantiene Palacín Iglesias, G., *En torno al Quijote*, 2.ª ed., Madrid, Ediciones Leira, 1965, págs. 80-91. Cf. Pinciano, *Philosophía antigua poética*, ed. cit., I, 48-49.

Estos detalles de la psicopatología del tiempo son sólo una senda, y no de las más importantes, para entender el *Quijote;* más que resolver problemas, los plantea. Supongamos que Cervantes no hubiera pintado tan magistralmente la psicopatía del caballero; todavía tendríamos las preguntas fundamentales: ¿qué mensaje tiene ese loco? ¿Qué pretendió Cervantes con su experimento más allá de los límites de la razón? ¿Cómo se funde el personaje con los demás de la novela y qué significa en el desarrollo del protagonista de la novela en general?

Del estudio psicopatológico se desprende una cosa clara: que Don Quijote es loco, pero lo menos loco posible; no es un demente ni furioso que produzca peligro en las calles; sólo cuando se le toca en la imagen obsesiva pierde el sentido de la circunstancia y desbarra.

El contenido de esa locura y obsesión es la bondad: ayudar al menesteroso, vencer a los soberbios. Romper por todas las convenciones para realizar la perfecta armonía que es la justicia ideal. El único torcimiento que se permite en el perfecto equilibrio de la balanza es el que se incline por el lado de la clemencia frente al lado del rigor. La locura de Don Quijote consiste en romper el tejido de los crímenes sancionados por la historia y por la lengua, arrojar a los mercaderes del templo donde realizan sus tradicionales y respetables negocios y oponer la locura de la verdad a la necedad y bellaquería de la convención [18].

---

[18] «¡Qué sabio el que se holgó que le tuviesen por loco, pues lo llamaron a la mesma sabiduría! ¡Qué pocos hay ahora por nuestros pecados! Ya, ya parece se acabaron los que las gentes tenían por locos de verlos hacer obras heroicas de verdaderos amadores de Cristo». (Santa Teresa, *Vida*, cap. 27, núm. 14, Madrid, *BAC*, 1967, página 181.

Don Quijote, como Cervantes, busca en su propio interior la fusión de armas y letras. Literalmente busca un «humanismo (letras) de las armas».

En tiempo de Cervantes el término «armas» no tenía el sentido cerradamente profesional que tiene hoy. El «miles christianus» de Erasmo se traduce «caballero» y no soldado cristiano. Las armas eran la dedicación de todo hombre que gobernaba. El humanismo de las armas supone, por tanto, una noción práctica de la inteligencia, responsable y contrastada con la realidad, frente al trabajo puramente especulativo y débil del erudito. En el *Quijote* el humanismo de las armas se opone al saber inútil del humanista que busca las curiosidades del pasado. Ya hemos dicho que para Cervantes la literatura tenía que ser educativa; de forma que las letras debían convertirse en armas. Todo conocimiento auténtico es acción, y la acción es, a su vez, origen de luz para la inteligencia. Al estudiar hoy estos temas, solemos nosotros repetir el viejo par de palabras «especulativo-práctico» y concebir su relación como relación de dependencia. Pero esto es un error, y es un doble error creer que los antiguos filósofos lo compartían. Para Santo Tomás la sabiduría es práctica y una de las virtudes derivadas de la prudencia es la «inteligencia». Por eso aquellos pensadores consideraban al prelado y gobernante personaje superior al literato. Cervantes piensa lo mismo; al mismo tiempo él ha hecho una experiencia profunda con las letras, sus exigencias y su poder; por eso él no puede dar claramente la supremacía a ninguno de los dos extremos. El humanismo de las armas en Cervantes es el reconocimiento de que toda palabra y letra debe ser transparencia absoluta o creación de realidad; la palabra significativa es palabra clara y tajante como la espada. Este humanismo prohibe sólo una cosa: jugar con la palabra. Y jugar es esclavizarse a una tradición y hacer alegorías con tipos convencionales. De ahí esa constante experiencia de lucha que encontramos en nuestro novelista por dialogar con lo que hay, creándolo todo al mismo tiempo desde dentro de sí.

La bondad loca crea el humanismo de las armas. Esa bondad choca con lo convencional: el juicio reflejado en el sentido común, en las instituciones, estamentos sociales, la creencia en el determinismo indirecto establecido por el nacimiento de la persona y, en general, en la tradición. Frente a este mundo, Don Quijote, con su idea obsesiva, es futuro, heterodoxia radical en la sociedad, fuente inevitable de choques en los cuales lleva las de perder, porque es solo y es heterodoxo. La locura de Don Quijote es creación pura; rotura de amarras con el pasado y presente. En este punto Cervantes nos está dando la tipología de todos los grandes creadores. Huarte de San Juan decía que San Pablo era hombre de mucha imaginativa, colérico y adusto. Tenía el mismo tipo psicofísico que Don Quijote y produjo en la historia lo que Don Quijote sueña producir en la novela: imponer la bondad [19].

La heterodoxia social le presta un rasgo a Don Quijote que no aparece muy explícito en la novela: el rasgo de la

---

[19] En el siglo XVI y principios del XVII todavía el escritor es un «criado» del duque o del obispo. Sin embargo, la imprenta le ha dado al escritor conciencia de su poder como proveedor de fama. La escritura se está convirtiendo en arma precisamente en torno a 1600. Este tema habría que estudiarlo en relación con el mecenazgo y contrastarlo con la seguridad que ya tenía Horacio de su poder como poeta: «Exegi monumentum aere perennius» (*Carmina*, III, 30). ¿Qué significaba esta seguridad en el imperio romano? ¿Qué conciencia tiene el escritor de su poder en la Edad Media? ¿Qué extensión de mundo tiene Don Juan Manuel ante los ojos cuando pide que vayan a contrastar las copias de sus libros con el manuscrito de Peñafiel? La invención de la imprenta le trajo al escritor la conciencia de la mayor extensión de su poder.

actividad. Si se mira bien, Don Quijote no hace apenas nada, todo le pasa por casualidad. Su única decisión consiste en salir a buscar las aventuras, y éstas se narran según le van pasando, dirigidas por el encuentro casual; en este aspecto superficial Don Quijote es como los protagonistas de la picaresca. Y, sin embargo, toda comparación de Don Quijote con los pícaros es superficial. Don Quijote tiene un proyecto definido; los pícaros, no. Demostraremos mejor este aserto en la meditación próxima.

Desde este punto de vista, el tipo de Don Quijote, semejante al de todos cuantos han roto con las ortodoxias sociales, representa también una heterodoxia literaria. La bondad como proyecto obsesivo le hace simpático, sublime, dedicado a un ideal admirable; y ese contenido de alta verdad y moralidad le hace sujeto apropiado para un goce pleno, inteligente desde el punto de vista artístico, que no tiene nada que ver con el deleite de las historias de amor.

Como hidalgo bien nacido, la locura de Don Quijote tiene siempre un tono respetable de gravedad; de forma que en el estudio psicofisiológico de su seriedad y melancolía debemos tener presente ese componente literario que opone la gravedad de los personajes altos a la agudeza de los humildes [20].

El tercer aspecto de la heterodoxia literaria implicada en la locura del hidalgo manchego, se refiere a su relación con la «simpleza» de Erasmo y la «furia» de Orlando. También aquí hay que ver la mente de Cervantes buscándoles conte-

---

[20] «Mirad que los príncipes y señores grandes hablan con gravedad y simplicidad alta; y mirad la gente menor quan aguda es en sus conceptos y dichos, que assí como hienden el pelo, hienden la oreja con la agudeza dellas» (Pinciano, *Philosophía antigua poética*, ed. cit., II 208). En este contexto resulta sangrienta la crítica de Cervantes a los duques, que se pasan la vida en tonterías indignas de la gravedad que debieran tener.

nido a una serie de palabras casi sinónimas: loco, necio,
furioso. La locura de Don Quijote no tiene nada que ver con
la «simpleza» conformista, irónica, humorística de Erasmo,
ni con el furor salvaje de Orlando. A ellos les falta la grandeza del propósito. Precisamente la «simpleza» de Erasmo
considera una equivocación el ponerse en peligro de cho-
car con las convenciones sociales. Todo el que inicia un camino individual distinto de lo que se hace y dice es un loco
y se opone al ideal de la simpleza erasmiana.

En un cuarto sentido ya hemos señalado antes la función
de la locura en la creación de un personaje literario que
estaba al margen de las exigencias de la libertad de albedrío
impuestas por la doctrina católica frente a la protestante.
El gran personaje de novela o drama lucha, precisamente,
entre la libertad y el determinismo. La locura le libra a Cervantes de las responsabilidades impuestas por las convenciones teológicas de su circunstancia.

Antes que una exploración en los límites de la ortodoxia
social y literaria, la locura es una exploración en los límites
de la razón a nivel individual. El hidalgo de una aldea man-
chega pierde el sentido de su circunstancia y se ilusiona, se
bautiza con nombre nuevo y sale a transformar el mundo.
En su ilusión lo transforma, poniendo don a las pobres mo-
zas del partido y elevando cuantas cosas encuentra en su
carrera. Don Quijote simplifica, yéndose a un extremo, la
situación diferencial de realidad e ilusión que constituye
la existencia de cada individuo. La posibilidad de falsificarnos proviene de que somos en cada momento muchas cosas
posibles. Nuestro yo es el torbellino en que se encuentran
herencia, situación, decisiones y esperanza. Todo materialista
debe reconocer ese hecho elemental; y precisamente esa
abertura que nuestra persona es en cada instante crea la
posibilidad de proyectarnos una imagen falsa de nosotros

mismos. La locura de Don Quijote es la equivocación sobre sus propias posibilidades y límites, y en ella caemos todos constantemente cada vez que no medimos nuestras fuerzas para los proyectos que emprendemos. Pudiera ocurrir muy bien que escribir un libro sobre Cervantes no fuera sino otro ejemplo de ilusión de enfermo. Al mismo tiempo, sólo quien explora en los límites de la razón puede llegar a ensancharlos; todo progreso consiste en decir cosas inauditas; lo inaudito se hace convencional cuando la gente ensancha las posibilidades de oír y se familiariza con lo que parecía absurdo. Hacer cultura es hacer razonable lo que parecía no tener razón, es decir, ir más allá de lo que se creen límites de la razón en un momento dado.

Cervantes es un maestro en la exploración de esos límites: la bondad produce un proyecto que inicialmente es sólo un ensueño. El ensueño es sincero, inocente y sólo encuentra fracasos. Pero nuestra alma tiene un resorte contra el fracaso; y es la tendencia a culpar a los demás. El encantamiento cumple en el *Quijote* esa función de autoconsuelo que es el resorte más positivo de nuestra psique [21].

Junto al ensueño y autoconsuelo dramatizado en el encantamiento, Cervantes usa en su obra frecuentemente el sueño. En nuestra obra se da dos veces: la primera, en el capítulo treinta y cinco de la primera parte, cuando el caballero destruye los cueros de vino creyendo lucha contra el enemigo de la princesa Micomicona; la segunda, cuando desciende a la cueva de Montesinos en el capítulo veintidós de la segunda parte: Don Quijote, Sancho y un guía que les acompaña «en una pollina preñada», llegan a la boca de la cueva. Atan

---

[21] El encantamiento lo sufrimos todos: «¿No es bueno que dicen que se holgó don Lorenzo de verse alabar de Don Quijote, aunque le tenía por loco?» *(Quijote,* II, 18, pág. 1334b).

al caballero con una soga que tiene cien brazas [22] de larga
y le van dando soga para que descienda. Pasado un buen
rato, más de media hora, vuelven a tirar de la soga y no
sienten peso alguno. Sancho piensa que su señor se ha des-
atado y ha quedado sepultado en el fondo. Sólo cuando faltaban por tirar unas diez brazas, vuelven a sentir el peso
de Don Quijote. Éste sale de la cueva todavía dormido hasta
el punto de que tienen que zarandearle un buen rato para
que despierte. La imaginación, libre del control del entendimiento, emprende la batalla con los cueros de vino tinto
como si anduviera luchando con el gigante. El sueño produce en Don Quijote la misma ilusión que la obsesión le producía despierto. Él confunde los molinos de viento con gigantes y toma por ejércitos las manadas de ovejas. En el
sueño todo le aparecerá lo mismo, pero sin necesidad del
estímulo sensible. En la cueva de Montesinos le pasa igual;
ve cuanto llevaba dentro: la historia de Durandarte muerto
en la batalla de Roncesvalles, que encarga a Montesinos lleve
su corazón a Belerma. Don Quijote lleva además muy dentro la imagen de Dulcinea encantada en una grosera labradora; también ve a Dulcinea. Cuando se lo cuenta a Sancho,
éste, que se cree autor del supuesto encanto de Dulcinea, no
cree a sus oídos y tiene a Don Quijote por loco. Pero el pobre
Sancho es criado e ignorante; su seguridad no está basada
en auténtico saber, sino en puras impresiones sensibles. En
este momento se abre la tormenta de la inseguridad de Sancho, que culminará en el castillo de los duques con la aparición de Merlín y la receta para el desencanto: que Sancho
debe azotarse.

---

[22] «Braza»: «Medida de tanta longitud como la que pueden formar los dos brazos de una persona abiertos y extendidos, que co-
múnmente se regula por de seis pies de largo» (*Diccionario de Auto-
tirades*, s. v.).

La bondad como fuerza radical, que da contenido a la locura de Don Quijote, produce todos los demás tipos de ilusión y deseo concretos. Los sueños son sólo una derivación de ese deseo primario. No obstante, en la interpretación del deseo tal como lo pinta Cervantes hay que hacer dos observaciones: la primera es que en nuestro novelista el término «deseo» tiene un sentido peyorativo de pasión incontrolada; no tiene ese carácter creador y positivo que le encontramos en Petrarca o Ariosto, en que la palabra resume el amor más elevado; «deseo» en el léxico cervantino traduce el latín «concupiscentia», con todas las connotaciones negativas que el término comporta. La segunda observación es que esa inclinación sin límites, extremada, a la realización de la bondad, que constituye la locura de Don Quijote, y que hemos nosotros llamado deseo, no está incorporada a la fórmula neoplatónica tan corriente en tiempo de Cervantes. Cuando el amor se veía cómo algo más elevado que la pura inclinación sexual o más profundo que las fórmulas retóricas del amor cortés, se le hacía una fuerza dependiente de la atracción cósmica de las esferas. El deseo se presentaba así como una fuerza metafísica. En Cervantes la raíz de la bondad y la locura está en el hombre mismo, criatura de Dios, pero independiente de él en el sentido de que el hombre es verdadera causa de sus actos. La raíz de la locura de Don Quijote está dentro de él y, por consiguiente, está dentro de cualquier hombre de todos los tiempos. Por eso no es Don Quijote un carácter que debemos entender con las fórmulas de una época determinada, sino con la experiencia humana de todos los tiempos.

Las melancolías del deseo, la desilusión y los autoconsuelos fueron minando la salud del caballero. Vuelto a su casa después de la derrota de Barcelona, le entró una fiebre que le tuvo en la cama seis días. El último de éstos durmió

un sueño de seis horas, al cabo de las cuales despertó y dio
gracias a Dios porque le había vuelto a su juicio. Ahora, si
ha vivido loco, quiere morir cuerdo y sabio, que es morir
en la gracia de Dios. En la teología se dice que el loco se
salvará o condenará, según el estado de gracia o pecado en
que se encontrara cuando perdió el juicio. Como Don Quijote
era proverbialmente el Bueno, Dios le dio la gracia de recibir los útimos sacramentos. La escena de la muerte no rompe
en ningún sentido el esquema de la gran obra, sino que lo
completa. Don Quijote no vuelve a ser el hidalgo amigo de la
caza, ni el pastor de la canción enervada. Don Quijote ha
luchado por implantar la justicia y la armonía, y su ideal
no se encuentra en la tierra. Toda búsqueda del sentido último de la vida termina o en el puro escepticismo de la diferencia, cuyas líneas son cada vez más invisibles hasta perderse en el sinsentido total [23], o termina en Dios como fuente
de todo sentido. Para Cervantes la verdad absoluta es Dios.

SANCHO

Hemos definido a Don Quijote según un esquema general
de tres partes: el hidalgo, el caballero loco, Alonso Quijano
en el lecho de muerte. Naturalmente, el que más extensión
exige es el segundo, protagonista del libro. Partiendo del
motivo que da contenido a su locura: el compromiso por la
justicia y el bien, hemos definido el humanismo de las armas
como abertura de la conciencia a la realización y no sólo a la
especulación, como heterodoxia social, literaria y hasta teo-

---

[23] Para la idea de diferencia como desarticulación total del sentido
de la cultura occidental, de la noción misma de cultura y, por consiguiente, como total escepticismo, cf. Derrida, Jacques, *L'Ecriture
et la différence*, Paris, Aux Editions du Seuil, 1967.

lógica (frente al nivel de la moral corriente), y como exploración existencial en los límites de la razón. Don Quijote, precisamente porque tiene una idea obsesiva, es fácil de circunscribir en torno a esa idea.

No pasa lo mismo con Sancho, sencillamente porque vive mucho más de la impresión y de la casualidad. Sancho no trata de reformar el mundo ni tiene una idea o intención global sobre él. Por ese carácter más proteico del escudero, no es extraño que tenga en nuestros tiempos mejor prensa que su amo, precisamente como tipo novelesco. Y, como era de esperar, también se le ha encontrado menos consecuente. Sancho está peor definido que Don Quijote, porque es menos símbolo, es un hombre más normal.

Entre la primera y segunda salida del caballero mediaron diecisiete días:

> En este tiempo solicitó Don Quijote a un labrador vecino suyo, hombre de bien —si es que este título se puede dar al que es pobre—, pero de muy poca sal en la mollera. En resolución, tanto le dijo, tanto le persuadió y prometió, que el pobre villano se determinó de salirse con él y servirle de escudero (I, 7, pág. 1056a).

Es difícil llamar hombre de bien al que es pobre. Estamos jugando con la etimología de «hidalgo», hijo de bienes; el que es pobre y no tiene bienes, ¿cómo puede ser hombre de bien? Sancho es villano y tiene poca sal en la mollera. Su tipo físico es el contrario de Don Quijote; Sancho no tiene la apostura del hidalgo; por ser villano, ha crecido en un ambiente en que no le ha sido posible desarrollar su inteligencia y, por consiguiente, su capacidad de aspirar es muy limitada. La mayor diferencia entre hidalgo y villano en el *Quijote* es la diferencia en la capacidad de aspirar; el hidalgo tiene la idea del bien absoluto, de la idea de fin (bien honesto en la teoría escolástica); el villano tiene la vista más corta y sólo alcanza a los medios: al bien útil. El móvil de Sancho criado es el interés.

No obstante, Sancho es bueno, dócil, fiel. La ambición está siempre sometida a la fidelidad como criado. Lo que Sancho no tiene es capacidad de entender más. Las doctrinas filosóficas del tiempo, que atribuían tal fuerza al nacimiento, la alimentación infantil y la educación, eran el condicionamiento social que daba al individuo determinadas posibilidades de desarrollo. La bondad de Sancho nunca puede ser equiparada a la de Don Quijote. En un eje de coordenadas, la de Don Quijote tiene una curva de expansión mucho más amplia que la del escudero[24].

Como criado, Sancho tiene el ánimo apocado (I, 7, 1057a), es glotón y aspira a ser gobernador porque el gobierno da dinero. En el capítulo veinte de la primera parte, amo y criado van caminando por una floresta oscura cuando se oye un ruido ensordecedor. Don Quijote se ve obligado a seguir adelante porque a la honra del caballero no le está bien retroceder. Sería una deshonra y el caballero se avergonzaría de ella, aunque no vea nadie su retirada. Pero Sancho, el alma de criado, puede hacer la trampa. Nadie los ve, ¿por qué meterse en el peligro? Fundido con el humor que Cervantes pueda poner en esta escena, nos está dando el retrato del criado como forma de vida.

La escena se repite en la segunda parte, capítulo sesenta. Sancho es lerdo en darse los azotes necesarios para el desencanto de Dulcinea, y el caballero impaciente se los quiere dar. El criado se defiende y pone su rodilla sobre el pecho

---

[24] La diferencia entre Don Quijote y Sancho como dos ideales de curva distinta y, por tanto, no susceptibles de encontrarse, ha sido muy bien vista por Casalduero: *Sentido y forma del «Quijote»*, 2.ª ed., Madrid, Ínsula, 1966, pág. 70.

del señor. La escena es un recuerdo y parodia de la muerte de Pedro el Cruel. Sancho repite la popular frase «ni quito ni pongo rey», dándole —Cervantes— un giro humorístico: «sino ayúdome a mí, que soy mi señor» (1479a). Sancho no está reclamando derechos contra su condición de criado; está simplemente poniendo en práctica la doctrina de los escolásticos, según la cual es lícito a todo hombre defenderse de la agresión ajena, llegando hasta la muerte del adversario en caso de extrema necesidad. Pero lo importante es que un momento después Sancho se retira un buen espacio y se encuentra unos ahorcados. El criado débil vuelve a resurgir en toda su debilidad. Minutos antes tenía la fuerza física para poner su rodilla sobre el pecho de Don Quijote; ahora se muestra quién es en realidad, cuando necesita ese pecho de señor, el valor, fuerza espiritual que a veces no está en proporción directa con la física.

Dos escenas más nos dibujan esa mentalidad: la reacción ante Basilio y el servilismo ante la duquesa (II, capítulos veinte y treinta y cinco, respectivamente). En el primer caso Sancho se pone del lado de Camacho porque es rico; hablando del pobre, dice: «No fuera él pobre y casárase con Quiteria. ¿No hay más sino tener un cuarto y querer casarse con las nubes?» (pág. 1339b). En la segunda situación aludida, el criado, que no quiere azotarse, promete hacerlo cuando le amenazan con que perderá el gobierno. El criado es cobarde y conformista.

La misma capacidad mental refleja Teresa Panza en dos ocasiones, también de la segunda parte. En el capítulo quinto a Sancho le ha cegado la ilusión de la ínsula y la ilusión le da un lenguaje altísono que su mujer extraña. En este diálogo el marido da rienda suelta al deseo miope de que es capaz el pobre de hacienda y espíritu, y la mujer actúa como el que tiene los pies sobre la tierra y no se abandona en los sueños.

Pero, como todos los burladores de la segunda parte, Teresa se ve burlada; aquel gobierno en el que ella no creía se hace realidad. Teresa recibe una carta de la duquesa; la carta pudiera ser cosa de burlas; pero con ella va una sarta de corales con extremos de oro. Eso ya no es burla. Teresa reacciona con estas palabras: «¡Ay, y qué buena y qué llana y qué humilde señora! Con estas tales señoras me entierren a mí, y no las hidalgas que en este pueblo se usan, que piensan que por ser hidalgas no las ha de tocar el viento» (II, 50, 1445a). El horizonte mental de la labradora no va más allá de las hidalgas del pueblo. A ella no le importa conquistar partes desconocidas del mundo; su misma incapacidad mental de aspirar y desear le recorta el horizonte, que para ella es su propia aldea.

Sancho criado es Sancho sentido. Ve con sus ojos todas las superficies; pero no sabe leer ni escribir y, por consiguiente, tiene miedo de razonar. Cuando Don Quijote razona con él, el testimonio de los sentidos queda vencido y, como fruto de esa experiencia, no hace sino aumentar la inseguridad y timidez que ya le dominaba por su condición de criado. El capítulo de los molinos de viento, a los que el caballero considera gigantes y el de las ovejas tomadas por ejércitos, son ejemplos de ese diálogo entre la razón y el sentido, en que éste queda vencido por la ciencia del señor, que sabe más y que atribuye las desgracias a encantamiento. Incluso el episodio de la manta, en el cual Sancho ha oído los nombres de los manteadores, termina imponiéndosele como obra de los diablos enemigos. Para Sancho criado, la existencia de fuerzas sobrenaturales, especialmente de demonios, que interfieren en la vida de los hombres, no era discutible. La conciencia de su propia ignorancia le hace siempre tímido, y esa conciencia fortalece la fe que tiene en su señor. En tres pasajes dramatiza Cervantes con especial fuerza la lucha entre la inseguridad del sentido y la seguridad de la razón.

1. En el capítulo cuarenta y cinco de la primera parte, el barbero a quien Don Quijote había despojado de la bacía reclama su propiedad. El caballero se resiste a devolverla, porque ve en la bacía el yelmo de Mambrino. Todos los de la venta, conociendo el humor de Don Quijote, se ponen de su lado, hasta el punto de hacer dudar al pobre barbero. Aquí no importa discutir si el barbero se engaña o no; más bien parece que no. Lo importante es que Cervantes está presentando una experiencia muy común en la vida del hombre; esa que nos lleva tantas veces a decir: «No creo lo que veo». En *La vida es sueño* de Calderón hay un momento en que todos los personajes se encuentran con alguna sorpresa tan grande que se preguntan si viven en realidad o sueñan. Exactamente esa experiencia es la que pinta Cervantes en ese texto.

2. Más explícita es la discontinuidad de sentido y razón en el capítulo dieciséis de la parte segunda. El caballero de los espejos y su escudero han resultado ser el bachiller Sansón Carrasco y Tomé Cecial, vecino de Sancho. Entre Don Quijote y su criado tiene lugar el diálogo siguiente:

> Y ¿crees tú, Sancho, por ventura, que el Caballero de los Espejos era el bachiller Carrasco, y su escudero, Tomé Cecial, tu compadre? No sé qué me diga a eso, respondió Sancho. Sólo sé que las señas que me dio de mi casa, mujer e hijos no me las pudiera dar otro que él mismo... Estemos a razón, Sancho, replicó Don Quijote. Ven acá: ¿En qué consideración puede caber que el bachiller Sansón Carrasco viniese como caballero andante, armado de armas ofensivas y defensivas, a pelear conmigo? ¿He sido yo su enemigo, por ventura? ¿Hele dado yo jamás ocasión para tenerme ojeriza? (pág. 1322).

Ante este razonamiento, el pobre escudero se ve desarmado. Él ha visto con los ojos, pero no tiene respuesta para el convincente discurso de su amo [25].

3. Conocido es el diálogo de Don Quijote y Sancho en el capítulo treinta y uno de la primera parte. Hablan de Dulcinea y cada uno ve en ella lo que lleva dentro. En este diálogo hacen amo y criado gala de su respectiva capacidad creadora. Para el primero es Dulcinea la más alta princesa que el entendimiento puede formar; para el segundo, Aldonza Lorenzo, la labradora chapada que criba una fanega de trigo. Sancho le engaña a su señor haciéndole creer que fue al Toboso para entregar a la señora la carta que Don Quijote le había escrito. El engaño se hace más sangriento en el capítulo diez de la segunda parte. Sancho le dice al caballero que Dulcinea, radiante de hermosura, sale a recibirle. Lo que el caballero encuentra es una labradora de mal olor y malos razonamientos; y, como siempre, la senda del consuelo es el encantamiento. Sancho hace creer a Don Quijote que Dulcinea ha sido encantada. Pero el burlador del capítulo diez queda burlado en el treinta y tres: allí le dice a Sancho la duquesa:

> Tengo por cosa cierta y más que averiguada, que aquella imaginación que Sancho tuvo de burlar a su señor y darle a entender que la labradora era Dulcinea, y que su señor no la conocía, debía de ser por estar encantada, toda fue invención de alguno de los encantadores que al señor Don Quijote persiguen (1390b).

---

[25] Esto ha sido muy bien visto por Sletsjöe, Leif, *Sancho Panza hombre de bien*, Madrid, Ínsula, 1961, pág. 38. En la primera parte del *Quijote*, el caballero domina al escudero con un imperio despótico. Le insulta y amenaza, le anula. En la segunda le muestra más respeto y, cuando descubre la virtud curativa del cuerpo de Sancho —la virtud de desencantar a Dulcinea con los azotes y resucitar a Altisidora con los pellizcos y mamonas—, Don Quijote se le humilla.

Sancho contesta:

> Todo debió de ser... como vuesa merced, señora mía, dice;
> porque de mi ruin ingenio no se puede ni debe presumir que
> fabricase en un instante tan agudo embuste. (*Ibid.*).

De nuevo el ignorante confiesa su ignorancia y muestra
su inseguridad, desconfiando ya no solamente de lo que han
visto sus ojos, sino de lo que ha creado su ingenio. Para
Sancho, el labrador ignorante y criado, no sería posible pronunciar con seguridad ni el aforismo cartesiano: «Pienso,
luego soy». Un criado manchego no podía pronunciar esa
frase, y no por su valor especulativo, sino porque denota
que su autor está seguro, por lo menos, de una frase [26].

En ese mismo capítulo treinta y tres, Sancho ha declarado a la duquesa que Don Quijote está loco y que le sigue
porque él parece que está loco también. Esta seguridad contradice cuanto acabamos de decir en los tres puntos anteriores. Sin embargo, también en ese momento Cervantes
presenta magistralmente la complicación de la persona humana y no simples rasgos alegóricos. Sancho dice que sigue
al caballero porque ha comido su pan; porque Don Quijote
es bueno y un alma de Dios, y porque él, Sancho, también
es bueno y fiel. Esta fidelidad, fundida con la esperanza del
gobierno, la fuerza del pasado, es decir, el agradecimiento

---

[26] La misma inseguridad tiene el cabrero anciano de Sierra Morena: «También la hallé yo —la maleta de Cardenio—, mas nunca
la quise alzar ni llegar a ella, temeroso de algún desmán y de que
no me la pidiesen por de hurto; que es el diablo sutil, y de debajo
de los pies se le levanta al hombre cosa donde tropiece y caiga sin
saber cómo ni cómo no» (I, 23, 1121). El caballero expresa la inseguridad del pueblo español con respecto a sus derechos. Por esa
inseguridad el pueblo ha tenido terror al abogado y al escribano.
Ese terror histórico explica el tópico literario del abogado y escribano, tan satirizados en la literatura española.

al tiempo en que Don Quijote le ha mantenido, todo ello contribuye a darnos ese Sancho complicado y rico en facetas, que no se define fácilmente, como no se define la persona real. El *Quijote* es una obra inmensamente lógica; pero como ciertos cuadros, exige que se la mire desde cierta distancia; una catalogación de rasgos y hechos que pretendiera buscar la fórmula geométrica de los personajes, sería miope. La lectura desde demasiado cerca es tan errónea como la generalización apriorística, que apenas lee.

Hemos hablado de dos aspectos fundamentales de Sancho: Sancho criado y Sancho sentido; nos queda el más original: Sancho lengua. En un aspecto superficial, los villanos del *Quijote* pronuncian mal algunas palabras. El caballero corrige a su criado, a los pastores y a todo el que cambia una sílaba o contamina una palabra por analogía con otra. En estos errores de simple morfología que cometen los villanos, Cervantes no va más allá de lo que se hacía en la comedia del tiempo. Los criados y graciosos lograban a veces hacer reír por ese procedimiento [27].

En el episodio del vizcaíno se juega con el error sintáctico. Es otra manera de producir humor con el tipo de lenguaje que se atribuía a vizcaínos, negros y extranjeros. Tampoco ese modo de imitar la lengua es particularmente original.

La genialidad cervantina se manifiesta en su imitación del lenguaje popular como nivel intelectual. El lenguaje popular no consiste en el error morfológico y sintáctico, sino en un determinado nivel de transparencia u opacidad con respecto a las cosas que decimos. El hablar auténtico dice cosas, no palabras; si lo que yo voy diciendo es claro, el lector está viendo cosas por su cuenta, no me está viendo

---

[27] Cf. Pinciano, *op. cit.*, III, 56 y sigs.

a mí. Si mis palabras, en cambio, son oscuras, el lector no ve más que mis palabras y nada más allá. Pues bien, el habla improvisada de cada día suele ser ese lenguaje opaco: vive en la frase hecha que expresa las cosas de manera exagerada o aproximada y a veces es palabra y sonido puros.

El resultado de ese lenguaje-sonido al nivel de comunicación intelectual es la reacción espontánea y no meditada en el modo de comportarse. Sancho se porta y reacciona de esa manera a través de toda la novela. Daré dos ejemplos:

> ¡Adóbame esos candiles!, dijo a este punto el barbero; ¿también vos, Sancho, sois de la cofradía de vuestro amo?... En mal punto os empreñasteis de sus promesas y en mal hora se os entró en los cascos la ínsula que tanto deseáis. Yo no soy preñado de nadie, respondió Sancho, ni soy hombre que me dejaría empreñar del rey que fuese; y, aunque pobre, soy cristiano viejo y no debo nada a nadie; y si ínsulas deseo, otros desean otras cosas peores... Vuestra merced mire cómo habla, señor barbero; que no es todo hacer barbas, y algo va de Pedro a Pedro[28]. Dígolo porque todos nos conocemos, y a mí no se me ha de echar dado falso (I, 47, 1250a).

El texto es un estudio del lenguaje popular en su misma esencia. Sancho no ha penetrado en el significado de la palabra «empreñado» en la frase del barbero; no ha oído más que el sonido normal de la palabra con las connotaciones normales y diarias. Para reaccionar no ha pensado si su actitud era justa, sino que, llevado de la pura asociación que

---

[28] La palabra más usada en ese lenguaje-sonido para ofender al adversario, era llamarle «mal nacido», es decir, judío. Cervantes no plantea en ese insulto ningún problema entre cristianos nuevos y viejos; está simplemente documentando que el problema era un tópico de la mente popular, ignorante e insegura. Esa idea se puede reforzar con textos paralelos del *Licenciado Vidriera*, *Peribáñez* de Lope y *El burlador de Sevilla* de Tirso.

el sonido «empreñado» le ha sugerido, responde con palabras ofensivas para el barbero. La mayor parte de riñas en la vida diaria, o de largos rencores cuando no se riñe, surge de la pura música del lenguaje. Unamuno distingue entre lo que se quiere decir y lo que se dice sin querer. La distinción no es suficiente; el lenguaje popular es una trama de sonido en que nos encontramos presos. Pensar es romper esa trama opaca del sonido y bucear en la realidad. En este punto debemos tener en cuenta que el lenguaje popular no es privativo del *pueblo*, de la persona sin educación universitaria, por ejemplo. Nadie está más expuesto al tópico y a la trama del sonido, que el profesor universitario. Como siempre, aquí no se trata de una distinción de clases sociales o profesionales, sino de niveles de madurez mental. En este punto, como en el concepto de hombre masa, es fácil pasar subrepticiamente de la idea moral implicada en el concepto, a la identificación con ciertas profesiones o niveles de salario. Nosotros no entramos en este tema porque no es de este lugar. Como dijimos en *El sistema de Ortega y Gasset*, el concepto de masa no tiene, en principio, nada que ver con el nivel de escuela que hemos superado; aunque, de hecho, sólo la cultura da seguridad —libertad— para exigir derechos, y abre horizontes que extienden la capacidad de desear con realismo. Sancho no sabe leer; con él hace Cervantes la experiencia del lenguaje de la masa.

Segundo ejemplo: el lenguaje del hombre masa bueno y fiel:

> No se muera vuestra merced, señor mío, sino tome mi consejo y viva muchos años; porque la mayor locura que puede hacer un hombre en esta vida es dejarse morir sin más ni mas (II, 74, 1522b).

Sancho no sería tan simple como para decir lo que dicen sus palabras. Debajo de su lenguaje está sólo el deseo de animar

al paciente, de distraerle, incluso con una broma en que
el consolador aparezca como simple. Muchas veces hemos
oído su lenguaje del compadre y la comadre en los lechos
de muerte. De nuevo no importa el contenido de lo que se
dice, que no es verdad ni mentira, sino lo que se dice, lo
que la gente dice en estos casos.

Como ejemplo de lenguaje popular debemos interpretar
el uso de los refranes. Los refranes son sabiduría de siglos
reducida a puro sonido. Algunos tienen rima y todos tienen
ritmo. Precisamente por lo que tienen de sabiduría pueden
venir bien de vez en cuando; pero en Sancho se enhilan
hasta el punto de que pierde el control y añade un refrán
tras otro sin atención a su contenido. En ese momento, la
vieja sabiduría se ha reducido a sonido puro. Cervantes
nos ha dado en Sancho un estudio de la lengua popular
como nivel de inteligencia al cual yo no conozco más que
un paralelo especulativo y óseo: el de Heidegger en el capítulo quinto de *Ser y tiempo* [29].

En la meditación anterior, al describir el ideal estilístico
de Cervantes, le he situado «entre la necedad y el manierismo». Podemos ahora comparar a Sancho con los lacayos
filósofos de *La Celestina* o la comedia, cuyo lenguaje supuestamente popular es traducción del latín, y con los cria-

---

[29] Los niveles de transparencia del lenguaje en tiempo de Cervantes no se estudiaban con lenguaje heideggeriano; pero se estudiaban como paralelos a los niveles de conciencia que podía tener
el individuo. Los niveles de conciencia se extendían desde el «movimiento primo primi», del cual el individuo no era responsable, hasta
la advertencia plena y consentimiento pleno. Sancho conoce bien su
nivel de lengua: «En mí la gana de hablar siempre es primero movimiento, y no puedo dejar de decir, por una vez siquiera, lo que
me viene a la lengua» (*Quijote*, I, 30, pág. 1163b). «Haber buscado
la fraseología del lenguaje popular español para caracterizar ciertos
aspectos del mundo novelístico, en mi opinión, es el primer mérito
de Cervantes como novelista» (Hatzfeld, *op. cit.*, pág. 58).

dos comilones, cuya lengua supuestamente popular se reduce a un artificioso sayagués. Sancho es otra cosa mucho más complicada y real.

No quedaría bien diseñado el estudio de nuestro familiar escudero sin juzgar su conducta como gobernador. Su sabiduría en el gobierno contradice a primera vista el nivel intelectual que le estamos atribuyendo. Sancho gobernador nos sorprende, como sorprendió a los duques y, como ellos, podemos ser burladores burlados. Sin duda que la sabiduría de Sancho en el gobierno tiene la función de burlar a los duques y poner de relieve que son tontos los que se ríen del loco y el simple. Pero la sabiduría de Sancho no alcanza el nivel ideal de lo que era sabiduría para Cervantes.

Los juicios de Sancho en el gobierno son en primer lugar una solución de acertijos, para los cuales sólo se necesita la memoria que aplique un conocimiento singular a otro caso singular, y la imaginación que sugiera la posibilidad de aplicar la experiencia de un caso al otro. Ahora bien, la memoria y la imaginación son dos potencias sensibles y, por consiguiente, inferiores al entendimiento y voluntad. Sancho no refleja nunca conocimientos universales o de principios, sino que aplica la experiencia de un caso singular a otro. Cervantes lo advierte claramente para quien conozca la filosofía escolástica:

> De donde se podía colegir que los que gobiernan, aunque sean unos tontos, tal vez los encamina Dios en sus juicios; y más que él había oído contar otro caso como aquél al cura de su lugar, y que él tenía tan gran memoria, que a no olvidársele todo aquello de que quería acordarse, no hubiera tal memoria en toda la ínsula (II, 45, 1426b).

Es fundamental esa alusión al ejemplo contado por el cura. La mente popular concluye por analogía, nunca por inducción o deducción, nunca con referencia a principios universales. Al hablar Sancho de su memoria dice que se le olvida todo lo que quiere recordar; esto es un juego de Cervantes con el pobre escudero. En otra ocasión Don Quijote le dice a Sancho que tiene buena memoria para lo que quiere recordar, y así es la verdad, como se muestra en su primer juicio en la ínsula. Sancho, perdido en la fuerza musical del lenguaje, dice lo contrario de lo que quiere decir; porque Cervantes está precisamente repitiendo por boca del escudero una sentencia de la Retórica de Cicerón: «Sollicitudo conservat integras simulacrorum figuras»; es decir: que recordamos lo que nos interesa. El interés conserva íntegras las imágenes. Sancho repite la frase de Cicerón «haciéndose un lío», a través del cual habla el humor de Cervantes. Todas estas alusiones provienen de la *Ética a Nicómaco* de Aristóteles; las recoge Cicerón, las consagra Santo Tomás en su tratado de la prudencia (*Secunda Secundae*, cuestiones cuarenta y ocho y siguientes), y son bien común de la vida intelectual española en 1600. En el Pinciano adquieren una expresión que sanciona la inferioridad social y mental del criado frente al señor: al criado se le atribuye agudeza; al señor, la gravedad. Pues bien, los juicios de Sancho claramente caen en la primera categoría. Sancho es agudo y gracioso, pero nunca grave y respetable. Sobre esa tradición filosófica que consagra la inferioridad social y mental del criado hay que fundamentar la teoría clásica de los estilos: humilde, medio y alto. El estilo hay que entenderlo como un nivel de transparencia de realidad o creatividad ideológica, y no como un catálogo formalista de términos o estructuras sintácticas. Y en lógica con esa fundamentación, la teoría del decoro hay que explicarla desde el mismo horizonte.

Al fin de su gobierno Sancho alcanza el máximo nivel de sabiduría que puede alcanzar un criado: «Abrid camino, señores míos, y dejadme volver a mi antigua libertad; dejadme que vaya a buscar la vida pasada, para que me resucite de esta muerte presente. Yo no nací para ser gobernador» (II, 53, 1456b). «Yo no nací para ser gobernador». En la confesión de su inferioridad se ha reconciliado consigo mismo una mente que salió de sí para soñar lo imposible. La diferencia entre el sueño del caballero y del escudero es que uno es loco por falta de atención a las circunstancias; pero su sueño tiene validez real. La bondad absoluta no estará en la tierra, pero está en el cielo. La bondad absoluta existe en Dios y sus santos; lo irreal es querer imponerla como fuerza social vigente aquí en la tierra. El error de Sancho no es de circunstancias, sino de sustancia. Su deseo no fue más que la telaraña de un lenguaje: el sonido del término «gobernador» con la connotación de dinero y poder que supone, y la docilidad para creer, explicada por la inseguridad de su mente, ya que Sancho no sabe leer. Cervantes está tocando aquí el análisis hegeliano del desarrollo de la mente; Sancho tiene la verdad lejos de sí; su reconciliación con la realidad no es nunca verdadera, porque nunca llega a ser consciente de ningún objeto. Su reconciliación es la vuelta a sí mismo con su ignorancia y su destino de sumisión para siempre.

Aquí nos despedimos de Sancho; del pobre pueblo español que ha soñado con hacerse rico cuando le canalicen la vega, le fumiguen los frutales o le construyan el puente; mientras tanto, el duque se divierte y el mayordomo y el contratista se reparten los cuartos del puente, del veneno y del canal. El pueblo no sabe leer, porque en el siglo XVI se prohibió a los españoles leer la Biblia para imponerles la virtud de la docilidad. Con la docilidad teológica vino la ignorancia de los propios derechos, la inseguridad, la incapacidad de desear y el imperio de un lenguaje vacío y pasional. La mayor parte de los hermanos españoles se distancian al repartir la herencia; es un resultado de la mentalidad popular que Cervantes encarnó genialmente en Sancho.

Nada me descontenta más que encontrar en un libro de historia ciertas ideas o pasiones del autor, especialmente si son superficiales recetas de mejora socioeconómica. Igualmente vituperable es atribuir a un escritor, cuando se le estudia, todas las ideas que los pensadores posteriores han formulado. El hacer esto indica una sumisión a las modas, una impertinente curiosidad, que desdice de la auténtica labor intelectual; y aquí no nos hemos quedado parcos al relacionar a Cervantes con Heidegger, Freud y Hegel.

Si es reprochable el sucumbir a las modas, no es menos verdad que todos los grandes pensadores y creadores han entrevisto unas verdades básicas, que forman el patrimonio de la cultura humana. Porque hay esa coincidencia, hay una historia de la filosofía. Cervantes no anticipa a Freud, Heidegger o Hegel; pero vio las mismas estructuras humanas que esos pensadores sistematizaron en su lengua y tiempo respectivos. Cuanto más sepamos nosotros de la estructura humana, inspirados por esos pensadores, mejor entenderemos lo que Cervantes puso en sus personajes. Y a la hora de incorporar esa visión en su orbe intelectual, también la filosofía moderna nos ayuda a leer la antigua, donde ya estaban formuladas muchas de esas verdades. La frase de Cicerón sobre el interés y el recuerdo podía ser, en definitiva, el lema de todo un libro de Freud: *Psicopatología de la vida diaria.*

No se concibe caballero andante sin dama de sus pensamientos. Ante ella deben postrarse los vencidos, y su imagen será la fuerza que gobierne la lanza y espada del vencedor. Don Quijote se creó su dama de los escombros de un antiguo amor secreto, y en su entendimiento la creó la más honesta y hermosa del mundo.

En Dulcinea crea Cervantes el objeto ideal de un amor platónico cristianizado frente a los amores corteses o lascivos de la novela caballeresca. En la historia de la literatura Dulcinea representa la culminación de la teoría del amor platónico. Es un amor que supera en absoluto la figura corporal para enamorarse de la hermosura idealizada en que se encuentran todas las partes de la honestidad. La honestidad es la armonía suprema de todas las realidades no divinas. Ahora bien, junto al proceso intelectualista que supone esa elevación desde el cuerpo a la idea de honestidad, se da —y con la misma fuerza— la atracción de la voluntad hacia ese objeto. El amor de Don Quijote a Dulcinea es amor de las potencias espirituales: entendimiento y voluntad. El sentimiento no juega papel alguno en este amor. Pero todavía es amor. En el *Persiles* el proceso ha llegado a tal punto de idealización, que la acción de la voluntad parece haber desaparecido. Los amores de Periandro y Auristela están por encima de la pasión hasta un punto en el cual la misma voluntad desaparece; de ahí la sensación de falsos que dan. En el *Quijote* se alcanza ese equilibrio perfecto.

Estructuralmente Dulcinea es un móvil fundamental en la marcha de la novela; sin embargo, no aparece jamás en escena. No es que ese detalle contribuya a la creación de una novela buena o mala; pero es interesante como un botón más en la teoría de experimentos cervantinos.

Mayor importancia tiene el observar que para Cervantes probablemente la honestidad de Dulcinea como armonía máxima está fundida con la estructura armónica de su libro. Recordamos que criticaba los libros de caballería porque no formaban un todo con las partes y porque eran lascivos en la pintura de amores. Pongamos esa tesis en relación con el siguiente texto de Santo Tomás:

> Como podemos colegir de las palabras de Dionisio (*De divinis nominibus*, cap. 4), a la idea de hermosura y decoro pertenecen la claridad y proporción debida; pues dice que a Dios se le llama hermoso en cuanto es la causa de la consonancia y claridad de todas las cosas. La hermosura del cuerpo consiste en que el hombre tenga bien proporcionados los miembros del cuerpo, con la visibilidad que le da un color apropiado. Así también la hermosura del espíritu consiste en que la conversación del hombre y sus hechos sean bien proporcionados según la claridad espiritual de la razón... Decir, pues, honestidad es decir decoro espiritual [30].

Esas palabras explican por qué Cervantes junta en su crítica la desproporción formal y los amores lascivos de los libros de caballería.

Pero Cervantes no escribe alegorías, sino una obra inagotable en experiencia humana. Dulcinea no es sólo el objeto del amor platónico descrito; es también un objeto de humor. Por de pronto, es materia prima para que la formen Don Quijote y Sancho según sus ojos espirituales o profanos. Para Sancho es una labradora como él es capaz de imaginarla; como eran las mujeres que él conocía; Sancho no

---

[30] *Summa Theologica*, II-II, 145, 2 (Secunda Secundae, cuestión 145, artículo 2). Cf. Forcione, Alban, *Cervantes, Aristotle, and the Persiles*, Princeton, N. J., Princeton Univ. Press, 1970, pág. 94.

conoce el amor platónico, propio de espíritus selectos y no del pueblo. En la segunda parte del *Quijote*, el caballero es tentado en el palacio de los duques por la desenvuelta doncella Altisidora. El recuerdo de Dulcinea le impide al caballero no sólo caer en la tentación, sino incluso tener tentación. Cervantes a través de Dulcinea está jugando con la timidez sexual del pobre caballero. Y esto no lo pone el crítico lector de Freud o Marañón; lo dice Cervantes:

> y fue a lo que se cree, que en un lugar cerca del suyo había una moza labradora de muy buen parecer, de quien él un tiempo anduvo enamorado, aunque, según se entiende, ella jamás lo supo ni se dio cata de ello (I, 1, 1040).

Don Quijote, hidalgo, sintió en su juventud el amor por una labradora de linaje inferior; pero no se atrevió a declararse, paladeó su deseo en la soledad, pensó que él era el único que podía hacerla feliz. Como era concentrado y melancólico, vio también que ella, mujer espontánea y sencilla, podía sacarle de las madejas con que se implicaba en la soledad. Pero el hidalgo Alonso Quijano no se declaró. Quizá esa afectividad sin cauce buscó la compensación en la lectura. Al principio Alonso buscaría curioso las escenas de amor que a él le habían sido vedadas. Con los años se le enfrió la sangre y el amor de los sentidos se hizo deseo espiritual de hacer el bien y amar la hermosura sin tacha. Dulcinea desde entonces no fue más que la otra cara de su ideal de bondad; el decoro o belleza visible es igual a la honestidad o bondad invisible.

Cuando un hombre se dedica plenamente a la realización de un valor espiritual o político, pierde capacidad sensorial y el amor se le convierte en un modo espiritual de comunicación. Eso le ha pasado a Don Quijote.

El segundo aspecto del humor en torno a Dulcinea es que Cervantes consideraba ridículo el amor del viejo. Por consiguiente, cuando se está familiarizado con casos paralelos, como *El celoso extremeño* y el rey Policarpo del *Persiles*, Dulcinea gana esa nueva dimensión.

Todo lo dicho parecería indiscutible si no encontráramos en Cervantes algunos ejemplos de amor menos puro que el descrito. En el *Quijote* hay varias historias de amantes de carne y hueso, cuyas relaciones no son tan ideales como las de Don Quijote y Dulcinea. La primera es la de Grisóstomo y Marcela en los capítulos doce a catorce de la primera parte.

Marcela es el dechado perfecto de honestidad y hermosura. Como otras mujeres de Cervantes, es señora absoluta de sus pasiones hasta el punto de que no llegan a molestarla. Su hermosura suscita en los pastores e hidalgos un amor más de tierra, pero también honesto. Este amor tiene rasgos del amor cortés tradicional, pero se distingue de él en que aspira al matrimonio, mientras el amor cortés es extramatrimonial. Marcela, no obstante, se niega incluso a ese estado, prefiriendo mantener su doncellez y libertad. Por falta de correspondencia a ese amor, Grisóstomo ha muerto, y en el momento del entierro se encuentran los últimos versos que compuso, pues era grande hombre de componer coplas. Esos últimos versos son apostrofados por el propio autor como «canción desesperada»:

> Canción desesperada, no te quejes
> cuando mi triste compañía dejes;
> antes, pues que la causa do naciste
> con mi desdicha aumenta su ventura,
> aun en la sepultura no estés triste.
>
> (I, cap. 14, pág. 1077b.)

En esa canción le pide a los cielos que le pongan un hierro en la mano y al desdén le pide una torcida soga. Pero en ese momento se declara que no tendrá ni fuerza para suicidarse, porque el sufrimiento ahoga la posible ira que la memoria de los celos le da. Este sufrimiento le hace morir. Al fin de la próxima estrofa promete de nuevo ahorcarse:

> Y con esta opinión y un duro lazo,
> acelerando el miserable plazo
> a que me han conducido sus desdenes
> ofreceré a los vientos cuerpo y alma,
> sin lauro o palma de futuros bienes.

(*Ibid.*, 1077a.)

Sin embargo, la explicación en prosa que da después su gran amigo Ambrosio, parece imponer que no se ha suicidado. Esos versos los compuso estando ausente Marcela, de la cual se apartó por ver si con la ausencia dominaba su pasión. Pero no la dominó. La desesperación se dio, aunque no se diera el suicidio. Grisóstomo sucumbió a la pasión; pecó, pues, gravemente, amando en contra de la razón y la moderación. Eso le llevó a desesperar. La desesperación en este contexto tiene doble sentido: el amoroso o pérdida de la esperanza de conseguir a Marcela, y la resultante de esa pasión inmoderada que le lleva a morir en pecado. Se suicide o no se suicide, Grisóstomo ha muerto en pecado para los ojos del mundo. Del principio del capítulo doce colegiríamos que no se ha suicidado, ya que los abades del pueblo no quieren que se entierre en el campo como si fuera moro o gentil; si se hubiera suicidado no le querrían los abades enterrar en la iglesia. A su vez, si lo ha hecho, tampoco se permitiría que tuviera un entierro civil solemne como el que Ambrosio le prepara [31].

---

[31] El verbo «desesperarse» es en Cervantes sinónimo de «suicidarse». He aquí dos ejemplos, el segundo más claro que el primero: «Con justo título puede desesperarse y ahorcarse, que nadie habrá

El resultado de estas reflexiones es que tiene poco sentido la crítica miope y de detalle. En el episodio de Marcela, Cervantes teje sencillamente un paño de púrpura con los elementos aprovechables de la tradición sentimental, y lo incorpora a su pensamiento y obra, haciendo ver la incompatibilidad de la tradición platónica con la cristiana. La canción desesperada del hombre que se ha enamorado de una hermosura castísimamente, pero que ha pecado divinizándola, no es sino la dramatización de lo que momentos antes le ha dicho Vivaldo, el Cachopín de Laredo, a Don Quijote:

> Una cosa, entre otras muchas, me parece muy mal de los caballeros andantes, y es: que cuando se ven en ocasión de acometer una grande y peligrosa aventura, en que se ve manifiesto peligro de perder la vida, nunca en aquel instante de acometerla se acuerdan de encomendarse a Dios, como cada cristiano está obligado a hacer en peligros semejantes; antes se encomiendan a sus damas, con tanta gana y devoción como si ellas fueran su Dios; cosa que me parece que huele algo a gentilidad (I, 13, 1073b).

De signo bajo y carnal son los amores de Maritornes con el arriero. Ella es asturiana y, por consiguiente, se precia de hidalga. Los de la Montaña y los de las Asturias de Santillana y Oviedo se suponían libres de toda mácula de moro o judío; el arriero de Arévalo era algo pariente de

---

que lo sepa que no diga que hizo demasiado de bien, puesto que le lleve el diablo» (I, 25, 1132b). «Como vio que Recaredo, según el parecer de la reina, tenía merecida a Isabela, y que en tan poco tiempo se le había de entregar por mujer, quiso desesperarse; pero antes que llegase a tan infame y tan cobarde remedio, habló a su madre» (*La española inglesa*, ed. cit., pág. 864b; cf. 865a). En la casuística del tiempo se distinguía entre suicidarse con un acto positivo y el simple dejarse morir. Esto es, al parecer, lo que hizo Grisóstomo. Todo el episodio hay que ponerlo en el contexto teológico, según el cual Grisóstomo podía vencer la pasión con la razón.

Cide Hamete Benengeli, es decir, morisco. Tal para cual: sirvienta y arriero morisco no han nacido para los amores hermosos, sino para refocilarse juntos en un camaranchón. Esa pareja son el otro extremo del péndulo; los antípodas de Don Quijote y Dulcinea.

En la segunda parte, al amor y la sublimación se une el sufrimiento por verla convertida en zafia labradora. En un aspecto superficial el encanto de Dulcinea es un móvil del argumento en toda la segunda parte. Porque hay encantamiento, Don Quijote no manda ya a los caballeros vencidos que se presenten ante ella; porque hay encantamiento, se explican la aparición de Merlín en el castillo de los duques, la profecía de que la desencantarán los azotes de Sancho, la visión de la cueva de Montesinos y la melancolía del caballero.

Como base de esa función estructural están los experimentos que Cervantes hace con los procesos de la mente humana. ¿Quién es la labradora? Quizá fuera la misma Aldonza Lorenzo del Toboso; aquella que Don Quijote había idealizado y que ahora se le impone en su cruda realidad. ¿Es posible vencer del todo el testimonio de los sentidos? ¿Es la vida una lucha entre el deseo ideal y el tirón diario de los sentidos que nos convierte las más hermosas Dulcineas en coimas de mal olor? La experiencia de la labradora le acompaña a Don Quijote como una obsesión en toda la segunda parte, hasta el punto de que la ve en sueños en la cueva de Montesinos. Mientras que el sueño en el pasaje de los cueros le lleva a realizar el deseo ideal: la muerte del gigante enemigo de la princesa Micomicona, en la cueva de Montesinos el sueño le hace ver la imagen sensible que lleva dentro, lo contrario de la imagen deseada. Hasta que aparece Merlín y le dice al caballero cómo puede ser desencantada su dama, él se consuela pensando que todo es enemistad de los encantadores; cuando le revelan que los azotes de Sancho tienen la virtud de desencantarla, Don Quijote se humilla ante el escudero para que se azote. Sancho, con una prodigiosa dialéctica, logra en todo momento convencer a su señor de que ese momento es precisamente el menos apropiado. En todo esto no creo debamos buscar significados alegóricos ni trascendentales; envolviendo todos los significados está siempre la creatividad literaria y el humor de Cervantes.

Sólo un punto hay que destacar en este contexto; cuando Sancho va sobre Clavileño, confiesa que tiene un miedo cerval; al bajar dice que ha visto las siete cabrillas y, como había sido cabrero en su niñez, le dio gana de entretenerse con ellas un rato. Por un momento pensamos que el socarrón Sancho se está riendo de los duques; pero Cervantes ha dejado claro que con el miedo literalmente «vio las estrellas». El miedo le ha privado del sentido y le ha hecho ver las imágenes que llevaba en sus entrañas de sus días de pastor. El capítulo termina con estas palabras de Don Quijote:

> Sancho, pues vos queréis que se os crea lo que habéis visto en el cielo, yo quiero que vos me creáis a mí lo que vi en la cueva de Montesinos. Y no os digo más (II, 41, 1414b).

Estas palabras se han interpretado a veces como si Don Quijote estuviera proponiéndole al escudero una colusión para engañar al público. En realidad, una vez que la visión de Sancho está explicada por el miedo, el texto significa que Sancho debe darse los azotes para desencantar a Dulcinea, ya que Don Quijote la vio realmente como labradora en la cueva. Va contra la esencia de Don Quijote consentir en la mentira.

MIGUEL DE CERVANTES

No se suele prestar la debida atención a este personaje fundamental del _Quijote_. Cervantes es el maestro de ceremonias y lector de toda la historia. En el sentido más superficial aparece primero como historiador, como rebuscador de papeles en los tenduchos del Alcaná de Toledo, como responsable de la traducción de gran parte de la historia, como cautivo abnegado en Argel con el nombre de Tal de Saavedra, y finalmente como hombre de carne y hueso cuando se enfrenta con el enemigo personal: Avellaneda.

Al enfrentarse con Avellaneda, Cervantes se ha hecho personaje de su propia obra, y la obra se hace proceso judicial en el sentido más real. La novela se hace imitación, pero deja de poner de relieve la imitación para interesarse por la realidad imitada, como dice Brecht en otro contexto.

En un segundo sentido, Cervantes es para nosotros el lector del _Quijote_. Dice el P. Mauricio de Iriarte que nuestro ingenio era un tipo auditivo; pues bien, antes de leer esa frase, ya se puede entrever que la gran novela es más para ser oída que leída. La perfección del estilo en el _Quijote_ es una perfección de ritmo y cadencia. Al leernos Cervantes su obra se establece una comunicación personal entre él y nosotros por encima de todos los siglos que median. Cervantes no ha pasado, no habla sólo para su tiempo, sino para todos, porque se comunicó al nivel de persona y no con contenidos típicos de su tiempo y lugar. Ahora bien, esa comunicación con todos los tiempos sólo se logra manteniendo una cierta distancia de todos y hasta de su propio libro y personajes. Esta sensación de la distancia se hace concepto claro cuando comparamos la escritura cervantina con la de Mateo Alemán o la de López de Úbeda. Estos dos escritores se entregan en cada momento sin mesura a todas las asociaciones que una determinada idea les trae. Así se distraen de su argumento central, se enredan en disquisiciones, insultan a quien no les sigue. etc. No guardan la compostura del lector, es decir, no dominan sus inclinaciones con la virtud de la templanza y su derivada la discreción.

El resultado de esa operación de distanciamiento que realiza Cervantes, es el humor. Hemos tocado un punto que merecía un libro; pero ese libro es posible con sentido solamente cuando tengamos éste, es decir, a Cervantes incorporado en el todo del pensamiento y novela de su tiempo. «¿De qué se burlaba aquel pobre alcabalero desde el fondo de una cárcel? ¿Y qué cosa es burlarse? ¿Es la burla forzosamente una negación?» [32].

Antes de responder a estas preguntas, que preguntan sobre la intención o sentido del humor cervantino, conviene recordar los modos como se manifiesta ese humor. Se manifiesta de cuatro maneras:

A) Humor parodia. Aquí podemos catalogar todas las escenas que recuerdan pasos de los libros de caballería o la novela pastoril. Cervantes los reproduce dando a las escenas de caballeros galanes y barbiponientes un tono paródico cuando las aplica al pobre Alonso Quijano, viejo de cincuenta años. El caballo cansino, las armas enmohecidas, la bacía yelmo, el escudero grueso y hablador, la venta-castillo la carreta de bueyes, el cura, el barbero y el bachiller sustituyendo a los valientes caballeros de los verdaderos libros de caballería.

B) Humor por giro inesperado en lo que ciertas premisas nos permitían esperar. Este es el procedimiento más

---

[32] Ortega y Gasset, *Meditaciones del «Quijote»*, en *OC*, I, 360.

corriente en el chiste. Si nos dicen que Sócrates tiene cáncer, nuestra mente se prepara espontáneamente para la exclamación: ¡pobre Sócrates!, y el chiste consiste en que se diga: ¡pobre cáncer! Es decir, se da un choque bruto entre lo esperado y lo acontecido. Este es el tipo de humor estudiado por Bergson en *Le rire* (1905); la risa, dice Bergson, se produce en el choque entre las esperanzas de la mente mecanizada y dirigida y lo realmente acontecido que nos levanta del proceso de mecanización. Naturalmente, la descripción es puramente formal, ya que la sorpresa dolorosa tiene la misma estructura y no produce risa. Como en todo, el humor y el dolor no surgen de las estructuras formales, sino de la verdad, que da fuerza y sentido a esas estructuras.

No sé si merece la pena dar ejemplos de este humor en el *Quijote*. ¿No es toda la obra una sucesión de ejemplos? Precisamente todo el conflicto consiste en el choque brutal del deseo del caballero con la realidad prosaica de cada día. Los sederos toledanos, los yangüeses, los duques y los burgueses de Barcelona son el choque de la prosaica realidad con la imaginación desvariada que piensa encontrar caballeros a cada instante. No hay caballeros andantes en cada esquina, sino Haldudos, Ginesillos, dueñas doloridas o hidalgos de gabán verde.

C) Humor por estilización. Cervantes es un maestro en la pintura de tipos; los de Don Quijote y Sancho, su caballo y su rucio, se hicieron imágenes vulgares ya en su tiempo. Cualquiera que veía un jamelgo flaco decía: «ahí va Rocinante». Con unos cuantos rasgos nos da el tipo repugnante de Maritornes. Merece la pena reproducir la pintura del bachiller Sansón Carrasco:

> Era el bachiller, aunque se llamaba Sansón, no muy grande
> de cuerpo, aunque muy gran socarrón; de color macilento, pero
> de muy buen entendimiento; tendría hasta veinticuatro años,

carirredondo, de nariz chata y de boca grande, señales todas
de ser de condición maliciosa y amigo de donaires y de burlas
(II, 3, 1281b).

Junto a la descripción de personas, podemos mencionar
la maestría en la pintura de cuadros plásticos: Sancho re-
pantigado sobre su jumento, sacando su comida de las alforjas después de un párrafo en que se había visto rey de
Dinamarca; caballero y escudero vomitando el bálsamo de
Fierabrás; Don Quijote enredado en el estribo de la montura
cuando va a saludar a la duquesa, precisamente en el momento en que el caballero debía aparecer como más apuesto y
gentil; el pobre Don Quijote bailando en Barcelona entre
una sociedad juvenil y desenvuelta. Estas son sólo muestras de una capacidad de caracterización, que se da constantemente en el *Quijote* de las más variadas formas y que constituye un secreto más de la sensación de verdad que impone
su lectura.

D) Fatalidad. Caballero y escudero sueñan con la felicidad y encuentran continuamente la desgracia. En la primera parte todo son palos, caídas, golpes y puñetazos. En
la segunda quedan algunos ejemplos de este humor, pero
menos. Los enemigos de Don Quijote en la segunda parte
son más sutiles, comenzando por Sancho. Todos le engañan
al caballero. Las tretas inesperadas nos hacen reír, pero
también llorar. Cervantes mismo, creador de tantas burlas,
entra para criticar a los duques y a Don Antonio Moreno,
el de Barcelona, diciendo que tanta risa con dos pobres
locos era más bien cosa de necios.

La fatalidad es una encrucijada equívoca para el tema
del humor. Nada más ajeno al humor, a primera vista, que
el ser víctima de acontecimientos en los que no tenemos
parte; sin embargo, puede ser tan rica en desgracias nues-

tra vida, que a otra más le ponemos cara de amistad y decimos: «Esto me tenía que pasar a mí». Don Quijote y Sancho son el blanco de una serie continua de fatalidades; por eso el libro es ese punto de equilibrio entre la risa y la amargura. La fatalidad es la base de los demás tipos de humor en el *Quijote;* y desde ese punto de risa y amargura, de amarga risa, hay que entender la parodia, la estilización y el chiste momentáneo.

Decía Ortega: ¿Es la burla forzosamente una negación? No es una negación, es una inseguridad. Es querer que en el mundo haya un sentido último, estar dispuesto a trabajar por él y no saber cómo hay que trabajar en concreto ni si tiene sentido ese trabajo.

¿Y qué cosa es burlarse? Es escribir una novela para purgarnos del deseo insolente de crear un mundo mejor siendo como dioses, y distanciarnos de esa obra para que ella sea todo armonía y perfección. Cervantes podía decir como Rubén Darío: «Y si hubo áspera hiel en mi existencia, / melificó toda acritud el arte».

Ahora bien, ya hemos caído en el juego de palabras; porque hay un burlarse como el de los duques o Maritornes, y un burlarse que es escribir el *Quijote.* Cuando el verbo se puede aplicar a dos cosas tan distintas, es tiempo perdido el seguir usándolo. El humor del *Quijote* no es burla, aunque hay en el libro muchas burlas que son ingredientes de ese humor. El humor del *Quijote* es el perfecto equilibrio entre un compromiso de pataleo y una amargura desesperada e inactiva.

¿De qué se burlaba aquel pobre alcabalero desde el fondo de una cárcel? Se burlaba del exceso de ilusiones en la vida humana, contrastando nuestra capacidad de desear con la parquedad de dar que es la existencia. Y se burlaba de esa desproporción porque la había estudiado y sentido en su propia historia personal y social. Ahora bien, el *Quijote* es lo que es, porque además de la burla contiene el estudio de la estructura de la vida en su dimensión individual y social. Si sólo tuviera la burla, tendríamos *El Buscón*, no la novela de Cervantes. La burla en el *Quijote* es el reverso de la verdad; porque la verdad, además de contenerse a sí misma, contiene la condenación de su opuesto: la mentira.

Además de esa burla trascendental, reverso de la verdad, es probable que haya otras muchas en el *Quijote* inasequibles a nosotros. ¿Cuántas escenas y expresiones adquirirían sentido más pleno si tuviéramos su clave? ¿Quiénes son los duques? ¿Cómo se relacionó Cervantes con los de Osuna, si dice que Dulcinea tiene un «jirón» que la puede llevar a ser reina de corona y cetro? ¿Quién era el eclesiástico de la casa de los duques? ¿Refleja Cervantes la conducta real de los moriscos o las habladurías del pueblo sobre ellos? La documentación que responda a esas preguntas y muchas más no será más que un auxiliar para entender lo que no necesita clave: el humor de Cervantes como experiencia humana más antigua y moderna que los casos concretos a que él pueda aludir.

El humor de Cervantes es el distanciamiento que le permite ponerse a sí mismo y a todo su mundo en la creación literaria y ponerse, no sólo con rasgos y referencias breves, sino dándose el papel central en la obra; él nos presenta los personajes y está en cada uno de ellos.

Esta experiencia de la presencia de Cervantes en su escrito se banaliza cuando se la interpreta confundiendo la realidad y la ficción, diciendo, por ejemplo, que la realidad se convierte en ficción o viceversa. La realidad no se convierte nunca en ficción; la ficción sí se convierte en realidad, porque la ficción, la novela, la escritura, es una realidad objetiva que puede actuar e influir. El libro de ficción es una realidad, pero la realidad no es nunca ficción. Cervantes no se hace ser de ficción al introducirse en su novela; sencillamente se presenta objetivado en la letra, porque la estructura de la existencia humana es trascendente en todo momento a sí misma. La trascendencia proviene de la condición espiritual del hombre, que consiste en el poder de volver sobre sí mismo y estudiarse como un objeto sin dejar de ser lo que es. Estudiarse a sí mismo no es salirse de la existencia, sino serla plenamente. Ahora bien, la reflexión y el estudio se hacen a distintos niveles, y uno de ellos puede ser con jergas preestablecidas, ajenas al objeto que realmente se estudia; en este caso caemos en la falsificación; el hombre se puede falsificar a sí mismo, precisamente porque en cada momento es trascendencia y no es una cosa material que termina en sus límites materiales. El concepto de espíritu en este contexto no tiene sentido metafísico, sino empírico: espíritu es la constitución de la personalidad como trascendencia o existencia. Por esta condición podemos hablar de nosotros mismos, enfrentarnos con nosotros, crearnos una imagen ideal de nosotros mismos y falsificarnos absolutamente. Nos creamos nuestra novela, pero esta novela no es ficción, sino la estructura de la existencia. Quien no se hace con la imaginación, el deseo y la circunstancia, se suicida. Y este hacerse no hay que entenderlo en un sentido puramente idealista; ya hemos dicho que la estructura de la sociedad en que vivimos condiciona la capacidad de ver y desear.

También Cervantes estaba condicionado. También él fue pobre y vio que el refrán «la pobreza no es deshonra» es completamente falso. La pobreza es deshonra porque le hace a uno tímido e incapaz de dominar intelectualmente su circunstancia; por eso la reacción de esa incapacidad será la violencia y no el auténtico trabajo de reforma y mejora. La pobreza fuerza a contemporizar con lo que negaríamos si fuéramos libres, y finalmente, como dice en otro lugar, el pobre no tiene poder para aconsejar a nadie. La mayor hazaña intelectual del pobre se mira como curiosidad y agudeza.

Esta situación de Cervantes en su tiempo y sociedad explica lo que llamamos ambigüedad cervantina. Cervantes se pone a sí mismo en el camino de descubrir muchas lacras de su sociedad; ve el sinsentido de muchas convenciones; pero prefiere no seguir esas sendas hasta el final. Cervantes no es hipócrita. Sería hipócrita el que viera con claridad un camino, lo aceptara y escribiera lo contrario de lo que siente y ve. A Cervantes le intimida el ver. La presión que ejercen sobre él las convenciones sociales le impide la visión clara. Cervantes se queda en el medio perfecto de la prudencia escolástica, en el medio entre la distancia humorística y el compromiso (Cervantes lector) y en el medio entre el deseo sin límites de Don Quijote y el horizonte recortado de Sancho.

Don Quijote es un individuo de la especie Cervantes. También Sancho lo es. Mientras haya escritura en el mundo seguirán estos dos hijos del corazón de España conquistando la atención de los hombres, porque el hombre se balancea entre esos dos niveles en su capacidad de aspirar y hablar.

EL ESPACIO

Todos los intentos de buscarle geografía al *Quijote* fracasan. Cervantes no quiso darnos el nombre del pueblo donde nació el caballero, para que todos los pueblos de la Mancha se disputaran el honor de tenerle por suyo, como las siete ciudades griegas se disputaban la cuna de Homero.

Tampoco nos da descripciones de paisaje; cuando necesita un arroyo para pasar la siesta y un prado de yerba para Rocinante y el rucio, los encuentra libremente; lo mismo el camino real, una venta, un río. No se nos dice cómo reaccionaron a la presencia de Don Quijote y Sancho en el pueblo del Caballero del Verde Gabán o en el de Basilio. En general puede afirmarse que es ocioso buscar paisaje en el *Quijote*.

Sin embargo se puede hacer un amplio catálogo de descripciones de lugar, especialmente de esos pradecillos y arroyos que se encuentran de vez en cuando. Son famosos, sobre todo, los amaneceres en que la rosada aurora, dejando la blanda cama del celoso marido, se muestra por los balcones de oriente, o los anocheceres claros u oscuros, según requiera la acción.

Pero esos trozos de paisaje son irreales y están supeditados a la necesidad de la acción. La tierra no es un personaje de la novela española clásica, tanto del *Quijote* como de la picaresca. La observación es más interesante si tenemos en cuenta que esos personajes casi nunca duermen bajo techado, es decir, que en muchos casos el verdadero protagonista de esas novelas es el camino.

La atención a lo que llamaríamos paisaje temporal, atardeceres y amaneceres, es muy típica de la poesía latina —Horacio y Virgilio— y la volvemos a encontrar en Garcilaso. En la Edad Media, con la excepción del quiebro de los albores en el *Mío Cid* apenas aparece en la poesía vernácula, aunque se conserva en la poesía latina. Cervantes hereda el colorido de los crepúsculos de la poesía del renacimiento.

El paisaje como lugar en la Edad Media se usa con intenciones alegóricas; no pretende ser descripción de luga-

res reales, sino el prado, el río y el árbol que va a significar
el alma, el Evangelio y la doctrina.

Comparada con ese paisaje, la descripción garcilasiana
de Toledo, o la referencia de Fr. Luis de León a su huerto,
son ya presentación de paisaje real sin sentido alegórico.
Este paisaje es limitado, se reduce al horizonte inmediato
de la sensación que el poeta refleja en sus versos. En Fray
Luis de León el paisaje se reduce a la Flecha; el autor des-
cansa en su quinta y su relación con el paisaje cesa en
cuanto vuelva a la ciudad.

Si ahora tomamos *En torno al casticismo* de Unamuno,
en el ensayo segundo encontramos una descripción de Cas-
tilla; pero en este libro, como en muchos de su tiempo
—hacia 1900—, el paisaje se estudia como un ingrediente del
carácter de una colectividad. Para la generación del noventa
y ocho el paisaje no se reduce al horizonte inmediato de
mis ojos y sentimiento en una tarde de paseo, sino a la
tierra toda donde ha hecho su historia un pueblo.

Cuando algunos escritores han dicho que la generación
del noventa y ocho descubrió el paisaje para la literatura
española, no han faltado eruditos que han resucitado «la
maestría geográfica» de Cervantes o el huerto de Fr. Luis
de León. Sin embargo, no hablaban de la misma cosa, aunque usaban la misma palabra. En Cervantes, como en el
renacimiento, el paisaje es el soporte momentáneo de una
sensación o acción, y nada más; por eso tiene tan poca importancia en aquella literatura. Para Cervantes, el cosmos
influye indirectamente en el espíritu; pero ese cosmos es
el de las estrellas más que el de la tierra, e influye más en
la hora del nacimiento que en el resto de la vida. La generación del noventa y ocho, siguiendo la teoría de las psicologías nacionales, le daba al paisaje un papel esencial en la
conformación del carácter de un pueblo, aunque, natural-

mente, nunca definieron ni podían definir exactamente cuál era ese papel y qué era un pueblo [33].

La influencia indirecta de las estrellas, que haría importante la situación de lugar y tiempo para Cervantes, hay que incorporarla a la noción básica de libertad metafísica. A pesar de todas las influencias, el hombre es libre y responsable de sus acciones. Por eso, lugar y tiempo quedan reducidos al nivel de accidentes, y lo que le interesa a Cervantes, como a todo escritor de su tiempo, es la acción de sus personajes y el valor moral de esa acción. De aquí que no le importe a Cervantes darnos el lugar exacto donde nacieron sus criaturas.

Eppur... ¿Por qué se tiene esa sensación tan profunda de paisaje cuando se lee el *Quijote?* Si recordamos bien, casi toda la segunda parte de la obra se da fuera de la Mancha. Sin embargo, nunca perdemos de vista esa tierra como la tierra de Don Quijote. En la primera parte, si tomamos todas las narraciones incluidas en el argumento principal, la Mancha juega menos papel que Andalucía (historia de Cardenio y Dorotea), Italia *(El curioso impertinente)* y Argel (historia del cautivo). Pero de nuevo todo ese universo cobra sentido en torno a la venta de Juan Palomeque. El análisis y cuento de episodios y paisajes no podrá desenraizar de nosotros la sensación de presencia de la tierra que nos da la obra inmortal. Se ven y viven esos caminos de España que no están descritos en ninguna parte [34]. ¿Por qué se impone esa sensación, si el análisis no parece verificarla? Abramos la primera página: no sabemos cómo se llama el

---

[33] Morón Arroyo, *La teoría crítica de Menéndez Pidal,* en *HR,* 38 (1970), 22-39.

[34] «Comme on voit ces routes d'Espagne qui ne sont nullement décrites!» (Flaubert, *Correspondance,* 26-VIII-1853); cit. Chaix-Ruy, J., *Cervantès, G. Flaubert et L. Pirandello,* en *AC,* 6 (1957), 127.

lugar de Don Quijote, pero encontramos al ama y la sobrina, sabemos que comía más vaca que oveja; cenaba salpicón las más noches, duelos y quebrantos los sábados y algún palomino de añadidura los domingos. Le vemos leer, discutir con Pero Pérez, el cura del lugar, y con el barbero, que se llama Maese Nicolás. El barbero no era sólo un rapista de barbas, sino también cirujano; quizá no estaba en buena reputación de cristiano viejo, pues Sancho le recuerda que algo va de Pedro a Pedro. Tampoco sabemos dónde estaba la casa del Caballero del Verde Gabán; pero se nos pinta su vida moderada y ejemplar. Cuando salen el caballero y su escudero del pueblo de Basilio y Quiteria camino de la cueva de Montesinos, un licenciado que les acompañaba les da como guía a un primo suyo, que les acompaña con una pollina preñada, cuya albarda cubría un gayado tapete o arpillera. Cuanto hemos comentado del lenguaje de Sancho se puede traer aquí en la medida en que ese lenguaje no contiene sino imágenes y reacciones de la vida diaria. Después de estas reflexiones sólo necesitamos encontrar la palabra feliz que exprese la sensación de presencia de la tierra española que tenemos al leer el *Quijote*. En el libro inmortal no hay espacio ni paisaje; hay intrahistoria, borbotones de vida española diaria de todas las clases sociales. Todos los episodios de la primera parte de la obra convergen en la venta de Juan Palomeque, centro estructural del libro. No sabemos dónde está, no se nos describe; según la necesidad de la acción lo requiere, descubrimos sus distintos aposentos, la caballeriza, el corral tapiado, los cueros de vino y el pajar; pero todo está subordinado al encuentro de aquel escorzo de España, representado por la nobleza de sangre, los hidalgos, el cura, el barbero, los cuadrilleros, el oidor, la enamorada y el pícaro. Los caminos de España se hacen en el andar de todos esos personajes, que se encuentran de improviso como en la vida, y se despiden prometiendo avisarse mutuamente de los sucesos futuros.

Los caminos de España, que se ven aunque no están descritos, son un aspecto más de la profunda sensación de verdad que el lector percibe a través de toda la novela. Como veremos en los dos capítulos próximos, el *Quijote* se distingue de la mayor parte de novelas posteriores porque en nuestra obra se da un magistral estudio del grupo, mientras que la mayoría de novelas suelen concentrarse en la historia de un protagonista. En la venta de Juan Palomeque viven cuatro personas: el ventero, la ventera, su hija y Maritornes. Como primeros huéspedes nos encontramos con los seis que vienen de Sierra Morena: Don Quijote, Sancho, el cura, el barbero, Dorotea y Cardenio. Pronto llegan siete más: Don Fernando con tres caballeros que le acompañan, Luscinda y dos criados. Así se van sumando hijos de la tierra hasta treinta y seis, sin contar los dos huéspedes que habían alojado aquella noche y querían marcharse sin pagar (I, 44). Lo mismo podríamos hacer analizando el castillo de los duques y la vida de los burgueses de Barcelona: todos muestras de la vida diaria, que Cervantes sabe sistematizar en su escritura.

Y junto a la vida diaria, la gran historia española de la que Cervantes está orgulloso: la batalla naval, los grandes capitanes cuyas hazañas dejan en sombra las mal imaginadas de los caballeros andantes y los teatros del heroísmo español: África, Flandes, Italia.

TIEMPO

El tiempo en tiempo de Cervantes era un ente de razón. Lo real era el movimiento, y cuando la razón observaba este movimiento, distinguía un antes y un después. El concepto de antes y después, que surgía de la reflexión sobre el movimiento, era llamado tiempo[35]. Cervantes presentaba sus acciones y movimientos con lógica perfecta, pero no hace nunca esa segunda reflexión que se necesita para que la sensación del movimiento se convierta en el concepto de temporalidad. Esta reflexión explica que no haya en el *Quijote* la consecuencia temporal que se encuentra en novelas posteriores, especialmente si esas novelas son más sencillas en número de personajes y episodios.

Para demostrar que a Cervantes no le ocupó ese problema, vamos a catalogar las principales referencias al tiempo que se encuentran en su obra, y veremos que el esfuerzo no conduce a nada. Merece la pena en la medida en que una relectura del *Quijote* siempre responde con cosas nuevas; pero en cuanto al tiempo, no encontraremos la exactitud que algunos preferirían encontrar, cuando en realidad se encuentra en muy pocas novelas antiguas y modernas. Si bien es claro que la novela moderna, aunque no contenga una cronología precisa, al menos no contendrá faltas de lógica en ella o inconsecuencias, mientras que en el *Quijote* sí se da la inconsecuencia. Vamos a dar un análisis preciso de la primera parte para demostrarlo.

Como recuerda el lector, la primera salida tiene lugar un viernes de julio; el flamante caballero sale de su casa al amanecer y llega a la venta al anochecer de ese día. Esa noche vela las armas, tiene la pendencia con los arrieros, que las apartan de la pila para dar agua a las mulas, y antes

---

[35] Aristóteles, IV de *Los Físicos*, cap. 11 (2191b). «¿Por qué puede el poema alterar en la historia del tiempo y no en la del lugar y en la natural? Ugo respondió: Porque el tiempo passado no es evidente a la vista del hombre como es el lugar, que éste queda y aquél desvanece. Y en lo que toca a la Natural Historia es mal hecho escrivir mala doctrina y falsa» (Pinciano, *op. cit.*, II-80-81).

de amanecer es armado caballero. A la hora del alba deja la venta y esa mañana resuelve la aventura de Andrés, a quien está pegando el labrador de Quintanar[36]. Poco después tiene el novel caballero el desgraciado encuentro con los mercaderes toledanos que van a comprar seda en Murcia, y esa tarde regresa molido a su casa llevado por Pero Alonso, su vecino. Han transcurrido dos días; sin embargo, el ama confunde ya las fechas, diciendo que hace tres días que no aparecen su amo y el rocín (I, 5, pág. 1050a).

No hagamos caso del ama; quizá tuviera interés en exagerar para mover al cura a la quema de los libros. Si Don Quijote salió de su casa el viernes, el auto de fe de su biblioteca tuvo lugar el domingo. Después de la misa mayor se irían secretamente el cura y el barbero a casa de Don Quijote, y en esa tarde hicieron el escrutinio. El hidalgo durmió esa jornada (domingo) y dos más, en las cuales tapiaron el aposento de la biblioteca. Se levantaría el martes (I, 7, 1055a), al cabo de dos días, y en otros quince dice Cervantes que estuvo muy sosegado, sin dar muestras de que quería buscar nuevas aventuras. En ese tiempo, sin embargo, Don Quijote contrató secretamente los servicios de Sancho (1056a); «dio luego orden de buscar dineros» (*ibid.*); este «luego» hay que entenderlo probablemente como un tiempo posterior a esos quince días en que estuvo tranquilo. Podemos recordar que Sancho, en el capítulo cincuenta y dos de la primera parte, dice llevar ocho meses al servicio de Don Quijote:

---

[36] Después de la aventura de Andrés, que, según el texto, ocurre la mañana misma en que sale de la venta, comenta Don Quijote: «ayer recibió la orden de caballería y hoy ha desfecho el mayor tuerto y agravio que formó la sinrazón» (I, 4, pág. 1047b).

¡Oh liberal sobre todos los Alejandros, pues por sólo ocho meses de servicio me tenías dada la mejor ínsula que el mar ciñe y rodea! (pág. 1267a).

Sancho está equivocado por falta de memoria o por sobra de interés; debemos creer al caballero; en el capítulo veintiocho de la segunda parte, Sancho le dice que hace más de veinte años que le prometió la ínsula, y Don Quijote le responde:

> Pues no anduve yo en Sierra Morena, ni en todo el discurso de nuestras salidas, sino dos meses apenas, ¿y dices, Sancho, que ha veinte años que te prometí la ínsula? (pág. 1372a).

Los dos llevan razón en parte; porque Sancho sabe que entró a servir a su señor lo más tarde en 1604 y están ya en 1614; no son veinte años, pero son diez al menos. Don Quijote, en cambio, habla desde dentro de sí, no desde el ritmo de composición de Miguel de Cervantes; para Don Quijote, entre la segunda y tercera salida media sólo un mes, como el autor dice al principio de la parte segunda; y, como en este capítulo veintiocho dice que hace exactamente veiticinco días que salieron juntos por segunda vez —tercera salida del caballero—, Sancho no lleva más de cuatro meses a su servicio.

Volviendo a la primera parte, hemos de suponer que entre la primera y la segunda salida mediaron más de los diecisiete días que Cervantes nos dice (recuérdese que Don Quijote durmió dos días y luego estuvo quince muy sosegado). También es inverosímil que en tan poco tiempo pudiera el caballero empeñar, vender y malbaratar su hacienda sin que se diera cuenta el cura en una aldea tan pequeña.

No sabemos qué día, pero ya están en campaña caballero y escudero; es una noche oscura y no podrán ser fácilmente hallados. La próxima referencia clara al tiempo se da en el capítulo dieciocho, cuando Sancho, después de experimentar los puñetazos de Maritornes y el manteamiento, le propone a su amo que se vuelvan al pueblo «ahora que es tiempo de la siega» (pág. 1092a). En el capítulo treinta y dos dice el ventero que «cuando es tiempo de la siega» se reúnen en su casa hasta veinte o treinta segadores, entre los cuales alguno sabe leer y los entreteniene a todos con las hazañas de Don Cirongilio de Tracia y Don Félixmarte de Hircania (pág. 1170b). Entre la proposición de Sancho y la noticia del ventero han pasado solamente trece días; el ventero, sin embargo, da la siega como algo más lejano. En realidad la frase de Sancho «ahora es tiempo de la siega» no cuadra bien para el mes de agosto en que estamos. Lo importante, sin embargo, en los dos casos, no es la consecuencia temporal, sino el chorro de vida popular que se congrega en la venta con los veinte o treinta segadores.

En el capítulo veinticinco se da la fecha eje de toda esta parte. El 22 de agosto firma Don Quijote la libranza de los tres pollinos que Sancho ha de recibir como compensación del rucio que le ha robado Ginés de Pasamonte. La cronología de la primera parte se puede medir siguiendo el itinerario de los andantes hasta esa fecha.

Salen de su pueblo una noche y la pasan toda andando. Al día siguiente luchan con los molinos de viento; esa noche duermen al raso entre unos árboles; Don Quijote no durmió, sino que pasó el tiempo pensando en su señora Dulcinea. Despiertan el segundo día, y siguen por el camino de Puerto Lápice; Don Quijote vence a los frailes de San Benito y al vizcaíno, cenan con los cabreros y, de nuevo, mientras el caballero vela pensando en su dama, Sancho duerme entre Rocinante y su jumento.

El tercer día comienza con la historia de Marcela, sigue con la desventura de los yangüeses (cap. 15) y termina con las puñadas del arriero y el candilazo del cuadrillero en la venta de Juan Palomeque. Pasa la desventurada noche, Don Quijote a la mañana siguiente hace el bálsamo de Fierabrás y duerme más de tres horas, al cabo de las cuales se siente curado de su molimiento. Sancho tomó también del malhadado bálsamo; pero su estómago no era tan delicado y le dieron bascas que le tuvieron a punto de morir. En esta borrasca y malandanza pasaron dos horas más. Con esto ya se hizo tarde, Sancho sufrió el manteamiento y, a la caída del sol, encontraron los atajos de ganado que iban a pastar después de la siesta (cap. 18). En todo ese día no han comido caballero y escudero; lo único que han tomado ha sido el bálsamo de Fierabrás, y Sancho el jarro de vino que le dio Maritornes después del manteamiento. Cuando Sancho quiere sacar vituallas de sus alforjas, se da cuenta de que se las ha robado el ventero. Pero Dios lo hace mejor: esa noche encuentran todavía la procesión de los encamisados y, como los clérigos no se suelen dejar mal pasar, con el despojo de la batalla tienen comida para varios días. Poco después de la batalla de los clérigos todavía les espera el ruido estremecedor de los batanes.

Se abre el quinto día con el descubrimiento de la causa del ruido, y nuevos palos para Sancho. Cae una lluvia suave, temporal de mañana de agosto que anuncia el proverbial frío en rostro. Para protegerse de la lluvia se ha puesto el barbero que va de camino la bacía sobre la cabeza; Don Quijote conquista el yelmo de Mambrino (cap. 21) y esa tarde libra de sus cadenas a los galeotes (cap. 22). «Aquella noche llegaron a la mitad de las entrañas de Sierra Morena» (capítulo 12, pág. 1118a); amo y criado deben de estar muy cansados de tanta refriega, y esa noche duermen con sueño profundo, tanto que no se aperciben del robo del rucio por Ginés de Pasamonte.

El sexto día «salió la aurora alegrando la tierra y entristeciendo a Sancho Panza, porque halló menos su rucio» (cap. 23, pág. 1118b). Ese día encuentran a Cardenio, escuchan su historia y tienen la pendencia con él y con el cabrero. En el capítulo veinticinco se pierde nuevamente la consistencia temporal; no se ha hecho mención de nueva noche; por consiguiente, debemos pensar que estamos en el mismo día en que Sancho ha echado de menos su rucio y que la conquista del yelmo de Mambrino fue el día anterior. Sancho, sin embargo, le reprocha a Don Quijote el que confunda una simple bacía con un yelmo, y que «no salga de este error en más de cuatro días» (I, 25, 1130a); es decir, en Sierra Morena están pasando demasiadas cosas para limitarlas a sólo un día. La sensación temporal de todos esos sucesos nos hace preferible aceptar la cuenta de Sancho y suponer que han pasado cuatro días en la sierra antes del 22 de agosto, en que Don Quijote manda al escudero con la carta para Dulcinea y la libranza de los pollinos. El 22 de agosto estaríamos, por tanto, en el día décimo desde que amo y criado dejaron su aldea por la noche como dos ladrones.

El 22 de agosto ha salido Sancho de Sierra Morena dejándose olvidado el librillo de memoria donde llevaba la carta para Dulcinea y la libranza para tomar posesión de sus pollinos. Aquí la cronología se complica con la inconsecuencia del robo del rucio, que en la primera edición no estaba indicado. Tal como está en los textos corrientes, se pierde completamente el sentido, ya que Cervantes nos dice que Sancho echó de menos su caballería al despuntar la aurora, y un poco después habla Sancho «del llanto que anoche hice por el rucio» (I, 25, 1134b).

Al día siguiente, 23, llega Sancho a las puertas de la venta de Juan Palomeque, pero decide no pasar; encuentra al cura y al barbero, y preparan la treta para sacar a Don Quijote de la sierra. Un día después (cap. 27, 1140ab) llegan todos al lugar donde encuentran a Cardenio y después a Dorotea; esa noche la debieron de pasar al raso, y el 25 es cuando Sancho encuentra al caballero, le trae a donde está el resto de la comparsa y comienza la aventura de la princesa Micomicona. En el camino le pregunta Don Quijote al escudero por las particularidades de su embajada, y la pregunta se introduce con un pasado perfecto («Después que veniste»..., cap. 30, 1164a). Esto indica que la conversación sobre Dulcinea tiene lugar por lo menos un día después de haber llegado Sancho, o sea, el 26 de agosto. Don Quijote se extraña de que el escudero haya podido andar más de treinta leguas y otras tantas de vuelta en poco más de tres días; pero no da mucha importancia a la objeción, porque también tiene amigos encantadores que le ayuden.

El 27 de agosto llegaron a la venta (cap. 32, 1169b); debía de ser tarde, pues el caballero se acostó mientras sus acompañantes discuten con el ventero sobre los libros de caballería y leen *El curioso impertinente*. Muy de mañana debía de ser el 28 de agosto, día del glorioso San Agustín, cuando Don Quijote tuvo su batalla con los cueros de vino tinto. Después de la reyerta duerme todavía unas horas, en las cuales llegan a la venta Don Fernando, Luscinda, tres caballeros más y dos mozos de a pie. Se dan todos los reencuentros que amantes tan honestos merecen; al caer la tarde entra el cautivo con Zoraida y esa noche cenan todos juntos. La mesa es larga. Don Quijote se sienta en la presidencia; a su derecha, la princesa Micomicona; siguen Luscinda, Zoraida, el cura y el barbero. A la izquierda de Don Quijote están sentados Don Fernando, Cardenio, el cautivo, dos de los caballeros que acompañan a Don Fernando, y el tercero se sienta en frente de Don Quijote. Nuestro caballero pronuncia el discurso de las armas y las letras, y luego cuenta el cautivo su larga historia (caps. 39-41) a los hombres, que no tienen aposento donde dormir porque han alojado a las mujeres en el camaranchón de Don Quijote.

En el capítulo cuarenta y dos los comentaristas han notado una clara inconsecuencia, y es que cuando el cautivo termina su historia se dice que llega otra noche, cuando la lógica pediría un amanecer. En esa nueva noche sin día llega el oidor con su hija Clara. El oidor resulta ser hermano del cautivo, vuelven todos a cenar y en ésta, que sería la tercera noche en la venta (29 de agosto), el caballero hace la ronda del castillo y se oyen los versos del mozo de mulas, que resulta ser un caballero aragonés, enamorado de la hermosura de Doña Clara.

Al amanecer del 30 llegan a la puerta de la venta cuatro criados del padre de Don Luis, que así se llamaba el caballero aragonés, y encuentran a Don Quijote prendido en un ramal de la ventana del pajar (cap. 43). Ese es el día aciago en que llegan también el barbero del yelmo de Mambrino y los cuadrilleros, y toda la venta se convierte en campo de batalla.

«Dos días eran ya pasados: los que hacía que toda aquella ilustre compañía estaba en la venta» (cap. 46, 1245b). Algunos llevaban más; pero hemos de suponer que Cervantes se refiere a todos los que tomaron parte en la disputa sobre el yelmo de Mambrino y todos los que habían encontrado a sus cónyuges o hermanos. Después de la pendencia del día 30, el 31 descansarían todos en paz. Cardenio y Luscinda, Dorotea y Don Fernando estarían impacientes por probar su luna de miel y, sin duda, Sancho les sorprendió en algún momento de honesta libertad [37].

---

[37] «Yo tengo por cierto y por averiguado que esta señora que se dice ser reina del gran reino Micomicón no lo es más que mi madre;

El 1 de septiembre, de mañana, encantaron al caballero y le metieron en la carreta de los bueyes. El pueblo de Don Quijote estaba a sólo dos jornadas de la venta con andadura normal (cap. 37, 1201b); pero a paso de buey había que multiplicar el tiempo por tres. Hacia el 7 de septimbre, quizá el ocho, fiesta de Nuestra Señora, entró el caballero en la carreta de los bueyes. Cide Hamete Benengeli dice que era domingo; quizá por ser moro no estaba enterado de que era la Natividad de la Virgen.

Según esta cuenta, la salida de Don Quijote y Sancho tendría lugar el 12 de agosto; no llegó propiamente al mes. Pero, como he dicho antes, en la lectura se tiene una impresión de que pasa más tiempo, sencillamente porque se impone mucha verdad. Por de pronto, la línea trazada se complica y funde en el *Quijote* con las líneas temporales de las historias intercaladas. De esa manera las líneas se convierten en tercera dimensión, en volumen. Al contar sus historias Cardenio, Dorotea o el cautivo, el tiempo avanza o retrocede, y, sobre todo, en el instante en que las historias se cuentan, convergen varias líneas de tiempo, porque convergen muchas vidas. No merece la pena gastar más páginas en hacer con la segunda parte lo que hemos hecho con la primera. Es un ejercicio moroso de erudición, que sólo tiene sentido si se pone en relación con una pregunta verdaderamente intelectual. Aquí la pregunta intelectual es: ¿por qué no hay consecuencia temporal en el *Quijote?* Con la noción escolástica de tiempo ya hemos respondido parcialmente; nos queda otro aspecto de la respuesta: en el *Quijote* no hay consecuencia temporal, porque la asociación de acción y tiempo fue un hallazgo del psicologismo posterior,

---

porque a ser lo que ella dice, no se anduviera hocicando con alguno de los que están en la rueda, a vuelta de cabeza y a cada traspuesta» (I, 46, pág. 1244b).

y Cervantes, que tanta verdad pone en su historia, no es un psicologista. En el *Quijote* no hay tiempo, sino tempo; no hay número y medida conceptual del movimiento, sino movimiento y vida en ejercicio.

ESTRUCTURA

Ya hemos dicho varias veces que la obra de Cervantes requiere ser leída desde cierta distancia. La generalización que la mira desde lejos puede ser tan errónea como la mirada excesivamente cercana, que pierde el bosque por exceso de árboles. Naturalmente, yo no puedo dar aquí una regla sobre la distancia perfecta; lo único que puedo hacer es brindar mi lectura como una interrogación.

El estudio de la estructura en la obra literaria es la búsqueda de sus líneas maestras y de los puntos de referencia de todos los elementos que componen la obra. La estructura no es, por tanto, la mera descripción de cómo está distribuida, sino el estudio de esa distribución y de la fuerza o intención que le ha dado origen. En el *Quijote*, por ejemplo, todo cuanto digamos de su arquitectura exterior debe cobrar sentido último en su relación con la verdad existencial que le hemos descubierto en las páginas precedentes. La verdad es la fuerza que da sentido a la estructura. Al decir esto no queremos salirnos del texto de la obra para discutir supuestas intenciones del autor. Las intenciones del autor, si no forman parte visible del texto, son anécdotas sin relevancia cultural. Si el deseo de desterrar los libros de caballería no se reflejara en el texto del *Quijote* con su nuevo modo de realizar la idea de verosimilitud y de pintar los amores, no nos interesaría la intención de Cervantes; pero lo curioso es que esa intención está perfectamente explícita en el texto creador. Lo mismo ocurre con las ideas teológicas que le hemos decubierto. Es decir, el estudio de la estructura de una obra no se puede reducir a la descripción de sus capítulos, sino que tiene tantas dimensiones como la hermenéutica en general.

La idea básica para explicar la estructura de los escritos cervantinos es la idea de hombre. El hombre no es un yo en quien predomina la interioridad. El hombre es una criatura moral; está, por consiguiente, abierto a la sociedad, a la ley divina, a la influencia de las estrellas y a la tentación del mundo, el demonio y la carne. Con esta concepción del hombre no es de extrañar que el personaje novelesco sea fundamentalmente pasivo, y al ser el personaje pasivo se crea un problema estructural: el autor tiene que entrar constantemente en su obra para imaginar nuevas aventuras que no surgen como consecuencia de las anteriores. Cuando un protagonista decide por sí mismo, él impone la lógica y secuencia de los hechos y capítulos; cuando no decide, sino que le pasan las cosas, es el autor el que tiene que inventar las cosas que le van a pasar. Por esta razón la novela española clásica ofrece una estructura de yuxtaposición muy diferente de la novela moderna. En la picaresca se ha señalado esto muchas veces; en el *Quijote* no es tan claro, porque Don Quijote es ya un protagonista nuevo con una decisión y proyecto personal. Aunque todavía se presenta en el camino abierto a todo acontecer, como los pícaros, él actúa como punto de referencia de todo cuanto le pasa, y al final, todo cuanto le pasa cobra su último sentido en los dos móviles del caballero: proyecto claro y el autoconsuelo del encantamiento. La creación de un personaje activo y con proyecto personal es otra de las geniales innovaciones de Cervantes, esta vez con respecto a la picaresca. No obstante, el proyecto de Don Quijote está demasiado lejos del mundo real, es demasiado ideal; por eso está siempre expuesto a lo que le pasa.

Otro punto fundamental al enfrentarse con la estructura de una obra clásica es recordar sus ideales estéticos y el significado concreto de los términos que expresan esos ideales. En nuestro caso concreto las nociones de hermosura, instrucción, deleite, imitación y verosimilitud. Ya hemos hablado de todos estos términos; aquí nos interesa recordar que Cervantes no conoce lo que llamaríamos procedimiento de intensificación del interés. La estructura en Cervantes se logra por la correspondencia de las partes con el todo, y este todo tiene un sentido de simetría material.

Con estas ideas abrimos el *Quijote*. El cual consta de dos partes, en las que se enmarcan tres salidas del caballero; la primera solo, que dura dos días, y las dos siguientes, con Sancho. Las tres salidas tienen un mismo patrón: el caballero deja su aldea encendido con el deseo de deshacer entuertos, tiene un momento de triunfo y se siguen una serie de desgracias que le hacen volver molido a su aldea; en los dos primeros casos, el molimiento se cura con sueño y buena alimentación; en el tercero, con el sueño de la muerte.

En la primera salida el triunfo se da cuando es armado caballero y cuando libra a Andrés de las manos de Juan Haldudo el rico; el fracaso, cuando se enfrenta con los mercaderes toledanos.

En la segunda salido el triunfo de Don Quijote es pleno en la venta de Juan Palomeque. Él ha sido la causa de que Cardenio encuentre a Luscinda, Don Fernando a Dorotea, el oidor a su hermano; porque si no hubiera sido por la invitación de la compañía de Don Quijote, quizá el uno o el otro hubieran pasado de largo por no haber posada para ellos, el oidor se hubiera embarcado para las Indias y los dos hermanos no se hubieran vuelto a ver habiendo estado tan cerca. Don Quijote origina conflictos iniciales y es causa de la paz octaviana final. Pero el triunfo no dura: los enemigos encantadores, envidiosos de su gloria, le apresan en una jaula y le quitan el mérito, aunque no le puedan quitar el esfuerzo.

La tercera salida tiene su cenit en el castillo de los duques, en el que Don Quijote se siente por primera vez caballero de verdad y no fantástico y fingido. Al salir de con los duques sigue todo el martirio de las burlas de Barcelona y la batalla final, en que es vencido y vuelve para morir.

La primera parte o segunda salida, tiene como motivo central el deshacimiento de entuertos. Caballero y escudero encuentran una serie de aventuras en las cuales vencen o fracasan; algunas podrían considerarse materiales de relleno; pero otras tienen una clara función estructural; por ejemplo, la de los encamisados explica que amo y criado puedan mantenerse varios días en Sierra Morena; la de los galeotes hace inteligible la pérdida del rucio y el conflicto posterior con el cuadrillero en la venta, así como la sorpresa de que Maese Pedro (Pasamonte disfrazado) reconozca a nuestros personajes en la segunda parte. En general, es inmensa la cantidad de anticipaciones y mutuas referencias que se encuentran en el *Quijote* entre unos capítulos y otros y entre unas situaciones y otras. Esas anticipaciones y referencias producen la sensación de unidad entre la variedad de sucesos, caminos y caracteres.

El encuentro con Cardenio forma la espina dorsal de toda la primera parte. La historia de Cardenio y sus allegados tiene algo de aventura de caballerías, es el libro de caballería en la realidad; sus cuatro protagonistas —Cardenio, Luscinda, Dorotea, Don Fernando— estaban alcoholizados de lecturas caballerescas; y, además, la historia de Cardenio es una realidad muy semejante a la fingida en *El curioso impertinente.* Con Cardenio comienza a tener tercera dimensión lo que hubiera sido narración lineal de una serie de aventuras del caballero loco. Y esa tercera dimensión se multiplica con más y más dimensiones narrativas. La historia de Cardenio comienza contándola el anciano cabrero de Sierra Morena (cap. 23), la continúa Cardenio mismo (capítulo 24) en diálogo con Don Quijote y Sancho. Ese diálogo termina violentamente cuando a los dos locos les da el ramo de su locura. Volvemos a recoger la historia en el capítulo 27; pero ahora no es Don Quijote el interlocutor, sino el cura y el barbero. En el 28, la misma historia la continúa Dorotea, enlazándola con la suya propia. Finalmente, en el 36, ya en la venta, nos enteramos de todo por boca de Luscinda y Don Fernando. La narración se ha hecho en seis momentos que recogen distintos lugares y tiempos, y todos se funden con la historia de Don Quijote en ese encuentro de la venta. Expresamente se lo reconoce Dorotea, para la cual la ficción de princesa Micomicona ofendida ha salido realidad: «Si por vos, señor, no fuera, jamás acertara a tener la ventura que tengo, y en esto digo tanta verdad como son buenos testigos della los más destos señores que están presentes» (cap. 37, 1202a). Por Don Quijote, aquella venta de los encantos y Maritornes se ha convertido para muchos en cielo: «Aquella venta, que para él —para Don Fernando— era haber llegado al cielo, donde se rematan y tienen fin todas las desventuras de la tierra» (36, 1200a).

Lo mismo hubiera dicho el cautivo y lo mismo el oidor. A todos alcanza honra por el que en buen hora se decidió a dejar la vida poltrona de la aldea y salir a dar felicidad al mundo.

Menos fundida con la historia central está la novela del curioso impertinente; pero está perfectamente puesta para entretener el tiempo en una venta donde no hay aposentos para todos. *El curioso impertinente,* además de ser en sí un magnífico paño de reluciente púrpura, está perfectamente en su lugar por cuatro razones: 1) En relación con la historia de Cardenio, que nunca demuestra decisión y fuerza contra su enemigo, sino más bien una secreta complacencia, primero en que se interese por su dama y después en referir su desgracia. Todavía en la venta, cuando descubre a Luscinda, tiene una reacción tímida. 2) Como entrada de aquel autor casi olvidado, mencionado en el capítulo sexto y más versado en desdichas que en versos. Ese autor había pasado varias veces por la venta y se dejó la maleta olvidada con los libros; es uno de los personajes del *Quijote* y se llama Miguel de Cervantes, homónimo del que encargó traducir la historia a un morisco aljamiado. 3) Como realización literaria de un tema que ha sido probablemente el más persistente de toda la novela sentimental antigua y moderna. Lo veremos en los capítulos próximos. 4) Según la doctrina de la proporción en la teoría literaria cervantina, la novela ocupa una extensión perfectamente medida en relación con la extensión total de la obra. Además, está bien trabada para entretener la noche mientras el caballero sueña en su batalla con el gigante Pandafilardo.

La misma función de llenar la noche tiene la historia del cautivo. Los hombres se tienen que entretener porque no hay aposento más que para las mujeres y para los criados que duermen en la caballeriza. La historia del cautivo, además, es la obsesión del personaje Miguel de Cervantes, de la sociedad en que vive, para la cual el cautiverio ha producido mucho dolor y muchas esperanzas. Ya he dicho antes que una interpretación social de la literatura española tiene que contar con el cautiverio como fenómeno de primera importancia. El retablo y las historias de cautivo eran un espectáculo normal de los pueblos y ventas, hasta el punto

de que muchos vividores lo explotaban sin haber salido de
Zocodover; por último, se da una fusión de la historia con
los mismos personajes que acompañan a Don Fernando, ya
que uno resulta ser hermano de aquel don Pedro de Aguilar
que el cautivo menciona. No hay que justificar a Cervantes
con la historia de sus episodios. En la segunda parte, cuando alude a las críticas que se le han hecho, no las toma en
serio, sino como temas de discusión sobre la ideal estructura
literaria. Todo el problema de las historias intercaladas se
reducía para Cervantes a saber si su extensión era propor-
cionada a la del todo, y si distraían de la historia central.
Distraer, no distraen; más bien contribuyen a dar volumen
a la historia del caballero; la extensión puede ser lo único
discutible, y eso es lo que Cervantes admite.

En la segunda parte quiso evitar la inserción de novelas;
pero lo hizo porque estaba ensayando otros procedimientos
narrativos, no porque tomase en serio la crítica de los preceptistas.

Desde nuestra perspectiva moderna se ha criticado el que
Cervantes introdujera todavía más palos sobre el pobre caballero cuando ya va encantado a su pueblo. ¿Para qué la
historia de la pastora Leandra y el ataque a la procesión
de los disciplinantes? Pasado el clímax de la venta, esas
aventuras cansan. Sin embargo, a Cervantes precisamente
no le interesaba terminar en el momento de mayor intensidad, sino dejar ese momento como el más alto de una pirá-
mide simétrica. Nosotros estamos acostumbrados a que el
interés de la novela culmine en el capítulo último. Para
Cervantes tenía que culminar en el medio. Eso era simetría
y correspondencia de las partes con el todo.

La segunda parte no incluye novelas o episodios de la
longitud de las dos historias intercaladas en la primera; no
obstante, la tercera dimensión se logra con las distintas his-

torias de los personajes que Don Quijote va encontrando. Algunas de estas historias ocurren como un encuentro casual o aventura de momento y pasan sin dejar rastro en el todo en cuanto argumento. Las bodas de Camacho, por ejemplo, podrían haberse omitido sin pérdida sensible en la marcha del caballero y el escudero; pero esta observación se hace desde un concepto de argumento que no le interesaba mucho a Cervantes. Las bodas de Camacho son para Cervantes un momento esencial en la caracterización de Sancho y de Basilio. El primero hace alarde del modo popular de pensar, y el segundo tiene habilidades inútiles y típicas de un villano. Esas habilidades desdicen de cualquier persona noble, como Cervantes nos dice en otros lugares. En la intención de Cervantes, el suceso de Basilio es ocasión para dar su idea sobre la verosimilitud y el milagro, llamando a la estratagema por su nombre y no confundiendo lo natural con lo sobrenatural. Entendida la historia de las bodas de Camacho desde el universo global en que está escrito el *Quijote,* el episodio se funde perfectamente con la estructura del todo.

A un nivel superficial, la segunda parte tiene su punto máximo en el castillo de los duques y desde allí se da un conjunto de fracasos que vuelven al caballero a su aldea. El personaje que enmarca los distintos episodios es Sansón Carrasco. Él prepara la trampa que ha de quitar a Don Quijote para siempre de los caminos; primero le dice que se marche, y luego se hace caballero andante para vencerle y prohibirle que salga de nuevo. Como fracasa la primera vez en su intento, prueba la segunda, en Barcelona, y esta vez se sale con su cometido.

El bachiller Sansón Carrasco sustituye en la segunda parte al sacerdote Pero Pérez. Dada la intención de reducir a Don Quijote a través de una batalla, el bachiller es más apropiado para ese papel que el cura. Al cura le estaba prohibido usar las armas contra nadie, hasta el punto de que si producía sangre, quedaba profanado. El bachiller, además, era joven y, por consiguiente, más apto para la nueva salida. Quizá incluso al aparecer el *Quijote*, alguien le recordara a Cervantes, o él mismo pensara, que no respondía totalmente al decoro del sacerdote el papel que se le atribuye en la parte primera. Por eso en la segunda el sacerdote aparece solamente en sus funciones estrictamente sacerdotales: primero visitando al amigo enfermo, y al final, dándole los últimos sacramentos.

Toda la segunda parte está condicionada por el libro. Desde que Sansón Carrasco anuncia que ha salido la historia, amo y criado tienen ya un espejo donde mirarse, los duques tienen una pauta para imaginar sus burlas y los burgueses de Barcelona lo mismo. El libro tiene la misma fuerza cohesiva que tenían en la primera parte los libros de caballería. Literalmente, Cervantes los ha desterrado y ya sólo queda el suyo en sustitución.

Tres motivos más forman el nervio de la segunda parte del *Quijote*: el encanto de Dulcinea, el burlador burlado y la identificación de Cervantes con su libro. Dulcinea se ha convertido en aspiración en la noche; el pobre caballero no conoce su palacio. Sancho la encanta, y luego toda una serie de episodios y burlas se centran en torno al encantamiento y desencanto.

El motivo más aparente es el del burlador burlado. Sancho finge el encanto de Dulcinea para caer víctima de su propio engaño, reconociendo que su ingenio no sería capaz de tal ficción y, por consiguiente, el encantado es él. Sansón Carrasco invita a Don Quijote a salir contra lo que le han pedido el ama y la sobrina, y cuando piensa derribar al caballero, es él quien cae. Los duques son burlados a cada paso por la discreción de Don Quijote, la agudeza de Sancho, incluida su conducta en el gobierno, y las trampas de sus propios criados, que les cogen de sorpresa. Finalmente, en Barcelona todos quedan burlados con la presencia de Sansón Carrasco en traje de caballero andante. En la última batalla con Don Quijote, el bachiller le vence, sencillamente porque ya tiene que acabar la novela. La rotura del patrón que servía para continuarla sirve para terminarla.

El tercer motivo de la segunda parte es la identificación de Cervantes con su propio libro. En los primeros capítulos se presenta como la reflexión de un escritor con su propia obra. El escritor duda, sabe que todo se puede hacer un poco mejor si se revisa, entrevé sus posibilidades y deficiencias. Pero todo ese universo de la duda sincera se resuelve en seguridad cuando lee la imitación de Avellaneda. Cervantes sabía lo que había hecho; pero no se lo había reducido a concepto hasta que no tuvo el punto de contraste: otro Quijote y otro Sancho caminando a Zaragoza por Alcalá, Guadalajara y Sigüenza. Desde el capítulo 59, Cervantes lo supedita todo a esa identificación con su libro. Quizá sintió él ahora cómo un libro le puede enloquecer a un hombre, y desde ese momento mostró mayor simpatía por el pobre caballero de la Mancha.

Una diferencia importante entre las partes segunda y primera es la mayor cantidad de material ejemplar en la segunda. Como siempre, muy bien fundida con la narración; pero en esta segunda parte los monólogos son más amplios, y los personajes son más conscientes de su papel de moralizadores.

La diferencia quizá más importante entre las dos partes es la distinta concepción del proceso narrativo. La diferencia consiste básicamente en esto: en la primera parte, cuando Don Quijote va a tomar una cosa por otra, Cervantes informa primero al lector de la realidad y luego presenta la confusión de su personaje. En la segunda se produce una aventura que le deja tan sorprendido al lector como al personaje o a sus espectadores, y en un capítulo próximo se explica para el lector el sencillo misterio que le tenía suspenso. En la segunda parte se ensaya un procedimiento de suspensión que no está en la primera, en la cual se buscaban simplemente casos de admiración. La intención de suspender, que abarca a los personajes y al lector, introduce a éste en la burla. El lector de la segunda parte, que lleva quizá la intención de reírse más con las locuras del pobre caballero, es otro burlador burlado. Y, sobre todo, la secuencia de lo sorprendente, cuyo misterio nunca se aclara para los protagonistas principales, explica la progresiva actitud de duda en que se encuentran. En Sancho no hacen sino reforzar la inseguridad y en el caballero levantan la duda.

El procedimiento de suspensión es probable que se le ocurriese a Cervantes leyendo la historia etiópica de Heliodoro. El *Persiles* se estructura según ese procedimiento; pero su uso en el *Quijote* es algo distinto. En el *Persiles* comienza la historia de improviso y encontramos al principio una serie de personajes cuyo encuentro en lugar tan remoto necesita explicación. Toda la novela es una vuelta sobre ese primer encuentro. Sólo en las últimas páginas sabe el lector quiénes eran realmente los protagonistas. En el *Quijote* son ya bien conocidos cuando ponen el pie en la calle camino del Toboso. Lo sorprendente no va a estar en ellos, sino en los personajes que ellos encuentran. Cuando estos personajes desaparecen, encontrarán otros, y el procedimiento se repite. Tenemos, pues, una síntesis del método narrativo de la primera parte: narración lineal, que cobra tercera dimensión al engarzarse con otras historias, y del método de la historia etiópica: comienzo en un punto y explicación posterior.

El nombre apropiado para estos experimentos estructurales de Cervantes es *barroco*. Nuestro ingenio complica hasta el máximo de sus posibilidades los esquemas que había heredado. Toda su obra es un torbellino de simetrías y mutuas referencias; no tendría sentido catalogarlas todas; pero el lector va percibiendo la repetición de los motivos al leer, y construyendo así la unidad por debajo de la variedad de historias.

El término «barroco» se usa aquí en este sentido elemental de estructura. Si se pudiera probar que hubo un «hombre barroco», es decir, una concepción especial de la realidad física, social y literaria típica de los hombres de 1600, que esa concepción ofrece rasgos definibles, que se extiende por lo menos a toda la Europa occidental y que Cervantes refleja esa concepción del hombre, estaría muy bien. Entonces la categoría de barroco no sería más que un elemento social que explicaría ciertos caracteres del individuo Cervantes. Así como encontramos una relación entre la pobreza y la timidez en Sancho, encontraríamos una relación perfectamente legítima entre la concepción barroca del hombre y los protagonistas de nuestra novela. Pero esa concepción del hombre sigue bastante confusa[38]. Nosotros creemos que la idea de generación y el contenido concreto del pensamiento español en torno a 1600 explican la creación cervantina mejor que esa categoría tan difícil de circunscribir.

---

[38] El carácter católico no es suficiente para llamar barroca a una ideología o estilo. En todo caso lo que se da es una coincidencia del estilo artístico llamado barroco y del apogeo de la escolástica hasta que se abren las disputas con los jansenistas y con el cartesianismo. Cervantes se inserta en el mundo español estrictamente escolástico. Para los intentos de definiciones más ricas y precisas, cf. Hatzfeld, *op. cit.*, págs. 131 y sigs.; Hatzfeld, *Estudios sobre el barroco*, 2.ª ed., Madrid, Gredos, 1966; Casalduero, J., *Sentido y forma del «Quijote».*

V

PROYECCION DEL *QUIJOTE*: REALISMO Y PSICOLOGISMO

Al referirnos a la obra de Cervantes solemos decir que es la primera novela moderna. Cuando pronunciamos esas palabras necesitamos estar en claro sobre su significado; en historia es muy difícil llamar primera o segunda a ninguna cosa en particular. Por eso en estos casos, cuando alguien da una tesis, quizá legítima, siempre surge un investigador que rectifica, señalando otra obra que ya tenía caracteres parecidos y, por consiguiente, se puede considerar la primera en este género.

Al hablar de «novela moderna», la pregunta se hace todavía más difícil, porque los términos «novela» y «modernidad» tampoco son claramente unívocos; y, por otra parte, siempre necesitaremos resolver en qué relación se sitúa la novela moderna con respecto a la antigua y cómo esa novela supuestamente antigua se hace fuente de inspiración para la nueva.

En este punto no se resuelve nada con generalizaciones. Tomando, pues, un ejemplo concreto, vamos a procurar definir el término «novela moderna» para ver el puesto del *Quijote* en esta historia.

Al estudiar las relaciones de la novela cervantina con la sentimental en la meditación anterior, hemos descubierto una revolución formal con respecto a *La lozana andaluza* (1528). En esta obra se da un paso decisivo en la conciencia del nuevo género literario como distinto de los géneros tradicionales; pero la forma era primitiva; el autor no sabía manejar a sus personajes, no creaba un mundo objetivo donde el diálogo y la narración se sucedieran, sino que él tenía que entrar desde fuera para mover a sus caracteres, sin ser a su vez personaje de su propia obra como lo es Miguel de Cervantes.

Pero el rasgo primitivo de la novela sentimental y *La lozana andaluza* se había ya superado en el *Lazarillo de Tormes* (1554). El *Lazarillo* es una carta en que el autor-narrador cuenta su vida desde una posición determinada y a bastante distancia de los hechos. La carta explica que la novela tenga solamente un personaje; los demás entran en relación con el narrador. Éste tiene su interlocutor en el señor a quien cuenta su vida y puede pasar sin brusquedad de la narración pura de hechos a la referencia de diálogos que tuvieron lugar entre Lázaro y sus distintos amos. Estos diálogos se reproducen unas veces en estilo directo y otras en indirecto. El *Lazarillo* representa la superación definitiva que la novela, como género mixto de narración y comedia, hace de los procedimientos equívocos de la sentimental y del género inaugurado por las continuaciones de *La Celestina*. Si hoy no podemos albergar en ningún género inteligible aquellos libros se debe a la innovación introducida por el *Lazarillo de Tormes*.

Tres rasgos primitivos suelen señalar los críticos en el *Lazarillo*: 1) lo que llaman procedimiento lineal; 2) los saltos inexplicados entre largas distancias de tiempo; 3) la difícil fusión del realismo con la materia folklórica que asimila.

1) Lo que se llama procedimiento lineal consiste en que las aventuras le suceden tomándole como sujeto puramente pasivo. Lázaro es un caminante que por casualidad encuentra unos amos a quienes sirve, hasta que consigue un oficio real que, por casualidad, es oficio vil e infamante: pregonero, y una mujer que algunas veces en el año recibe los enveses del arcipreste de San Salvador [1]. Comparada la novela con el *Quijote*, naturalmente no se tiene la sensación global de verdad, la sensación de tercera dimensión que allí percibíamos. Lázaro abandona al ciego y el ciego no reaparece; lo mismo le ocurre con otros amos; pero si no vuelven, no faltan del todo las referencias, especialmente al ciego, de quien se acuerda con frecuencia Lázaro. A través de esas referencias y en los esbozos de descripción de la vida de los amos se logra algo de esa tercera dimensión; en este sentido el *Lazarillo* va por el mismo camino que culminará en la riqueza de la historia de Cardenio o en el escorzo de vida española, que era la venta de Juan Palomeque el Zurdo.

2) Los saltos inexplicados en largas distancias de tiempo resultan más lógicos cuando se considera que la novela es una especie de memorias escritas muchos años después de los acontecimientos. La distancia temporal es tan gran-

---

[1] La mujer quitaba la honra del marido porque era una carne con él: «Sólo podrá la mujer propia quitármela, conforme a la opinión de España, quitándosela a sí misma; porque, siendo una cosa conmigo, mi honra y suya son una y no dos, como es una misma carne» *(Guzmán de Alfarache*, lib. 2, cap. 2, Ed. Gili Gaya, Madrid, Espasa-Calpe, 1968, II, 29).

de que no se siente la transición brusca entre capítulo y capítulo. En el *Lazarillo* tenemos un tratamiento del tiempo semejante al que se da en *San Manuel Bueno, mártir*, de Unamuno. Convencidos de esto, lo que no tiene sentido es buscar una lógica temporal que, como hemos demostrado al hablar del *Quijote*, no se da en la novela española clásica. Los saltos del *Lazarillo* se hacen lógicos desde una edad en que no se recuerdan más que unos cuantos hechos salientes. Tampoco tiene sentido pensar que los episodios se han elegido según las exigencias del caso de amancebamiento que Lázaro quiere explicar. Ninguna de las aventuras que se cuentan tiene conexión lógica con el amancebamiento de su mujer. Ese caso es una más de sus fortunas y adversidades, y le pudiera haber ocurrido aunque hubiera tenido otros amos antes o le hubieran pasado cosas distintas. Además, si quería explicar ese caso, mejor hubiera podido explicarnos los últimos años de su vida, los más cercanos a él, y no haberse detenido tanto en los episodios de su niñez.

3) Es indiscutible que el *Lazarillo* representa un paso decisivo en la conquista del realismo. Al mismo tiempo, es fácil de demostrar que los episodios son imposibles y que están extraídos del folklore tradicional. Pero el problema de la verdad —del realismo— de esa novela no se puede plantear preguntando por la verosimilitud de los episodios. Estructuralmente, la novela es todavía una mezcla de siete episodios aislados y la unidad que se logra con el nombre del protagonista, su constante presencia como narrador y la relación que se establece entre nacimiento, fortuna y escritura. Pero la mezcla no es todavía fusión. El episodio de la longaniza, el de la llave o la estilización del escudero distraen todavía por sí mismos y se funden mal con el todo. El *Lazarillo* es una lucha por lograr la estructura de novela como un todo que sea más que el conjunto de cuentos. Para

lograr ese todo se propone narrar una vida entera y no un suceso particular, que hubiera dado origen a una comedia; pero todavía no hay nombre para la biografía fingida del hombre común, y la unidad lograda está en peligro de disolverse en siete comedias.

Se agrava el problema por la concepción pasiva del personaje. Lázaro es el primer pícaro, porque es el primer personaje pasivo de la novela. En este rasgo se distingue totalmente de Don Quijote, el hombre que es puro propósito, puro compromiso con un ideal.

No obstante la dificultad de hacer una estructura unitaria con la pluralidad de cuentos, la unidad se logra en las tres formas indicadas antes: Lázaro-personaje pervade todos los episodios. Esto no sería suficiente; podría quedar como un nombre vago, sin capacidad de dar cohesión a las historias aisladas; pero Lázaro es al mismo tiempo el narrador y, en ese sentido, no sale nunca de escena, se está caracterizando con su estilo. La carta no está escrita solamente a su merced, sino a nosotros cada vez que le leemos. Ese narrador está tan presente en su escrito que se ha esfumado como persona de carne y hueso. En las obras firmadas tenemos un nombre como autor de ellas; pero quizá las obras se mantienen en un grado tal de objetividad que ese nombre no se comunica para nada con nosotros. En el *Lazarillo* lo único que ha desaparecido es el nombre de ese autor; pero a él le tenemos constantemente escribiendo esa carta.

Lo que le da su profundidad al *Lazarillo* y le hace un digno precedente del *Quijote* es su verdad. Como el *Quijote*, fue un libro escrito contra la falsedad de los libros de caballería. El nacimiento de Lázaro en el molino del Tormes es una parodia del nacimiento de Amadís de Gaula. Más hombres nacen en circunstancias parecidas a las de Lázaro que a las del espejo de caballeros. Muy joven todavía, Lázaro tiene su primer coscorrón en la vida. La escena es también una parodia del espaldarazo en que el doncel era armado caballero; es también un recuerdo de la expulsión del paraíso. El paraíso es el hogar de los padres y el hogar significa tener amarras con el pasado y sentirse protegido. Cuando faltan los padres se tiene la sensación de que las amarras se han roto y no tenemos más que futuro delante de nosotros. En la picaresca encontramos siempre este momento básico de la vida humana, en que una persona es expulsada del paraíso y se encuentra abandonada a sí misma, teniendo que ganar el pan con el sudor de su frente[2].

Todos sabemos cómo sigue la historia. En un juego de progresión, Lázaro va de mal en peor con sus amos: el primero le trata mal, pero le da de comer; el segundo le mata de hambre; al tercero tiene que darle él de comer. Del primero se va, el segundo le expulsa, el tercero huye de él. Al primero le hace trampas crueles; con el segundo sólo hace trampas para sostener su vida; con el tercero hace caridad. Y en este momento, en que su fortuna material está al ínfimo nivel, su personalidad moral está al máximo. A partir de aquí comienza a mejorar en bienes materiales y a degenerar

---

[2] «Diome una gran calabazada en el diablo del toro, que más de tres días me duró el dolor de la cornada y díxome: 'Necio, aprende: que el mozo de ciego un punto ha de saber más que el diablo'... Pareciome que en aquel instante desperté de la simpleza en que como niño dormido estaba» (*Lazarillo de Tormes*, Ed. Cejador, Madrid, Espasa-Calpe, 1969, pág. 77). «El mejor medio que hallé fue probar la mano para salir de miseria, dejando mi madre y tierra» (*ed. cit.*, I, 101). «La pobreza me sacó o, por mejor decir, me echó de casa de mis padres» (V. Espinel, *Vida del escudero Marcos de Obregón*, Ed. Gili Gaya, Madrid, Espasa-Calpe, 1959, I, 144). «Escribí a mi casa que yo no había menester más ir a la escuela... y que así, yo renunciaba la escuela por no darles gasto, y su casa para ahorrarles pesadumbre» (*Vida del Buscón*. Ed. A. Castro, Madrid, Espasa-Calpe, 1911, pág. 21).

en el aspecto moral. La historia culmina en la consecución
de un oficio real: pregonero. Sólo el verdugo era considerado más vil. Junto al oficio real, el matrimonio con una
manceba del arcipreste de San Salvador. Nacimiento vil,
educación junto a un viejo astuto, pero delincuente; falta
de oportunidades en una sociedad para la cual el nacimiento es un estigma. Resultado: una vida sin honor y con su
protagonista tan orgulloso de ella que se pone a escribirla.
La verdad del *Lazarillo* consiste en esa mirada retrospectiva
que aprende lo que puede conseguir un pobre abandonado
a sus propias fuerzas. Esta verdad da la unidad trágica a
todos los episodios. El *Lazarillo* es la más pesimista de todas
las novelas picarescas. En casi todas las demás los pícaros
escriben desde una vida nueva; son ya convertidos que con-
fiesan sus pecados. Lázaro se siente muy orgulloso de lo que
ha conseguido y no muestra en ningún momento deseo de
cambiar. Cuando mira en su derredor ve que los demás no
son mucho más santos que él; no tiene por qué avergonzar-
se ni pensar en la corrección.

Desde esa verdad profunda se explica la originalidad formal de la obra. En un aspecto superficial es claro que el
juego de historia única y multiplicidad de episodios se encuentra en *El asno de oro* de Apuleyo[3]. La unidad exterior
se da también con el procedimiento autobiográfico. Apuleyo
tiene escenas picarescas, cuentos y novelas intercalados que
anticipan los de Boccaccio. Al mismo tiempo, la concepción
mágica de la vida le permite a Apuleyo presentar sus histo-

---

[3] Traducción de Diego López de Cortegana (¿Sevilla? ¿Zamora?
ca. 1513). Ed. Menéndez Pelayo, M., *Orígenes de la novela*, vol. IV
(NBAE, 21), Madrid, 1915. Cf. Beardsley, Th., *Hispano-Classical Trans-
lations Printed Between 1482 and 1699*, Pittsburgh, Pa., Duquesne University Press, 1970, pág. 29.

rias con una libertad que el autor del *Lazarillo* jamás se permite.

Lucio cuenta cómo una enamorada le dio un bebedizo que le convirtió en asno. Así transformado, va pasando de amo en amo, cada vez con peor fortuna. Estas mudanzas le permiten conocer distintos modos de vida, que son los cuentos e historias intercalados. El procedimiento autobiográfico da unidad a toda esa variedad. Lo que no se da en Apuleyo es la verdad sobre el sentido de la vida que Lázaro lograba con su mirada retrospectiva. El traductor del *Asno de oro* le descubre un sentido moral. Lucio, convertido en asno, es cualquiera de nosotros cuando se deja llevar de la pasión. Cuando come las rosas de la razón recobra su verdadero ser. En el *Lazarillo* se ha eliminado la alegoría. Quizá se asimila el proceso exterior, pero se ha introducido una verdad existencial que en la obra clásica no se daba. Lo más que se podía encontrar era una moraleja.

Desde la misma perspectiva tenemos que ver la relación del *Lazarillo* con el *Elogio de la simpleza* de Erasmo. La irónica inocencia de Lázaro al narrar abiertamente su deshonra es idéntica a la irónica inocencia de la *Moria* erasmiana. Ella es también un *yo* que se comunica con sus oyentes; oyentes, porque ella no escribe, sino que pronuncia un discurso. Ahora bien, la actitud de predicadora la pone en situación retórica, engolada y, por consiguiente, no tiene la capacidad de comunicación que tiene Lázaro escribiendo una sencilla carta. Por supuesto, la *Moria* es un personaje alegórico e hija de personajes alegóricos. Critica distintos estados de la sociedad, pero en el fondo no habla de sí misma, porque ella no es nada. La *Moria* no es un personaje, sino una actitud. Aunque el autor del *Lazarillo* hubiera concebido su obra leyendo el libro de Erasmo, la creación es absolutamente original, porque el autor del *Lazarillo* presentó la vida de un hombre, mientras Erasmo presentó solamente ideas.

No obstante, el *Lazarillo* es también una obra de escuela y formación. Los pícaros comienzan a narrar la historia de su niñez y años de aprendizaje. En este sentido habrá que explorar cuánto puede deber la novela a los libros de Erasmo sobre educación. La relación formal con la obra erasmiana permitiría decidir las posibles concordancias en ideas que tanto se discuten, aunque el problema sólo se puede plantear en serio a nivel de sistemas globales y no de textos aislados [4].

Cuando podemos desgajar una obra, encontrándole una fuente para la forma, otra para el modo de ironía, otra como punto de referencia en cuanto a los hombres y episodios, entonces se nos plantea un dilema: o la obra es un pastiche, o es una obra de arte o pensamiento digna de consideración propia. Si se da el segundo caso, como en el *Lazarillo*, entonces el estudio de las fuentes está bien como el horizonte general de incorporación; pero sería erróneo pensar que ese conjunto de alusiones a las fuentes, el momento analítico, es ya la comprensión íntegra de la obra. El autor del *Lazarillo* tuvo como base de toda su creación la verdad, la concepción del hombre y la sociedad que quiso transmitir; sólo

---

[4] «Usque ad ipsos sacerdotes et monachos, qui fere quaestus gratia malunt in urbibus, iisque frequentissimis, versari, dogma sequuti non Pythagoricum aut Platonicum, sed caeci cujusdam mendici, cui dulce erat premi turbis hominum, quod diceret ibi esse quaestum ubi esset populus» («Convivium religiosum», *Opera omnia*, I, Leiden, 1703, col. 672). Ya hemos dicho antes que el ponerse Cervantes dentro de su propia obra tiene un paralelo en el *Ciceronianus:* «Hinc tibi proferam Erasmum Roterodamum, si pateris... —Abjicit ac praecipitat omnia, nec parit, sed abortit» *(Opera omnia*, ed. cit., I, col. 1013); los dómines y las novatadas, que prefiguran los del *Buscón*, son aludidos en cols. 505-507.

cuando se estudia esa concepción podemos entender la novela.

El *Lazarillo* contiene ya la fórmula que Cervantes hará culminar en el *Quijote;* pero lo contiene todo sencillamente en menor cantidad y, sobre todo, no contiene un protagonista con valores superiores que permitiera una presentación morosa y ejemplar, entendiendo ejemplar desde un punto de vista ontológico, no ético.

Se discute si el *Lazarillo* es propiamente novela picaresca o no. Para mí, la discusión tiene poco sentido, ya que los autores posteriores de novelas picarescas lo tomaron como modelo. Aunque mucho más extensa y complicada, la *Vida del pícaro Guzmán de Alfarache* (1599) de Mateo Alemán sigue los patrones' formales y temáticos del *Lazarillo*. Esta conciencia de parte de los creadores debe bastar para que el crítico de hoy no se plantee problemas falsos.

Como Lázaro, Guzmán tiene padres de mala conducta. Sólo que en el *Guzmán* se exagera, se estiliza y se extiende lo que en el *Lazarillo* se da como un simple dato. Como en el *Lazarillo*, el protagonista va siempre solo y no decide nada; todo le pasa. Guzmán sale de Sevilla, sube por los caminos de la Mancha, presta servicio en una venta y llega a Madrid convertido en pícaro. Con esta llegada termina el primer libro. El segundo narra diversas aventuras de su vida picaresca; el tercero, las calamidades que pasa en distintos viajes, hasta que termina en Roma como criado del embajador francés.

En 1604, Mateo Alemán publicó una segunda parte, que consta de otros tres libros. Guzmán vuelve a Madrid, estudia en Alcalá con la intención de hacerse clérigo, pero corta los estudios para casarse. Como Lázaro de Tormes, Guzmán vive cómodo en Madrid vendiendo el cuerpo de su mujer. Se traslada a Sevilla, donde su mujer le abandona. En Sevilla encuentra Guzmán a su madre; allí se dedica a robar, le apresan y es condenado a galeras. En las galeras le toca la gracia de Dios y se convierte; se le absuelve después de un castigo injusto por algo en que él no había participado. Ya convertido y suelto, escribe la historia de su vida de pecador. Una tercera parte, nunca escrita, hubiera narrado la vida nueva.

Desde el punto de vista formal esta novela supera en dimensiones y ambición artística al *Lazarillo*. Pero tampoco ha logrado Mateo Alemán darnos ese nivel de verdad que convirtió el *Quijote* en la novela clásica. Se le suele acusar de no haber fundido el elemento narrativo y el moral, y la acusación es en principio correcta; pero la base de esa falta de fusión radica en la actitud personal que Mateo Alemán adopta como narrador.

Hemos dicho antes que Cervantes nos está leyendo su novela, y que el acto de leer le da el perfecto equilibrio entre una comunicación comprometida y la requerida distancia por la cual aparece siempre mesurado y con puños de encaje. Tomemos, en cambio, un párrafo de Mateo Alemán al azar:

> Últimamente, con todas estas desdichas a Sevilla hobe llegado. Llegué a mi posada, y sin que alguno me sintiese subí hasta mi aposento, que no fuera pequeña dicha si la tuviera de entrar luego dentro. Metí la mano en una faltriquera para sacar la llave y no la hallé. Busquéla en la otra, y tampoco. Daba saltos en el aire, si se me hubiese metido por los follados de las calzas y no la descubrí... Ésta fue para mí una muy grande pesadumbre. Levantando los ojos casi con desesperación dije: ¡Pobre miserable hombre! ¿Qué haré?, ¿dónde iré?, ¿qué será de mí?, ¿qué consejo tomaré para que los criados de mi amo y compañeros míos no sientan mi desgracia?, ¿cómo disimularé para que no me martiricen? [5].

---

[5] Edición cit., III, 167-168.

El texto ha sido tomado al azar y no es de los más representativos para la tesis que voy a mantener; no obstante, sirve de prueba para ella. La tesis es que Mateo Alemán tiene una riqueza inmensa de imaginación y de lenguaje. Cuando escribe un dato, añade todas las asociaciones que ese dato le trae; no tiene la templanza ni el sentido de la selección. En el párrafo citado se puede ver en la sucesión de interrogaciones, que dan a todo el fragmento un carácter excesivamente retórico. Si además se hace notar que el texto y el lamento vienen de haberse ensuciado los vestidos en un asunto de tercería, ni el personaje, ni la acción ni la lengua tienen el poder de atracción estética que puede tener una aventura fracasada del hidalgo que busca la verdad y el bien.

Tomemos ahora el comienzo del capítulo quinto del mismo libro:

> Los que del rayo escriben dicen, y la experiencia nos enseña ser su soberbia tanta, que siempre, menospreciando lo flaco, hace sus efectos en lo más fuerte. Rompe los duros aceros de una espada, quedando entera la vaina. Desgaja y despedaza una robusta encina, sin tocar a la débil caña. Postra la levantada torre y gallardos edificios, perdonando la pobre choza de mal compuesta rama. Si toca en un animal, si asalta un hombre, como si fuese barro le deshace los huesos y deja el vestido sano (*ibid.*, pág. 147).

Toda esta consideración contiene también una enumeración retórica, se extiende luego con otras consideraciones morales durante dos páginas, y finalmente se llega al aspado hilo de la narración. Nosotros, llevados de la clásica fórmula «deleitar aprovechando», solemos decir que Alemán no funde las dos cosas en un todo. Para Alemán estaban fundidos desde el punto que la consideración moral o científica —como en el ejemplo del rayo— era el marco de verdad universal en que se insertaba la verdad particular de la narración. Moralidad y picaresca no se yuxtaponen simplemente en el *Guzmán;* la picaresca está intencionadamente inserta en las fórmulas universales. De esa manera pretendía el autor lograr verdad con la ficción. Pero no encontró la fórmula de la auténtica novela porque esa verdad no era existencial, sino que estaba desde el principio esclavizada a las fórmulas de universalidad y particularidad, y no las trasciende. La verdad de Cervantes valía para su tiempo y el nuestro; la de Mateo Alemán es la fórmula abstracta y universal, que vale también para todos, pero en un sentido puramente retórico y no existencial y humano.

Si estudiamos cómo habla Mateo Alemán en sus prólogos, vemos que no lee, sino que predica con la fuerza de un retórico lleno de ira; no dramatiza la búsqueda, sino que tiene las ideas definitivamente hechas.

Además del problema formal se plantean otros dos fundamentales con respecto al *Guzmán de Alfarache:* 1) El pesimismo u optimismo de su visión del mundo. 2) La definición del pícaro como tipo humano y literario.

Al plantearse los problemas de optimismo y pesimismo en el siglo de oro hay que tener siempre en cuenta la sutileza conceptual a que habían llegado aquellos hombres. Un texto puede sonar radicalmente pesimista y sin embargo ser optimista en la medida en que mantiene la creencia en la justicia divina. En el *Guzmán,* el pícaro se siente bueno en la sustancia, aunque malo en la calidad, es decir, en los hábitos adquiridos por su falta de decisión. Ya Lázaro decía que no era él peor que sus vecinos, y la sociedad que se pinta en el *Guzmán* no está vista con mejores ojos. Solamente el cardenal a quien Lázaro sirve es un hombre ejemplar.

El cardenal es una figura evangélica. Encuentra a Guzmán en la puerta de su palacio pidiendo limosna y llagado con llagas fingidas. Le lleva a su casa, manda curarle y le deja en ella como paje. Pero el paje tiene espíritu de criado, mal inclinado y desagradecido. El cardenal le manda fuera de su casa con encargo de que le den la ración, para que el criado vea su abandono y vuelva arrepentido. Guzmán no vuelve, sino que continúa su vida inconstante.

El pesimismo de esta novela no es radical; no está basado en una concepción filosófica del cosmos en que no se reconozca la justicia última. Al contrario, Guzmán escribe ya convertido; esto significa que todo hombre puede cambiar sus caminos si quiere. En el *Guzmán de Alfarache* no hay destino; el nacimiento inclina, pero no fuerza. Lo que hay es «fortuna», en el sentido de casualidad y malandanza. Pero la fortuna es un resultado precisamente de la falta de convicciones y compromiso del pícaro con los verdaderos valores.

Sin embargo hay que reconocer un fuerte pesimismo. Para Mateo Alemán la sociedad está corrompida en sus raíces. La corrupción es fatal de hecho, pero se da por el pecado de los hombres. El pesimismo y fatalismo de esa obra hay que entenderlo en consonancia con la frase del Evangelio: «Es necesario que haya escándalos, pero ay de aquel que produce los escándalos» (Mt. 18,7). El último miembro de la sentencia evangélica es el único que se toma en serio en el *Guzmán de Alfarache;* por eso carga la culpa sobre el individuo. La sociedad es mala porque los individuos son malos; idealmente la sociedad se podría reformar. De ahí el carácter moralizante que toma la novela y, como se mantiene dentro del universo ético del bien y el mal, no crea un carácter de la grandeza de Don Quijote.

En la novela de Cervantes ocurre al revés. La sociedad es la malvada; por eso sale el caballero a luchar contra todo lo aceptado y convenido. En esa lucha ocurre fatalmente el fracaso del individuo; pero el valor de lo intentado queda intacto.

Guzmán no cuestiona la sociedad como estructura masiva distinta del conjunto de individuos. La sociedad en el *Quijote* es esa estructura que determina más allá del conjunto, por eso el *Quijote* se sale del universo puramente ético y descubre la verdad ontológica de que hemos hablado.

Aquí descubrimos un terrible *quid pro quo* nunca visto en la historia literaria. Desde Kierkegaard (1813-1855) se interpreta la figura de Don Juan como el hombre sensitivo incapaz de darse a ningún valor. Don Juan es el hombre inconstante, la falta de concentración. Don Quijote, en cambio, es el caballero de la fe, el hombre ético que lucha por entregarse a valores. Bien conocido es el uso que hizo de esa diferencia Unamuno: Don Juan se le presenta como el tipo teatral y peliculero y Don Quijote como el modelo o el Cristo de la religión nacional española.

Pues bien, el *quid pro quo* consiste en que el Don Juan de Tirso de Molina tiene muy poco que ver con esa imagen que se le ha pintado; en cambio la encarnación de la inconstancia como tipo humano es precisamente Guzmán de Alfarache. Y esto no es un descubrimiento de quien cita rincones esotéricos de la obra. Es un motivo que se repite desde la primera página, de modo que el pícaro se define como la encarnación de la inconstancia. Es el hombre que no para en ningún sitio porque no tiene interioridad.

Ese tipo de hombre que encarna lo que pudiéramos llamar sentido esteticista o sentido cómico de la vida, se hubiera prestado para una obra literaria de profunda verdad humana como el *Quijote*. Todos nosotros somos en mayor o menor medida pícaros, inconstantes, curiosos de la novedad; estamos escribiendo un libro, se nos ocurre la posibilidad de otro y dejamos el que tenemos entre manos creyendo que el otro va a ser más fácil. Esas tentaciones son picarismo intelectual. ¿Por qué no logró Mateo Alemán esa verdad que hemos alabado en el *Quijote?* Sencillamente porque la inconstancia en su tiempo se miraba como el fruto de una culpa moral. La falta de centro no podía justificarse, porque el universo tenía su centro en Dios. Precisamente porque no eran fatalistas culpaban al mismo pícaro de su dispersión. El pícaro no ha hecho prueba de su ingenio:

> De cuyo debido y ejemplar castigo se infiere, con términos categóricos y fuertes y con aumento de contrarios, el premio y bienaforunados sucesos que se le seguirán al que ocupado justamente tuviere en su modo de vivir cierto fin y determinado, y fuere opuesto y antípoda de la figura inconstante deste discurso[6].

En este texto y muchos paralelos que pueden citarse vemos la esencia del pícaro como exactamente lo contrario de Don Quijote: el hombre que no desea nada, que no tiene fin. Tampoco Sancho tiene nada de pícaro; él también tenía fines según las posibilidades de su inteligencia.

Un tipo así no podía dar origen a una gran novela en una sociedad que creía en la causa final a pie juntillas. El principio de finalidad rezaba: «Todo agente intelectual obra por un fin»; este principio era un axioma tan primario como el de contradicción. Solamente cuando la sociedad ha perdido la fe en Dios y en el principio de finalidad el pícaro se

---

[6] Elogio de Alonso de Barros, *Guzmán de Alfarache*, ed. cit., I, 39. He aquí cómo se repite el motivo en Espinel: «Yo confieso de mí, que la inquietud natural mía, junta con la poca ayuda que tuve, me quebraron las fuerzas de la voluntad para trabaiar tanto como fuera razón» *(Marcos de Obregón*, ed. cit., I, 168; cf. 252, II, 19).

ha hecho el único protagonista digno de novela. El hombre descentrado se ha hecho la verdadera imagen o el verdadero símbolo de la sociedad moderna. Porque nadie parece saber a dónde vamos ni de dónde venimos. Don Quijote se equivocaba buscando una verdad absoluta en este mundo; pero la encontró en el otro. La verdad absoluta existía. El pícaro se equivocaba porque, aceptando todo el mundo que esa verdad existe, él es un excéntrico que al final reconoce su error. Al mismo tiempo el *Guzmán de Alfarache* no se puede salvar desde la picaresca moderna, porque precisamente él también y su autor creen a pie juntillas en la verdad y en Dios, y lo que da su verdad a la moderna picaresca es la falta de esa creencia colectiva.

DE LA AMBIGÜEDAD AL HUMOR: LA PICARESCA EN EUROPA

Ocurrió muy pronto lo que había de ocurrir. El pícaro era un tipo curioso, no un representante de la verdad social del siglo XVII. Lo que se hizo fue eliminar de la obra de Mateo Alemán el esquema ético y dejar al pícaro en su puro ser de excepción como objeto de risa[7].

El primer ejemplo de esta transformación lo tenemos en *El Buscón* de Quevedo, publicado en 1626. Quevedo es un humanista de cultura muy extensa e imbuido de clasicismo latino y griego. Para él los géneros literarios eran los esque-

---

[7] La formación del *Quijote humorístico* hay que estudiarla en perfecto paralelo con la humorización de la picaresca. Los traductores del *Guzmán* y *El Buscón* cambiaron según su gusto, quitando a esas novelas los elementos religiosos y morales y, por tanto, su verdadera estructura, para convertirlas en obras cómicas. Véase Alexander A. Parker, *Literature and the Delinquent* (Edimburgh, at the University Press, 1967), 99-137.

mas formales heredados de la antigüedad y no tuvo sentido
para la nueva noción de género que se abría con el *Quijote*
y ya inicialmente con el *Lazarillo*. La nueva noción de género
consistía en un esquema formal que a su vez era estudio
del hombre en su aspecto individual y social, y donde este
estudio no se hacía de modo especulativo, como en la ética,
sino a través de la acción y el diálogo.

Quevedo toma los rasgos fundamentales de la picaresca:
nacimiento bajo, novela de aprendizaje, higalgo pobre, crítica
de la sociedad, y le aplica uno de los procedimientos de
humor que hemos estudiado en Cervantes: la estilización
grotesca. Todo lo reduce a caricatura. Con esto, lo que pudiera contener la picaresca de problema humano y crítica
social, se esfuma. Cuando la crítica pasa el punto de equilibrio, deja de ser crítica y se convierte en sátira, que ya
no es crítica, sino un género literario. En Quevedo la novela
no progresa como estructura nueva, sino que sufre un retroceso incorporándose a la noción clásica de sátira, de la cual
la había ya librado Cervantes. En cambio la sátira es el
género en el que se han permitido siempre las mayores
audacias de lenguaje. La sátira ha sido el género donde todas
las generaciones literarias desde Grecia han hecho sus experimentos vanguardistas; en ella se ha lucido el ingenio in-
ventivo, el arte de la caricatura, la formación de palabras
nuevas, las comparaciones audaces y las formas métricas
más variadas. *El Buscón* contiene experimentos formales de
ese tipo; quizá se le puedan documentar relaciones con los
tratados de educación de su tiempo; en este sentido hay
una discusión sobre si ese escrito es un juego «puramente
literario» o tiene una trascendencia moral y religiosa. Como
siempre en estos casos, la discusión no se resuelve con el
puro estudio textual, sino poniéndose de acuerdo en los conceptos universales. ¿Que es un juego puramente literario?

Admitiendo que lo sea el texto de Quevedo, al menos documenta un estado inmenso de desilusión en su autor que, como en todas las novelas aquí estudiadas, es un personaje de su libro. Si ese personaje nos da la caricatura de la sociedad que pinta, el juego es amargo y ya no es un juego.

Al mismo tiempo hay que precaverse de simbolismos religiosos o morales. Es perfectamente posible que el joven Quevedo, cuando escribió *El Buscón,* se acordase de ideas erasmianas sobre la educación de los niños, es probable que él estuviera contra la costumbre de las novatadas en las universidades y otras muchas cosas. Pero el tono de su obra no permite dar demasiada importancia a esos recuerdos, sencillamente porque no podríamos con su caricatura aprender nada sobre educación ni probablemente contra las novatadas. De nuevo la crítica excesiva deja de ser crítica verdadera y, por consiguiente, pierde su poder. Una cosa es clara: *El Buscón,* el *Quijote* de Avellaneda y la nueva dirección humorística de la novela picaresca arrastraron consigo al *Quijote,* de forma que se hizo también libro de humor. Cervantes no había estudiado en la universidad; creó su obra desde su experiencia del cautiverio y la desilusión, y esa obra cayó en manos de generaciones cada vez más clasicistas, para las cuales la novela se incorporaba al género tradicional llamado sátira. Los lectores percibían algo nuevo en la obra de Cervantes; por eso se impuso como obra maestra, sin discusión; pero la sensación de algo nuevo no llegó a romper el concepto de género literario que estaba arraigado durante siglos. Así se formó la idea de un Don Quijote, pícaro bueno, andante sin rumbo como ellos, que encuentra fracasos en vez de encontrar pan [8].

---

[8] Cervantes fue visto en Inglaterra como satirizador de la caballería y la nobleza. Así se formó la leyenda que en el siglo XVIII volvió

La picaresca era verosímil en un sentido más claro y patente que las novelas de Cervantes. En ella no se dan los experimentos con los límites de la razón —la visión, el sueño, el suspenso— que encontramos en el *Quijote;* en este sentido la picaresca realiza la verosimilitud como normalidad y probabilidad, eliminando lo moralmente imposible. En Francia se tomará esa noción de verosimilitud en el siglo XVII y por esa razón se criticará el atrevimiento de Cervantes al incorporar tanto lo admirable. La actitud subyace al libro de Charles Sorel *Le Berger extravagant* o *L'Anti-Roman* (1627) [9].

La edición revisada de 1633 consta de dos volúmenes de 1136 y 1234 páginas, respectivamente. Se divide en catorce

---

a España, de un Cervantes enemigo de su patria y vergüenza para España:

> El fuerte fue de Cervantes
> aquel andante designio
> en que dio golpe tan fuerte
> que a todos nos dejó heridos.
> Aplaudió España la obra,
> no advirtiendo, ínadvertidos,
> que era del honor de España
> su autor verdugo y cuchillo.

Maruján (1750). Cit. Brüggemann, W., *Apologie der spanischen Kultur und kritische Rückbesinnung auf das traditionelle Theater im spanischen Schrifttum des 18. Jahrhunderts,* en *Homenaje a Johannes Vincke,* II, Madrid, C. S. I. C., 1962-63, 675. Cf. A. P. Burton, «*Cervantes the man seen through English eyes in the seventeenth and eighteenth centuries*», BHS, 45 (1968), 1-15. En este artículo se documenta la formación del Cervantes satírico a quien criticará Maruján. En *Pamela* de Richardson (1740) se describe un baile de máscaras. Una máscara quiere hilar la hebra con Pamela; su marido, Mr. B., que está vestido de «español», se acerca y dice: «T'were hard if our Nation (España para Mr. B.), in Spite of Cervantes, produc'd not one Cavalier to protect a fair Lady thus surrounded» *(Pamela or Virtue Rewarded,* Stratford-upon-Avon, 1929, IV, 99).

[9] París, 1633, 2 vols. Ejemplar en J. Olin Library, Cornell University.

libros y una conclusión. La historia es un paralelo a la de Don Quijote. Como el caballero se vuelve loco leyendo libros de caballería, así le pasa a Lysis, enamorado de la novela pastoril, que se hace pastor. Adora a una sirvienta de nombre Cathérine, a la que él da el nombre nuevo de Charité, y se retira al campo con unas cuantas ovejas para hacer realidad el sueño de sus novelas.

La locura de Lysis le permite a Sorel imaginar muchas aventuras inverosímiles, a pesar de que critica duramente la inverosimilitud de los otros. Tres puntos nos interesan de esta novela: la transformación del concepto de verosimilitud, la presencia en ella de la literatura española y su relación explícita con el *Quijote*.

A) En cuanto al punto primero, Sorel le critica a Cervantes el exceso de casualidad que hay en su obra. Los encuentros fortuitos de tantos personajes separados por largas distancias le parecen ficción carente de verdad, porque no son probables. No obstante, reconoce que nuestro novelista ha dado un paso valioso en la conquista de la verosimilitud:

> No debemos servirnos de los nombres antiguos más que en las novelas de temas antiguos, como *Argenis, Clorimene, l'Orphize de Chysante*, la Historia africana y otras semejantes. Los españoles no cometen falta en esto. Miguel de Cervantes, en el *Quijote*, pone casi siempre los nombres de su tierra. Allí veis a Sancho Panza, Sansón Carrasco, Don Fernando y Don Luis. Lo mismo hace en sus novelas, donde encontráis a Don Juan de Avendaño y algunos nombres parecidos (I, 135).

B) Sorel conoce y cita toda la novelística española conocida entonces y hoy: la picaresca, la pastoril, las obras de Cervantes, los libros de caballería y *La Celestina*, sin olvidar a Huarte de San Juan (II, 1072), la comedia y *El peregrino en su patria* de Lope.

En el libro tercero, Anselmo y Montenor se llevan a Lysis a la floresta. Allí les sirve un vino refrescante la vieja Clemencia, a la que Lysis toma por la maga Felicia de Montemayor (I, 460, 464, 515). Clemencia es la madre de Clarimond, amigo de Montenor y autor de una novela: *El banquete de los dioses*, mitológica y clasicista, como su título indica. Esa novela se ha intercalado en el libro tercero, siguiendo así el patrón de Cervantes. Llega Clarimond a la floresta, y entre él y Lysis se origina una discusión sobre novela y poesía, que recuerda la de Don Quijote y el canónigo al final de la primera de nuestras novelas.

En el libro catorce encontramos una escena que de rechazo nos ayuda a leer *La Celestina*. Un ermitaño le pregunta a Lysis:

> Amigo mío, ¿no queréis vos seguir todos los artículos de nuestra fe? Yo no tengo más fe que en Charité, respondió Lysis; le he prometido ante el trono del Amor que siempre seré suyo. ¡Oh qué impiedad!, gritó el buen padre; cuando se os habla de Dios vos habláis de sus criaturas, como si las adoraseis en vez de adorarle a él (II, 992-993).

Lo característico del libro de Sorel es que al final de cada libro narrativo tiene un comentario histórico y teórico sobre la novela, en que se explica a sí mismo. En este comentario Sorel recuerda expresamente que Lysis está siguiendo el ejemplo de Calisto en *La Celestina* (*ibid.*, 1056).

C) Por el argumento general y los detalles concretos que hemos señalado, es claro que *L'Anti-Roman* es un *Quijote* malo. Porque desde el punto de vista formal es mucho menos trabado, porque es ya una parodia pura y no una creación, y porque es muy distinto hacerse pastorcito para cantar a Charité que hacerse un incendio de idealismo para transformar una sociedad. Sin embargo Sorel no lo reconoce, porque él es un clasicista, un profesor esclavizado a las fórmulas heredadas.

> ¿No ves, dice Lysis, que soy pastor? ¿No te lo da a conocer mi vestimenta? Con todo eso, para que no te fundes demasiado en las palabras y no tomes las cosas al pie de la letra, te diré que yo no soy de aquellos rústicos que viven en el campo. Yo soy de aquellos que escriben las novelas que en estos tiempos se hacen, y cuyas acciones presentan los autores en los teatros. Por vida mía, señor mío, dijo Fontenay, que no sabía callar nada de lo que pensaba, a mí parece que vos sois el sucesor de Don Quijote de la Mancha, y que habéis heredado su locura... ¡Mentís como bellaco villano!, respondió Lysis airado; yo no hago nada que no sea de mi propia invención. Yo no he imitado nunca a ese caballero que vos decís, y si he leído su historia, ha sido sólo de pasada (I, 613-614).

En el comentario añade:

> Lysis se encoleriza con toda razón por habérsele comparado con Don Quijote; porque, puesto que su locura tiene algo de parecido, todavía él se imaginaba con razón que él era más sabio que ese caballero (661).

En resumen; como puede verse en el texto que reproduzco en el apéndice de este capítulo, Sorel encontraba en el *Quijote* falta de auténtica imitación y verosimilitud, falta de clasicismo y exceso de caballería. Lysis se cree más sabio que nuestro caballero porque él ama a la pastora de carne y hueso que ve todos los días, mientras Don Quijote ama el ideal lejano, y porque el hidalgo manchego persigue la guerra que embota el ánimo, mientras él persigue la paz, que lo eleva. Sorel no ha tenido perspicacia para percibir la originalidad cervantina en el tratamiento del amor y en el humanismo de las armas.

Otro documento en la historia de la influencia española en la Francia del siglo XVII y en la conciencia de perfeccio-

namiento que los franceses tuvieron con respecto al material
español, lo da el *Roman comique* (1657) de Scarron [10]. Es la
historia de unos cómicos ambulantes, sus andanzas y conversaciones. No tiene un protagonista ni una acción propiamente dichos. Se les ha señalado relación con el *Viaje en-
tretenido* de Rojas Villandrando; pero no hay semejanza
digna de observación entre los dos escritos, excepto que
ambos son historias de cómicos. El *Roman comique* sigue
los procedimientos de la picaresca en la pintura de tipos
humildes, en la sucesión de acontecimientos burlescos y en
ser historias de camino, sin análisis de pasión y lucha íntima.
Lo que no tiene es el carácter trágico de una existencia personal marginada, porque su modo de vida es condenable en
una sociedad creyente. Es decir, la obra de Scarron es un
hito más en la reducción de la picaresca a novela de humor.

Como el *Guzmán* y el *Quijote*, el *Roman comique* contiene varias historias intercaladas, concretamente cuatro:
tres de Castillo Solórzano y una de D.ª María de Zayas.
Scarron no las traduce con exactitud, sino que las reordena
con adiciones, supresiones y cambios. Esa ordenación expresa la idea que tenía un francés del siglo XVII [11] con respecto al material español [12]. En el capítulo octavo de la pri-

---

[10] Ed. Victor Fournel, Paris, 1857, 2 vols.

[11] y del siglo XX. Cf. Cadorel, R., *Scarron et la nouvelle espagnole
dans Le roman comique* (publicación a multicopista), Aix-en-Proven-
ce: La Pensée universitaire, 1960, 290 págs.

[12] En Inglaterra se da un desnudamiento paralelo de Don Quijote
en Fielding, *The History of the Adventures of Joseph Andrews, and
of his Friend Mr. Abraham Adams. Written in Imitation of the Manner
of Cervantes, Author of Don Quixote* (1742). Es una sátira contra
Pamela de Richardson. El párroco Mr. Adams es un hombre bueno
y sencillo, con más simpleza que locura. En la intención de Fielding
se parece a Don Quijote. Se expone a fortunas y adversidades por
ayudar a Joseph Andrews y Fanny, amantes castos como Periandro

mera parte, un comediante habla de «una historia extraída
de un libro español... de la que quiero hacer una comedia
según las reglas». En páginas posteriores, el comediante
Destin, al contar su educación casi reducida a lecturas no-
velescas, dice:

> Hasta la edad de quince años nos agradaba mucho más leer
> los *Amadises* que las *Astrées* y las otras bellas novelas que
> después se han hecho, y por las cuales los franceses han mos-
> trado, como por otras mil cosas, que si ellos no inventan
> tanto como las otras naciones, perfeccionan mucho más (I,
> 110-111).

Estas citas muestran lo que es ya tan conocido con respecto al teatro: en las invenciones españolas se vio un material bruto que necesitaba perfeccionamiento según las
reglas.

Dada la penuria intelectual de España a partir de la
muerte de Gracián en 1658, la novela picaresca la volvere-
mos a recibir los españoles ya modificada por Lesage. El
Gil Blas de Santillana (1715-1735) será la obra de magnífico
estilo donde se pinta una España de charanga y pandereta,
en que el pícaro puede subir a secretario real, donde gobiernan las comediantas a través de su cohabitación con los
duques, y toda la tramoya que un francés quería oír sobre
su colonia del sur de los Pirineos.

---

y Auristela. Fielding funde los reencuentros de *Persiles* y *La gitanilla* con tipos y escenas tomadas del *Quijote*. Si alguna significación
tiene *Joseph Andrews* consiste en continuar la asociación de la novela
española con el humorismo puro. «To find the major channel of
fiction reaching to our own age we have to follow the sequels of the
jest-book tradition. Having received fresh nourishment from Spanish
realism, especially the picaresque, that tradition was able to flower in
English works to which the term realism may be applied at least in
a limited sense» (Schlauch, Margaret, *Antecedents of the English
Novel (1400-1600)*, London, Oxford University Press, 1963, pág. 247.

Y basado en Lesage, el P. Isla pretenderá darnos un *Quijote* en el *Fray Gerundio de Campazas*. El *Quijote* y la picaresca se convierten así en piezas de humor. Mientras la sociedad crea colectivamente en valores religiosos y culturales, con el humor se podrá moralizar; sólo cuando se pierda colectivamente la fe en el centro volverán a ser símbolos de valor humano, pero erróneamente interpretados. Porque los pícaros y Don Quijote creían en el centro y son posibles sólo desde él.

El simbolismo y trascendencia concedidos por la interpretación romántica no cambia la visión básicamente humorística de Don Quijote. Lo que hace Jean Paul, por ejemplo, es reinterpretar la noción de humor haciendo ver que representa una dimensión esencial de la vida. El humor es la mueca desilusionada cuando no podemos alcanzar lo sublime a que aspiramos.

DÉLICATESSE: LA PRINCESA DE CLÉVERIS

Los historiadores de la novela francesa tienen una obra y unas fechas donde comenzar: *L'Astrée* (1610-1627), publicada en diversas partes y nunca terminada, a pesar de sus cinco mil páginas largas:

> Mr. d'Urfé fue el primero que sacó a la novela de la barbarie y la volvió a poner bajo el imperio de las reglas en su incomparable *Astrée*, la obra más ingeniosa y cuidada que jamás se haya publicado en este género y que ha oscurecido la gloria conseguida en él por Grecia, Italia y España[13].

Estructuralmente no contiene originalidad ninguna. Hay un hilo tenue en la historia de los amores de Celadon y

---

[13] Huet, Pierre Daniel (1630-1721), *Essai sur l'origine des romans* (1670), en Mme. de La Fayette, *Oeuvres*, I, Paris, 1804, pág. 73.

Astrée, y en él inciden hasta cuarenta y cinco historias «españolas». Lo nuevo en la contribución francesa sería haber perfeccionado el material español y haber interiorizado el sentimiento amoroso, que en las obras españolas no se estudia, sino que se da como origen de una serie de aventuras de capa y espada o de largas caminatas.

Con *L'Astrée* se da un paso decisivo en Francia que determinará toda la historia posterior de la novela. Ese paso no consiste en la invención de nuevos temas o estructuras, sino en la eliminación de la caballería, que ahora se relega a los tiempos bárbaros. Al eliminar la caballería, surgirá el amor y la galantería como el tema novelesco por excelencia. Es un dato elemental que en la novela francesa de los siglos XVII y XVIII hay un predominio asombroso de protagonistas femeninos y que además muchos autores de novelas son mujeres.

En esta línea debemos comprender el giro sentimental que Mlle. de Scudéry da a los héroes clásicos. Su Ciro es una ocasión para hacer «la anatomía de un corazón enamorado» («l'anatomie d'un coeur amoureux»). El fenómeno amoroso no se va a presentar como una pasión súbita producida por el dardo de un dios, sino como una experiencia lenta, «con todos sus celos, inquietudes, impaciencias, gozos...; en una palabra, todos esos sentimientos tumultuosos que sólo conocen bien aquellos que los sienten o los han sentido» [14].

Pero la obra maestra en esa dirección, la primera novela moderna, tomando el término en lo que ha sido histórica-

---

[14] Tomado de Koerting, Heinrich, *Geschichte des französischen Romans im XVII. Jahrhundert*, 2 vols., Leipzig, 1885, I, 460. Escribiendo sobre Mme. de La Fayette decía Fontenelle: «Je vous avoue que je suis beaucoup plus touché de voir regner dans un roman une certaine science du coeur telle qu'elle est, par example, dans *La Princesse de Clèves*... (cit. Koerting, *ibid.*, 487).

mente desde 1678 hasta 1850 aproximadamente, fue *La Princesse de Clèves* de Madame de La Fayette (1678)[15].

En la corte de Enrique II de Francia (1547-1559) se vive una vida de intrigas políticas y sentimentales. El rey, a los tres años de sus bodas con Catalina de Médicis, se ha entregado en alma y cuerpo a Diana de Poitiers, duquesa de Valentinois, diecinueve años mayor que él. En escandaloso contubernio, públicamente conocido y cortésmente aceptado, viven tres grupos de presión: el del rey, dominado por la favorita; el de la reina y el de María Estuardo, «reina delfina». Los tres forman «una corte regocijada, fastuosa y epicúrea, en la que el vicio no gusta de hipocresías ni gasta antifaz ni siente arrepentimientos, entonando su himno triunfal a la vida, mezcla extraña de refinamientos artísticos con brutales violencias, de delicadezas con groserías»[16].

Las palabras del historiador son sólo una paráfrasis de la sobria descripción que se da en *La Princesse de Clèves*:

> Il y avait une sorte d'agitation sans désordre dans cette cour, qui la rendait très agréable, mais aussi très dangereuse pour une jeune personne. (Ed. cit., pág. 34).

A esta corte llega un día Mademoiselle de Chartres, joven de quince años, traída por su madre, que viene a buscarle un matrimonio ventajoso. Mme. de Chartres ha educado a su hija de un modo abierto, no le ha celado los encantos del amor y las delicias de un hogar amable; pero, al mismo tiempo, le ha inculcado principios morales estrictos y ha condenado las amistades extramatrimoniales.

---

[15] Edición Louise de Vilmorin, Paris, Gallimard, 1958.

[16] Amezúa, A. G. de, *Isabel de Valois, reina de España (1546-1568)*, 3 vols., Madrid, Dirección General de Relaciones Culturales, 1949, I, 8-9. Los capítulos 2 y 3 de la obra de Amezúa nos proporcionan los datos históricos sobre los personajes y paz de Château-Cambrésis, que aportamos después.

Al día siguiente, el príncipe de Clèves encuentra por primera vez a la recién venida en la tienda de un joyero. Queda tan sorprendido de su belleza que no puede disimular, y las mejillas de aquella princesa se llenan de rubor al ver la sorpresa que ha causado. Siente también remordimiento, porque ha prestado más atención al príncipe de aquella que la cortesía requiere. Toda la corte pone sus miradas en la hermosura de Mademoiselle de Chartres y el príncipe de Cléveris, más venturoso que todos, se casa con ella. Él la quiere con pasión; pero ella es demasiado joven y no ha sentido todavía la sensación de amor. Es gentil y amable con su marido, pero no siente pasión por él.

Entre tanto llega a la corte el duque de Nemours, obra maestra de la naturaleza («*un chef-d'oeuvre de la nature*»). Es el hombre más guapo que se ha visto, tiene un valor incomparable y una simpatía en sus ojos y acciones imposible de describir. El duque de Nemours ha conquistado el corazón de la mismísima reina de Inglaterra y viene a preparar su viaje para entrevistarse con ella. Pero en una fiesta de palacio el rey manda que bailen el duque y la princesa de Cléveris. Los aplausos de toda la concurrencia parecen publicar que la naturaleza les había destinado para en uno. El duque de Nemours se apasiona de Mme. de Clèves y ya no tiene más ser que sólo amarla; por ella renuncia a su viaje a Inglaterra; pero la dama está casada y sus principios morales no permiten concesión a una amistad culpable.

También la princesa ha sentido una sensación que le era desconocida; pero no sabe todavía su nombre. Entre tanto van trabajando en su corazón varias celestinas inocentes. Antes de que Mme. de Clèves viera al duque, ya la reina delfina se lo había pintado con tales primores que había suscitado en ella la curiosidad y hasta la impaciencia de verle. Cuando le ve, siente la pasión que le faltaba para su marido.

En un momento le da cuenta a su madre de los muchos pretendientes que la molestan; pero calla un nombre, porque no quiere concederse a sí misma que también ella le ama. La madre actúa de celestina inocente, contándole a la hija una posible relación amorosa entre el duque de Nemours y la reina delfina (María Estuardo); Mme. de Clèves se pone como una cereza, y cuando quiere preguntar más, entra gente:

> on ne peut pas exprimer la douleur qu'elle sentit de connaîre par ce que lui venait de dire sa mère, l'intérêt qu'elle prenait à M. de Nemours; elle n'avait encore osé se l'avouer à elle même (pág. 66).

Al día siguiente, cuando Mme. de Clèves llega al cuarto de la reina delfina, ésta le dice a la recién llegada: «Estábamos hablando de M. de Nemours...» El proceso de amor se va intensificando. Llega un momento en que la princesa conoce que el duque conoce su pasión hacia él, y entonces siente un inmenso dolor, «pero ese dolor no lo era en un sentido total, sino que iba mezclado de una suerte de dulzuzura» (págs. 114-115).

El duque de Nemours hace varios intentos de establecer una relación amorosa con la dama, pero ella lucha contra su propia pasión y hace que la razón y el sentido del deber venzan a las inclinaciones. Un día, por una equivocación que ha levantado sospechas, el esposo la pregunta si él no ha sido capaz de suscitar en ella la pasión que ha sentido por el duque. La princesa de Clèves le confiesa toda la verdad: le ha estimado y respetado como era su deber, no ha mancillado su honra ni siquiera con la concesión del pensamiento, «pero esa persuasión, efecto de la razón y la virtud, no había podido adueñarse de su corazón» (pág. 223). Madame de Clèves ha dominado cuanto estaba debajo de su albedrío, pero del corazón no ha sido maestra. El esposo muere de dolor. Ella es libre. El duque de Nemours se arroja a sus pies pidiéndole se una con él en matrimonio; pero él es el culpable de la muerte de su marido y ahora debe serle tan fiel como le ha sido en la vida. Junto al aspecto de la fidelidad la dama da otra razón para no casarse: no quiere que la pasión profunda se convierta con el matrimonio en convivencia desilusionada. Y luchando contra sus inclinaciones, llega su alma a una especie de embotamiento que sólo pide reposo. Después de tanta lucha pasó los cortos años de vida que la quedaron entre su casa y un convento, llevando una vida austera y dejando al morir el ejemplo de inimitables virtudes.

Por el resumen hecho se ve que estamos a muchas leguas del *Quijote*. Bastaría comparar ese baile de la corte francesa con el del pobre caballero en Barcelona:

> Hubo sarao de damas, porque la mujer de don Antonio, que era una señora principal y alegre, hermosa y discreta, convidó a otras sus amigas a que viniesen a honrar a su huésped y a gustar de su nunca vistas locuras. Vinieron algunas, cenóse espléndidamente y comenzóse el sarao casi a las diez de la noche. Entre las damas había dos de gusto pícaro y burlonas, y, con ser muy honestas, eran algo descompuestas, por dar lugar que las burlas alegrasen sin enfado. Éstas dieron tanta prisa en sacar a danzar a Don Quijote, que le molieron no sólo el cuerpo, sino el ánima. Era cosa de ver la figura de Don Quijote, largo, tendido, flaco, amarillo, estrecho en el vestido, desairado y, sobre todo, no nada ligero (II, 62, pág. 1487b).

Ese baile de Barcelona es el trozo más triste de la pasión del pobre caballero. Leamos, en cambio, el inicio de la dulce pasión de la princesa de Cléveris:

> Comenzó el sarao, y mientras ella danzaba con el duque de Guisa, se hizo un gran ruido hacia la puerta del salón, como

que alguien entraba y a quien se abría paso. Mme. de Clèves acabó de danzar, y cuando buscaba con los ojos a quién tomar para la pieza próxima, el rey la pidió tomar al que en ese instante llegaba. Ella se volvió y vio un hombre que desde el primer momento le pareció no poder ser otro que Monsieur de Nemours, el cual iba pasando por encima de algunas sillas para llegar a donde se danzaba. Este príncipe tenía una figura tal que era difícil no sorprenderse al verle por primera vez, especialmente aquella noche, en que el cuidado que había puesto en prepararse aumentaba el aire brillante de toda su persona; mas era también difícil ver por primera vez a Mme. de Clèves sin sentirse admirado... Cuando comenzaron a bailar se levantó en el salón un murmullo de alabanzas. El rey y las reinas recordaron que no se conocían y encontraron algo de singular en verles bailar juntos sin haberse visto jamás (páginas 46-47).

Estas novelas de salón no necesitan caminos ni ventas. Es curioso que Mme. de La Fayette usa muchas veces el término «aventura»; pero aventura significa en ella un encuentro súbito y una mirada furtiva. En estas novelas no hay acción; «todo es agitación sin desorden», lucha íntima entre deber y pasión.

Una serie de palabras como «ternura», «delicadeza», «corazón», que en la literatura española se usan muy poco, se hacen ahora términos clave.

En este contexto solemos recordar la interiorización que tiene lugar en la novela pastoril, donde también aparecen con profusión esos términos. Sin embargo, en la novela pastoril no hay intensificación del amor. Cuando Sireno baja de las montañas de León, en la página primera de la *Diana* de Montemayor, baja ya desengañado del amor y con una pasión en el punto más alto a que podía llegar. La diferencia entre el tratamiento del amor en *La Princesse de Clèves* y la pastoril española es que en la novela francesa la mayor altura de la pasión llega precisamente al fin, y toda la novela no es sino la presentación de la intensificación progresiva de una mirada y un interés iniciales puramente inocentes [17].

En la literatura española clásica —novela y teatro— el amor no surge como un proceso interior, sino como el flechamiento súbito que obra Cupido. Las luchas interiores en el teatro español se atribuyen siempre a personajes cobardes y, cuando se dan en el orden religioso, no se describen como luchas del alma, sino como la lucha de dos instancias exteriores al individuo: ángel y demonio o, como en *En las paces de los reyes* de Lope, la voz de Dios habla por boca de los villanos o ángeles, cuando en realidad son las dudas interiores del rey. En general, en la literatura española el amor es un pretexto, que nunca se describe morosamente, para iniciar una serie de aventuras de capa y espada o de camino. La novela pastoril no es excepción a esta tesis, sino confirmación, y, por otra parte, la intención poética de la pastoril hace más aconsejable casi olvidarla en esta historia. Porque la expresión amorosa está allí puesta en términos y estructuras heredados de la pastoril clásica o italiana, y es difícil distinguir lo genuino de lo estereotipado.

Aunque no faltan en las novelas cervantinas y en la pastoril términos como «delicadeza», «ternura» y «corazón», son menos usados que en la literatura francesa. El término español «cortesía», que responde a la «délicatesse» de Madame de La Fayette, tiene connotaciones más objetivas y menos mórbidas que el francés. «Sentimiento» significa

---

[17] ¿Cree De Lollis que *La Princesse de Clèves*, de Mme. de La Fayette, es psicológicamente superior al *Quijote* o a las *Novelas ejemplares?* Lo que ocurre es que Cervantes no practica el método de amorosa delectación en el autoanálisis reflexivo; pero en cuanto seres vivos, cualquier personaje de sus obras mejor logradas supone una complejidad interior no superada por nadie» (A. Castro, *El pensamiento de Cervantes*, pág. 69). Para la interiorización en la pastoril, cf. *Hacia Cervantes*, págs. 274 y sigs.

generalmente en español «dolor»; en cambio, en Mme. de La Fayette «sentiment» tiene una serie de connotaciones sensuales intraducibles. Si le pudiéramos pedir a Cervantes que nos tradujera «femme d'esprit», es probable que nos diese una «doncella discreta». Pero, de nuevo, «discreción» tiene un significado más objetivo y social —perdónese el término poco apropiado en este contexto— que el subjetivista «esprit». Lo más importante en este léxico, sin embargo, no es el léxico para el cual siempre se pueden documentar paralelos en español. La novela española de amor está llena de retórica en el sentido más técnico. La sintaxis se estructura con paralelismos, quiasmos y retruécanos, y de esa manera crea un marco lingüístico prefabricado para la expresión del sentimiento personal. ¿Cuántas veces se juega con pares de palabras como vida y muerte, perderse y ganarse, culpa y pena, suelo y cielo, fuego y nieve? Si el sentimiento y la lucha interior se presentan como la obra de espíritus exteriores, también la expresión juega demasiado con las fórmulas heredadas.

Otra objeción que suele ponerse a quien niega el psicologismo de la literatura española es la experiencia de nuestros místicos. ¿Cómo ha de importar psicología el país de Santa Teresa y San Juan de la Cruz? Pues lo característico de nuestros místicos es que no son psicologistas. En San Juan de la Cruz es muy claro; sus poemas son un tratamiento del amor tan elevado, que sería absurdo estudiarlos con la noción de sentimiento. En él se entrega la persona toda a un nivel de centro del alma que está por debajo de toda división en entendimiento, sentimiento y voluntad; y por si esto suena demasiado sutil y quizá llevado por el deseo de mantener mi tesis general, la prosa de San Juan de la Cruz nos dice en la lectura más superficial que el santo es un gran enemigo del sentimiento. No habrá místico para quien

el amor de Dios sea cosa tan dura y seca: obedecer, morti-
ficarse, luchar contra los gustos.

Santa Teresa le considera a San Juan excesivamente
duro. Como es mujer, dice que hay que conceder algo a la
debilidad humana; y si la persona espiritual tiene sentimientos, no debe perder el tiempo en luchar contra ellos.
Pero, de nuevo, el amor para Santa Teresa es básicamente
cumplir la regla de la Orden, los deberes de la profesión,
amar al enemigo y estar dispuesta a dar la vida por el amado. Nada de sentimiento o muy poco.

En Francisco de Osuna, místico metafísico y nada sentimental, se habla frecuentemente del Corazón de Jesús; pero
hemos de recordar que la devoción al Corazón de Jesús,
como devoción oficial y como «sentimiento religioso», se
crea en Francia en el siglo XVII. En la definición del amor
religioso se da una transformación semejante a la que tiene
lugar en la novela. El libro clásico de Bremond sobre la espiritualidad francesa se llama *Historia del sentimiento religioso en Francia*. Para una historia de la espiritualidad española no sería posible tomar ese título.

PSICOLOGISMO Y VERDAD

¿Cómo podemos compaginar cuanto hemos dicho de la
verdad humana de Cervantes con la negación del psicologismo? En un principio la psicología es una ciencia parcial
del hombre; la presentación de la verdad humana es algo
más global; abarca al individuo inserto en la sociedad y,
por tanto, despista el identificar la verdad de una obra o
sus personajes con la «psicología». Hay que tener, además,
en cuenta que el psicologismo literario es un fenómeno puramente literario, que tiene poco que ver con la historia de la

psicología como ciencia. Esta ciencia ha procurado, como cualquier otra, salirse del plano subjetivo y crearse esquemas universales; por eso ha sido psico-física, psicología estructural, behaviorista, existencial, social, etc. El psicologismo literario, en cambio, ha buscado intencionadamente el detalle individual, la intensificación progresiva, la contradicción íntima, es decir, una serie de resortes siempre conocidos, que se hicieron psicologistas cuando los escritores los hicieron tema predominante de su atención. Pero en esta característica de ser tema predominante de atención, denuncian la artificiosidad del psicologismo.

El psicologismo se nos presenta en tres características fundamentales:

A) El sentimiento como destino. En todas las historias amorosas de Cervantes se da un conflicto de pasión y razón o deber. Lo típico de Cervantes es que impone la creencia en la libertad y, aunque se crea un conflicto, Cervantes no tiene comprensión para la caída. La teoría escolástica de que las potencias espirituales pueden vencer a las pasiones se une con la idea de San Pablo: «Fiel es Dios, que no permitirá que seáis tentados sobre vuestras fuerzas; antes dispondrá con la tentación el éxito para que podáis resistirla» (I Cor, 10,13). En *La Princesse de Clèves* se realiza plenamente el ideal de San Pablo. Ella no se desespera como Grisóstomo; hace todo cuanto está bajo su albedrío; pero el corazón no está debajo de él. Entre el corazón y la voluntad se da una lucha y el corazón es ya independiente. No está en sus manos terminarla; es, pues, una víctima. La pasión se va enraizando como un tornillo hasta que la intensidad es tal que el cansancio la extingue. La tesis católica de la libertad de albedrío es el principio de la tragedia; pero no se hace hincapié en el aspecto de libertad, sino en el de sufrimiento pasional, en el aspecto de destino.

Ahora bien, la diferencia entre la verdad de esta novela y la verdad del *Quijote* está en la diferencia del contenido y mensaje de sus destinos: en uno, el hombre que se entrega a la mejora de la sociedad; que se encuentra con toda ella por los caminos; en la otra, una atmósfera de salones y cámaras, donde se juega un drama falso. Porque la pasión se cura con la ausencia; porque el duque de Nemours, aunque fuera tan guapo, tendría algún defecto, y porque el amor verdadero tiene poco que ver con el sentimiento. *La Princesse de Clèves* es una novela preciosa, una gran creación literaria que determinó el camino de la novela europea posterior; pero es el colmo de la cursilería. ¡Señor duque y serenísima princesa! Nos encanta la gracia de vuestros movimientos y la cortesía de vuestras sonrisas. Sufrimos con los crueles sufrimientos que padecéis; pero aquel pobre viejo, seco y amarillo, del baile de Barcelona tenía el secreto: salid al aire y al camino; poneros a trabajar y aprenderéis verdaderamente a desear.

B) Psicologismo y tiempo. En el *Quijote* no encontrábamos consecuencia temporal. La narración histórica se hacía novela precisamente porque busacaba una verdad intemporal y, por tanto, no se ocupaba del número concreto de días o noches. En la España del siglo XVI se encuentra conciencia temporal estricta en los diálogos; la materia se distribuye en dos, tres o cuatro días, y los autores siguen fielmente su esquema. Pero aquí el tiempo es más bien la hornacina en que se enmarca la conversación. Este dato, sin embargo, es importante para darse cuenta de que la ausencia de lógica temporal en la novela española no proviene de inconsciencia, sino de falta de interés en el tema. *La Princesse de Clèves*, en cambio, tiene una secuencia temporal perfecta, y aunque la acción es imaginada, los personajes son históricamente identificables, como lo es la corte de Enrique II y el ambiente de la corte en que los hechos fingidos tienen lugar. El príncipe de Cléveris fue un personaje histórico. Nació en 1544 y murió antes de cumplir los veinte años, en 1564. Su matrimonio con Mademoiselle de Chartres y la protagonista son creación de Mme. de La Fayette; pero ella tomó a ese personaje histórico para su relato porque había pasado como una sombra por la corte que se describe.

El encuentro del duque de Nemours con la princesa de Clèves tiene lugar el día de los esponsales de Carlos II de Lorena con la princesa Claudia, hija del rey Enrique II. Esta fiesta se dio el 19 de enero de 1559. El 17 de noviembre de 1558 había muerto María Tudor, esposa de Felipe II, y había subido al trono de Inglaterra la reina Isabel, que está impresionada con la fama del duque de Nemours. Al principio de la novela se alude a los encuentros de Cercamp para firmar la paz entre Francia y España. La primera reunión de Cercamp tuvo lugar el 15 de octubre de 1558 y culminó con el tratado de paz de Château-Cambrésis el 3 de abril de 1559. La novela se refiere con toda exactitud a estos hechos (página 109). Entre las cláusulas del tratado estaba la de matrimonio de Felipe II, rey de España, con Isabel de Valois, hija mayor de Enrique II. Con este motivo, y como rehenes de las paces, se trasladan a París el duque de Alba y Ruy Gómez de Silva. Para celebrar el tratado y los esponsales el rey francés preparó un vistoso torneo; la novela dice que se preparaba para el 15 de junio; históricamente tuvo lugar el 30. Todo fue brillo y júbilo; pero al caer la tarde le vino al rey en gana romper la última lanza. Fue involuntariamente herido, y murió once días después: el 10 de julio (pág. 185).

El nuevo rey fue coronado en Reims y la corte pasó gran parte del verano en el castillo de Chambord (pág. 199). La princesa de Cléveris no ha querido seguir a la corte para no dejarse ver del duque de Nemours. Fingiendo debilidad y necesidad de tomar aires, ella se retira a Coulommiers. Mr. de Nemours intenta una visita furtiva, que no consigue por la fidelidad sin límites de la princesa. Pero una información falsa dada al marido hace que el príncipe de Clèves muera de dolor por creer que ha sido engañado. La novela termina cuando la corte se marcha hacia el sur para acompañar a la «reina de España», Isabel de Valois, que salió a mediados de noviembre.

La novela se extiende durante un año, enmarcada en acontecimientos históricos perfectamente contados y distribuidos. En un diálogo de la princesa de Cléveris con su madre, ésta le cuenta a su hija la vida en la corte de Francisco I; de esa manera se logra una mayor dimensión temporal que explica la situación presente. Y al final se habla de una vida «bastante corta» de la princesa después de estos acontecimientos. Durante ella pasaba medio año en una casa religiosa y medio en su propia casa. También de esta manera, el año de los hechos se nos extiende hasta cubrir toda una vida.

Este tratamiento lógico del tiempo no significa que haya una explícita relación entre días y acontecimientos. A veces se dice que las cosas pasaron «al día siguiente», otras veces que «algún tiempo después». Pero una cosa es clara: ya no hay la inconsecuencia y la desatención de Cervantes.

Tres razones explican la atención al tiempo: la primera es literaria. Mientras el teatro español no respetaba las clásicas unidades de acción, lugar y tiempo, el preceptivismo francés las consideraba esenciales. No es, pues, de extrañar que la novela siguiera también las reglas.

La segunda razón es que hacia 1670 en Francia ya no tiene vigencia la concepción puramente moral y atemporal de la historia, sino que se está incubando la «querella de antiguos y modernos», que asociará definitivamente progreso y tiempo [18].

Tercera: cuando la novela pinta simplemente un amor al que siguen aventuras de capa y espada, el tiempo es un elemento secundario; pero cuando la novela consiste precisamente en presentar la intensificación de ese amor, entonces el tiempo se hace verdadero protagonista. *La Princesse de Clèves* introduce en la novela europea la asociación definitiva de tiempo y sentimiento.

La innovación no fue vista con facilidad. Muchas novelas del siglo XVIII, aun tratando del amor, como *Manon Lescaut* y *Les Liaisons dangereuses,* no reflejan tan bien la sucesión temporal como *La princesa de Cléveris,* aunque son muy posteriores. Pero como he dicho antes, al menos no contienen las abiertas inconsecuencias de *La Celestina* y el *Quijote.* No obstante, en este camino bastaban algunos hitos fundamentales, como la obra de Mme. de La Fayette o el *Werther* de Goethe para que la asociación histórica de tiempo y novela se impusiera subrepticiamente como una obligación. Esta asociación subrepticia nos hace buscar la lógica temporal en obras españolas que no la pueden contener. Olvidamos la sentencia de Calderón:

> Amor es Dios
> Y en Dios nunca se da tiempo [19]

C) Psicologismo estructura. Lo nuevo de esa descripción del sentimiento como intensificación progresiva es que la novela gana una estructura necesaria cuyo ideal sería eliminar la casualidad. Esto es imposible; siempre hay que

---

[18] Jauss, Hans R., *Literaturgeschichte als Provokation,* Frankfurt, M., Suhrkamp Vlg., 1970, págs. 29 y sigs.

[19] Calderón, *La hija del Aire,* I, jornada 2, Ed. Valbuena Briones, Madrid, Aguilar, 1969, pág. 734.

admitir llegadas súbitas para que la novela se mueva; pero se reduce en la medida de lo posible para dar paso a la historia del alma. La estructura de la novela se recoge en una consistencia impuesta por el progreso de la pasión hasta llegar al embotamiento. La esencia del psicologismo está precisamente en ese progreso y en la intensificación. Es fundamental en este tipo de novelas la comunicación no verbal: la mirada, la palidez, el rubor, el llanto. No es esto desconocido en Cervantes. Él llama a los ojos «mudas lenguas de amoríos», y en la historia del cautivo éste observa las reacciones del oidor cuando el cura le habla del capitán Viedma, que resulta ser el cautivo mismo. Ya hemos hablado de la mucha plasticidad de Cervantes. Pero lo característico ahora es que todo eso se convierta en sistema predominante.

Todo cuanto hemos dicho de la verdad en los tipos cervantinos es psicología en grado eminente; pero no es psicologismo, porque a Cervantes no le preocupa precisamente el detalle de la intensificación.

La nueva concepción de la estructura destierra progresivamente la vieja simetría estática, sencilla en la picaresca, barroca y más complicada en Cervantes. A partir de Mme. de La Fayette la novela tendrá su punto climático cerca del fin o en el fin. No hará falta que sea ya novela de amor para que siga la estructura francesa. Si se abre *Doña Perfecta* (1876) de Galdós, después de presentarnos a los personajes se nos da una progresión en la siguiente forma: Capítulo quinto: ¿Habrá desavenencias? Sexto: Donde se ve que puede surgir la desavenencia cuando menos se espere. Séptimo: La desavenencia crece, etc.

Pierre Daniel Huet en su *Ensayo sobre el origen de las novelas*, aparecido en 1670 como prólogo a *Zaïde*, de Mme. de La Fayette, se pregunta de dónde ha surgido el nuevo estilo, y responde que es un producto de la galantería tradi-

cional francesa, de la libertad social que gozaban sus mujeres y del goce que experimentaban los hombres, no en
gozarlas, sino en el encanto de la conquista [20].

La boga europea del nuevo estilo es fácil de seguir en la
novela inglesa, en el surgir de la novela epistolar, donde la
fecha es un hito importante en el desarrollo estructural del
libro. Richardson llevó a gran prestigio esa forma de novelar
en Inglaterra [21]. Cuando Valera nos dé en 1874 *Pepita Ji-*

---

[20] «Il est vrai qu'il y a sujet de s'étonner qu'ayant cédé aux
autres le prix de la poésie épique et de l'histoire, nous ayons em-
porté celui-ci avec tant de hauteur que leurs plus beaux romans
n'égalent pas les moindres des nôtres. Je crois que nous devons cet
avantage à la politesse de notre galanterie, qui vient, à mon avis, de
la grande liberté dans laquelle les hommes vivent en France avec les
femmes. Elles sont presque récluses en Italie et en Espagne, et sont
séparées des hommes par tant d'obstacles qu'on a négligé l'art de les
cajoler agréablement, parce-que les occasions en étoient rares, l'on
s'applique seulement à surmonter les difficultés de les aborder; et
cela fait, on profite du temps, sans s'amuser aux formes» *(op. cit.,*
página 69).

[21] La influencia de Richardson se puede medir por el elogio que
le tributó Diderot: «Je vendrai mes livres: mais tu me resteras,
sur le même rayon avec Moïse, Homère, Euripide et Sophocle»
(Oeuvres esthétiques, Paris, Garnier, 1968, pág. 33). Diderot le considera «gran historiador» porque abarca los últimos secretos del corazón humano. Llega a decir que la historia no es más que una mala
novela cuando se la compara con la verdad de las obras de Richardson.
Luzán en España había mantenido las mismas ideas con respecto a
la comedia. Esta conexión de sentimiento y universalidad es la esencia del neoclasicismo expresado magistralmente en las siguientes palabras de La Bruyère: «J'ai lu Malherbe et Théophile (de Viau). Ils
ont tout deux connu la nature, avec cette différence que le premier,
d'un style plein et uniforme, montre tout à la fois ce qu'elle a de
plus beau et de plus noble, de plus naïf et de plus simple; il en fait
la peinture ou l'histoire. L'autre, sans choix, sans exactitude, d'une
plume libre et inégale, tantot charge ses descriptions, s'appesantit
sur les détails: il fait une anatomie; tantot il feint, il exagère, il
passe le vrai dans la nature: il en fait le roman» *(Les Caractères,*
Paris, Garnier, 1962, pág. 81).

ménez, sin restarle originalidad, en cuanto procedimiento estructural no hace sino seguir la fórmula de Mme. de La Fayette.

Con el psicologismo se perdió la verdad. El protagonista volvió a ser uno o lo más dos. Se perdió el pueblo; aquellos treinta segadores que daban la vida a la venta de Juan Palomeque; el oidor, la doncella, el pícaro y la moza caritativa. Se enrareció el aire, y el borbotón de vida y campo del *Quijote* se redujo a sentimientos morbosos de salón. La exploración de los sentimientos morbosos obturó el sentido para la exploración del verdadero amor, que es sencillamente afirmación de valores hasta dar la vida por ellos. Finalmente se perdió la verdad estructural; el procedimiento de intensificación es uno entre muchos posibles. Durante dos siglos se creyó que la descripción morosa del sentimiento era la verdad y, por consiguiente, se llamó a eso «historia», frente a las románticas historias españolas. Pero un análisis elemental descubre que el amor no se intensifica paso a paso; en él hay dudas, reconciliaciones, miedos, mayores o menores intensidades según situaciones personales o circunstancias sociales. Es decir, el estudio del progreso amoroso es una estilización literaria y no verdad.

Estos descubrimientos forzaron a los escritores en la segunda mitad del siglo XIX a romper los bellos mundos cerrados de la novela moderna creada por Mme. de La Fayette, y a buscar mayor riqueza de estructuras, exploración más libre, campo y pueblo. Por eso ha resucitado Cervantes. Cuando nos curemos de psicologismos, podremos los historiadores entender a Cervantes.

APÉNDICE

JUICIO DE CHARLES SOREL SOBRE EL *QUIJOTE*, 1633

Il ne faut pas oublier que quelques vns disent que ce liure n'est qu'vne imitation de Dom Quixote de la Manche, & que Fontenay reproche aussi à Lysis qu'il a quelque chose de l'humeur de ce Chevalier errant: mais excepté que ces deux hommes sont tous deux fous, l'on n'y trouue point d'autre conformité. L'on me dira que mon berger a vn valet qui fait le plaisant comme Sancho; mais voudroit on qu'il n'eust personne pour le seruir, & pour luy tenir compagnie & luy donner de la consolation quand les autres l'abandonnent? & pour ce valet ne deviendroit il pas plaisant quand il ne le seroit point de nature à voir faire tant de sottises à son maistre & à ceux qui le frequentent? Ie ne parle point de quelques autres qui ont mis la main à l'histoire de Lysis; mais quant à moy ie ne nie pas que ie n'aye eu connoisance du D. Quixote, il est vray qu'il y avoit douze ans entiers que ie ne l'auois leu quand i'ay fait cecy, & (1098) quand ie fy cette premiere lecture ie n'estois pas en un âge capable d'y remarquer beaucoup des choses. I'ay voulu attendre que cette histoire ait esté accomplie pour repasser les yeux par dessus le liure de ce valeureux Chevalier, & voicy le jugement que i'en puis faire. Il me semble qu'il n'est point vray-semblable que le Duc prenne tant de peine pour avoir du plaisir de Dom Quixote, et qu'il fasse faire tant d'apareil pour le tromper en tant de manieres. Toutesfois quand l'on accordera cela, que dira t'on de Sancho que l'on enuoya dans un Bourg pour en estre gouuerneur où l'on le receut à cloche sonnante avec grande solemnité qui se fit dans l'Eglise, comme si c'eust esté tout à bon, & où il se mit mesme au siege de la Iustice pour juger des causes? Les habitans qui estoient en grand nombre eussent ils voulu receuoir vn tel homme pour Iuge ou pour Maire, & puis quand tout cela eust esté, quel plaisir pouuoit reuenir au Duc pour auoir enuoyé là Sancho à gros frais & avec grosse suitte? Il n'estoit pas tesmoin de toutes ces galanteries, Il eust plustost inuenté d'autres cassades pour les voir reüssir dans sa maison. Est-il à croire aussi que le Curé quitte ses oüailles, & le barbier quitte sa practique pour s'en aller fort loin par pays chercher Dom Quixote de la Manche (1099) afin de le ramener en sa maison, & que le Bachelier Sanson Carrasco s'en aille tout armé par les champs pour le combattre, et ayant esté vaincu s'en aille encore à Barcelonne, où se trouuant en mesme estat il tire vn coup de lance contre luy afin que l'ayant abatu il le contraigne de quitter les armes? Toutes ces choses n'ont guere d'aparence, au lieu que dans les auantures de Lysis si quelqu'vn se met en peine pour le remettre en son bon sens, c'est son cousin qui y procede par des voyes ordinaires. Pour ceux qui prennent du plaisir de luy, ce sont des gentilshommes qui estans aux champs n'ont autre chose à faire, & demeureroient possible oisifs s'il n'auoient point ce divertissement. Ie ne remarque pas icy vne infinité de choses qui ne sont point vray-semblables dans le Dom Quixote, car c'est assez d'auoir monstré les principales qui estant ruinées, feront tomber tout le reste, pource que c'en est le fondement; ie diray seulement que les inuentions n'y sont pas grandes, & qu'il est bien plus beau de voir Lysis sortir de son extravagance par des raisons qu'il ne peut refuter, que Dom Quixote qui sort de la sienne sans que l'on dise par quel moyen, sinon que c'est un miracle.

Cardenio qui estoit encore plus fou que ce Chevalier rentre aussi son bon sens (1100) à point nommé lors qu'il rencontre des gens de sa connoissance. Outre cela, est il possible que Dom Quixote s'imagine qu'vn moulin à vent soit vn geant, & qu'vn troupeau de moutons soit vne armée? L'on me dira qu'ouy, et que c'est la follie qui le met en ses erreurs: mais pour estre fou iusqu'à ce point là, il ne faudroit plus auoir de iugement du tout, & ce Chevalier ne pourroit pas parler auec tant de discretion sur les autres choses. Que si l'on me represente que Lysis croid bien qu'vn paysan est un Satyre, & que les yeux de Charité ont bruslé son chapeau. il en donne des raisons qui sont valables, & d'ailleurs ils nous satisfait assez pour toutes ses opinions, puisqu'il declare luy mesme à la fin qu'il n'a cru que la moitié de ce qu'il a voulu faire croire aux autres, tellement que par divers artifices son histoire est renduë si naïue que quand elle seroit faulse, l'on la tiendroit pour toute vraye. Ie ne veux pas vous laisser aussi en des incertitudes pour mon particulier, & si i'ay

escrit quelques pensées de Lysis et quelques discours qu'il a tenus
estant tout seul, ie declare que c'est que l'on à tout sceu de luy par
diverses interrogations, car ie ne veux pas imiter ceux qui mesme
ayant fait mourir vn homme dans vn Roman vous diront ce qu'il
aura fait & (1101) ce qu'il aura dit auant sa mort quoy qu'il fust
seul & que personne n'en pust sçauoir de nouuelles. Mais si nous
retournons au Chevalier errant, nous trouuerons encore que son histoire est pleine de choses inutiles. L'on croid que l'histoire du Cu-
rieux Impertinent y est vne impertinence, & tant d'autres qui sont
si peu necessaires, que l'histoire de Lucresse ou de Cleopatre y vien-
droit aussi bien: de sorte que Ceruantes les deuoit mettre à part
dedans ses Nouuelles. Mais sans cela tous les discours qui seruent
mesmes au sujet sont tirez de fort long, & n'ont point d'autre em-
bellissement que des naïuitez rustiques. Il faut considerer que Ceruantes auoit vne plus belle matiere que la nostre. Tout ce qui se
peut imaginer au monde pouuoit tomber dans l'esprit d'vn homme
qui ne croyoit qu' aux enchantements. Il n'y auoit rien de plaisant
que l'on ne pust faire entreprendre à Dom Quixote, & l'on s'en
pouuoit imaginer mille fois d'auantage que n'a fait son autheur; car
quelles auantures ne peut point rencontrer vn homme à qui l'on
fait faire tant de voyages que l'on veut, & que ne songe qu'à des
forteresses, des palais enchantez, des tournois & des rencontres?
Au lieu de cela que peut fair de beau vn Berger, qui n'a qu'à garder
ses moutons (1102) dans vn pré de deux ou trois arpens, & qui ne
void quasi autre chose, & auquel il n'arriue point de nouueautez?
A voir le stile de Ceruantes, ie croy qu'il se fust trouué bien empes-
ché en vn sujet si sterile, & neantmoins le berger Lysis a eu de si
rares succez qu'ils ne sont pas moindres en nombre que ceux du
Chevalier, quoy que son histoire no soit pas de la moitié si grosse,
mais aussi c'est que l'on a trouué cet expedient de se ietter sur les
fables anciennes autant que sur les nouuelles, ce qui rend nostre
liure plus abondant en choses curieuses et dignes d'estre sceuës,
que non pas en faceties qui ne seruent qu'à nous faire rire vn moment. L'on a tasché aussi de n'auoir point icy de façons de parler
qui soient si basses que celles de Ceruantes, & au lieu que ses gaus-
series ne consistent qu'en iuremens & en prouerbes, l'on a rendu le
stile à demy serieux, & tout remply de pointes & de pensées conue-
nables au sujet.

D'ailleurs quand le liure de Dom Quixote seroit extremement plaisant, il n'en seroit pas meilleur pour cela puisque toutes ses railleries n'attaquent pas les Romans de Chevalerie comme ce doit estre son dessein, tellement qu'à dire la verité, ce ne sont proprement que des chimeres inutiles; & ie gageray bien que ie mettray en cinq ou six (1103) pages tout ce qui sert dedans ce liure contra ceux qu'il attaque.

Mes remarques ont assez monstré qu'il n'en est pas ainsi du nostre, et qu'il n'y a si petite chose qui ne touche les Romans ou la Poësie. Aussi ay-ie bien affaire à d'autres hommes que non pas Ceruantes, il s'est attaché à des liures monstrueus qui se condamnent assez d'eux mesmes, & qui tous tant qu'ils sont n'ont pas vn seul poinct de doctrine: mais moy i'ay à combattre des autheurs que l'antiquité a reuerez, & que ce siecle cy reuere encore. Il ne faut pas de foibles raisons pour vaincre l'abus du peuple, & il ne seroit guere à propos de monstrer que l'on manque de doctrine quand il est question de monstrer que les autres n'en ont point. Mais enfin pour dire tout en vn mot ce que ie pense de l'histoire de Dom Quixote, elle n'a garde de faire beaucoup contre les Romans, veu que mesme elle est entremeslée d'vne infinité de contes fort romanesques & qui ont fort peu d'apparence de verité, si bien que comme telle, elle peut estre mise au rang de tant d'autres qui ont trouué icy leur attaque.

Jean de la Lande (pseudónimo de Charles Sorel), *L'Anti-Roman ou l'histoire dv berger Lysis, accompagnée de ses remarques*. A Paris, Chez Tovssainct dv Bray, M. DC. XXXIII, vol. II, págs. 1097-1103.

DEL *CURIOSO IMPERTINENTE* A *LAS AFINIDADES ELECTIVAS* DE GOETHE

Repitamos uno de nuestros motivos centrales: Cervantes alcanzó en su novela una síntesis de motivos artísticos y humanos imposible de superar. Aunque se repita el equilibrio entre los detalles y el todo, entre la seriedad y el humor, la verdad y la perfección estructural que Cervantes consiguió, él fue el primero. Por consiguiente, no sólo realizó una obra de arte, sino que abrió una nueva posibilidad cultural. Cervantes marcó el camino definitivo de la novela. Después de él hay un retroceso hacia el protagonista individual, se olvida el grupo. La novela caminará por el experimento sentimental hasta abrirse de nuevo a un todo cervantino en Dostoyevski.

El proceso de degradación satírica del *Quijote* se extiende a Alemania. En 1764, Wieland, a quien se considera el introductor de la novela en Alemania, comenzó su carrera de novelista con *Don Sylvio von Rosalva*, otro supuesto Quijote.

La acción se sitúa en España. Don Sylvio ha perdido el juicio por leer cuentos de hadas y se enamora de las mariposas del campo, donde cree que está encantada una princesa ideal. Una tía suya quiere casarle a Don Sylvio con una mujer rica y fea. Él huye de su casa en compañía de Pedrillo, criado bufón, que Wieland quiere vendernos como imitación de Sancho. En el libro se alude varias veces a la obra de Cervantes. Por una escena y por el nombre de Doña Mergelina podemos conjeturar algún conocimiento del *Marcos de Obregón* de Espinel, que habría leído en la traducción francesa de Lesage. Para Wieland, Lesage es el gran maestro de la novela. Él ha creado, según Wieland, la novela ideal: la que hace reír. El novelista alemán piensa que se debe imponer una censura contra los libros anodinos de moral que se publican todos los años, y debiera reconocerse el poder catártico del humor. Los libros de humor debieran promoverse mucho más que esos centones de vulgar sabiduría. Desde esta actitud comprendemos por qué el *Quijote* se le presentaba como una mina no desaprovechable.

Wieland nos da una imagen de España como país oscurantista. Es una tierra mandada por los dominicos, inquisidores y censuradores de libros. El pueblo admite ciegamente el carácter sagrado de la monarquía absoluta; por eso de un español sólo podemos esperar sarcasmo frente a lo «irracional» de la democracia y las repúblicas libres. Don Sylvio de Rosalva es una parodia de las ilusiones oscurantistas y románticas desde la realidad burguesa y liberal.

El ejemplo de Wieland documenta una vez más que la presencia de Cervantes en la Europa moderna no hay que buscarla tanto en aquellas obras que le imitan o parodian, cuanto en las grandes novelas europeas. Antes nos hemos referido a la primera que inició un camino nuevo; por no extender excesivamente estas páginas y para no terminar en un

centón de argumentos, hemos dejado sin consideración a
Defoe, Fielding y Richardson. Aquí vamos a tocar *Las afinidades electivas* de Goethe para ver cómo perviven y se in-
jertan en el mundo moderno algunos temas de Cervantes.
Una cosa es de advertir. He dedicado unas palabras a Wieland; dentro de poco dedicaré algunas más a Goethe; algún
valor tendrán en cuanto relacionadas con Cervantes; pero
recuérdese que yo aspiraba a un método global donde una
obra se estudie en el todo de un autor y un autor en el todo
de sus relaciones. Que nadie se contente con lo dicho aquí
sobre Goethe, porque Goethe fue una época de la cultura
europea y aquí aparece sólo como un nombre en las pastas
de un libro. Al hablar de Goethe yo sigo en el fondo hablando de Cervantes.

«EL CURIOSO IMPERTINENTE»

En Florencia, ciudad rica y famosa de Italia, en la pro-
vincia que llaman Toscana, vivían Anselmo y Lotario, dos
caballeros ricos y principales, y tan amigos, que por excelencia y antonomasia de todos los que les conocían 'los dos
amigos' eran llamados. Anselmo, inclinado al amor, se casa
con Camila; Lotario, ejemplo de leal amistad, sabe que los
esposos deben vivir el uno para el otro y, como es lógico,
se retira un poco de su trato con Anselmo sin disminuir en
un punto el mucho aprecio y amistad que le tenía. Anselmo
nota el desvío de Lotario y se queja muy amargamente delante de su amigo; también Camila insiste en que no dilate
sus visitas; movido por estos ruegos, Lotario promete visitar
con algo más de frecuencia a los nuevos esposos.

Es necesario, para la inteligencia de la novela, notar que
en estas invitaciones de Camila no hay la menor sombra de

mala fe. Los protagonistas están preparando su propia perdición, pero son inconscientes del futuro. Ni Camila ni Lotario han tenido intenciones ocultas en estos honestos pasatiempos.

Cervantes deja entrever rasgos enfermizos en Anselmo;
éste necesita en su intimidad que Lotario participe hasta
cierto punto de los encantos de su mujer. Pero, de nuevo, este
rasgo tan freudiano[1] se deja caer y no se persigue en la
novela. Anselmo es caballero, tiene sentido del honor y esa
inclinación a la comunicación de su goce no pasa de ser un
reconocimiento de la antigua amistad.

En medio de estas relaciones limpias y amistosas concibe
Lotario un «deseo» extraño y fuera del uso común de otros.
Es fundamental la expresión «deseo», y que esté fuera del
«uso común», porque el ser deseo lo hace una tentación irracional y, al estar fuera del uso común, Anselmo debiera so-
meterlo mucho más a escrutinio antes de seguirlo. Todo el
castigo del fin será simplemente la pena por seguir esa tentación. Porque al ser una cosa tan rara podía suponer Anselmo que no era recta.

---

[1] Los juegos de celos y la morbosidad de todas las historias de
amor que vamos a resumir fueron intuiciones de los poetas de dos
tipos básicos de enamoramiento que describe Freud: amor «con daño
de tercero» y amor «con participación de tercero» o amor de pros-
tituta; el primer tipo se describe así: «Ihr Inhalt geht dahin, dass der
Betreffende niemals ein Weib, zum Liebesobjekt wählt, welches noch
frei ist, also ein Mädchen oder eine alleinstehende Frau... Die zweite
Bedingung besagt, dass das keusche und unverdächtige Weib niemals den
Reiz ausübt, der es zum Liebesobjekt erhebt, sondern nur das irgendwie
sexuell anrüchige, an dessen Treue und Verlässlichkeit ein Zweifel
gestattet ist... Man mag diese Bedingung mit etwas Vergröberung die
der 'Dirnenliebe' heissen» (Freud, S., *Beiträge zur Psychologie des
Liebeslebens*, en *Gesammelte Werke*, VIII, London, Imago Publishing
Co., 1943, 67, 68). Anselmo y Grieux (en *Manon Lescaut*) representan
el segundo tipo.

Anselmo sabe todo esto y lucha al principio contra la tentación; procura desviarla, no cree la degeneración que pasa por su mente como posibilidad, nota que le produce angustia y agonía. Cuando le propone a Lotario el deseo de que pruebe la fidelidad de Camila, vuelve a decir que es una obra de su gusto, es decir, reconoce que es algo irracional, ya que gusto en Cervantes es apetito irracional. La reacción de Lotario a estas palabras es de silencio, admiración y espanto. Literalmente no cree a sus oídos y se niega al deseo desde dos instancias: el mandamiento cristiano y la razón. Pero los cristianos no pueden discutir con los moros desde principios comunes de fe, porque los moros no aceptan sus artículos; con los moros sólo se puede discutir desde los principios racionales; lo mismo intenta Lotario con Anselmo. Le quiere probar por razones puras que su deseo está fuera de toda mesura. De nuevo en esta discusión la base y los principios son sencillamente la filosofía escolástica. Aristotélica es también la definición de la mujer: «Mira, amigo, que la mujer es animal imperfecto y que no se le han de poner embarazos donde tropiece y caiga, sino quitárselos» (pág. 1177).

La última razón de Lotario es: «Mira con cuán vana e impertinente curiosidad quieres volver los humores que ahora están sosegados en el pecho de tu casta esposa» (1178b).

Anselmo reconoce la razón de Lotario, pero sigue obstinado; el pecado de curiosidad aparece más claro. La novela se complica magistralmente con un recurso dialéctico. Si Lotario no acepta la proposición de Anselmo, éste lo procurará con otro menos amigo, que quizá no tendrá tanto respeto a su honor. Lotario, pues, acepta, pero con la intención sincera de entretener las cosas hasta que le pase a Anselmo su loco pensamiento.

Un día viene Lotario a comer con su amigo. Acabada la comida finge Anselmo un negocio urgente y sale. Lotario queda frente a Camila con la mejor de las intenciones; pero en su mente se levantó la tormenta de la posibilidad y del temor. Desde este momento la inocencia primera está perdida. Anselmo le deja a Lotario solo varias veces con Camila; Lotario no intenta jamás seducirla; pero Anselmo lo nota y le recrimina. Ahora nace en Lotario el punto de honra por verse acusado de mentira.

Con la conciencia de posibilidad y la lucha, la idea de la seducción va tomando carne progresivamente en Lotario: «Si la lengua callaba, el pensamiento discurría y tenía lugar de contemplar, parte por parte, todos los extremos de bondad y de hermosura que Camila tenía» (1181b). Camila era digna de ser amada porque tenía las dos cosas que merecen amor: la bondad como hermosura interior, y la exterior. Cuando Lotario nota el nacimiento de la pasión, se quiere ir de la ciudad; pero la pasión le agarra y detiene en la casa de Camila. Se creó una batalla entre razón y gusto, y terminó con el triunfo del segundo. Cervantes vuelve a usar aquí el término deseo, aplicado ahora a Lotario.

Camila, cuando escucha la declaración de Lotario, tampoco cree a sus oídos. Escribe al marido diciéndole que se venga; pero al no venir Anselmo, decide no apartarse de Lotario para no dar qué decir a los criados y «temerosa» de que su marido creyera que había concedido en lo más mínimo. En este quedarse comete un error que será la causa de su desastrado fin.

Al no huir comienza su firmeza a vacilar, y por fin se rindió. Cervantes describe la caída con palabras que parecen la caída física de una torre: «Rindióse Camila; Camila se rindió» (1182a).

Cuando Anselmo llega quiere seguir la broma «por curiosidad y entretenimiento» (1183b), indicio de su desvío sexual. En este momento no sólo es víctima culpable de su desgracia, sino que actúa de intermediario en los amores diciéndole a Camila que Lotario está enamorado de otra dama en la ciudad. Si Camila no hubiera sido avisada por Lotario, hubiera caído «en la desesperada red de los celos» (1184a).

A partir de aquí la novela entra en el estilo de capa y espada. Cervantes necesita una digresión para contarnos los amores de Leonela, criada de Camila. La criada trataba amores con un mancebo bien nacido; en cuanto vio la debilidad de la señora, se sintió libre para entrarle en su aposento; la señora se hizo esclava de la criada. Un día, al romper el alba, ve Lotario salir al amante de Leonela y sospecha que Camila es tan fácil con otros como ha sido con él. Enfurecido de celos, le dice a Anselmo que Camila se le ha rendido. Anselmo queda absorto, suspenso y admirado. Para probarle a su amigo que es verdad cuanto le dice, Lotario le aconseja se esconda entre los tapices de las paredes y vea cómo Camila está rendida. Pero Lotario se arrepiente de lo convenido cuando Camila explica los amores de la criada, y preparan una trampa para el pobre marido escondido. Camila finge que se quiere desesperar por haber quizá dado esperanzas a Lotario con alguna desenvoltura inadvertida; pero antes quiere matar a Lotario para limpiar la honra de su marido. Y todo esto lo dice en un largo discurso, precioso modo de autoengañarse; porque un largo discurso debilita una resolución gallarda. Quien hace un largo discurso, difícilmente se suicida. Seguro Anselmo de la honestidad de su mujer después del simulacro, lleva con más frecuencia a Lotario delante de ella. Otra aventura de capa y espada producida por el amante de la criada Leonela, produce el desenlace: Camila y Lotario huyen de la ciudad; Leonela y los criados de Anselmo abandonan la casa. Anselmo, en total soledad, sale en busca de otro amigo, y en el camino oye de un pasajero la historia de su desventura, que se comenta por toda

Florencia. Llega en casa del amigo y se deja morir de melancolía. Camila se queda en un convento y Lotario toma la derrota de Nápoles y muere en una batalla. Camila, entonces, profesó y murió de allí a poco a las rigurosas manos de melancolías y tristezas.

Ya hemos hablado antes de la pertinencia en el todo del *Quijote*. Los contemporáneos le criticaron a Cervantes la excesiva extensión, no el hecho de que intercalara historias, puesto que esto estaba permitido en la teoría de Aristóteles. Después de Mme. de La Fayette, las críticas se hicieron todavía más duras, pues el lector se iba acostumbrando a una novela sencilla en que progresaba el interés de una historia y hubiera sido incomprensible el introducir otras.

Ahora bien, los grandes creadores no han seguido nunca esos preceptos con rigidez. Ellos han tenido un mensaje, y del mensaje les ha salido la forma, no al revés. La pertenencia de la novela intercalada la podemos entender y justificar con el concepto de estructura de Goethe:

> Del cielo al infierno pasando por el mundo. Este lema puede servir para entender el *Fausto*, pero no es la idea que preside su desarrollo concreto. El que pierda su apuesta el diablo y el hombre sea redimido de situaciones confusas y complicadas, es una idea básica y que aclara algo; pero tampoco es la idea que preside como trama única todas sus escenas. Bonito hubiera sido reducir a una idea única la variedad y cantidad de cosas que quise poner en el *Fausto*. En general, no ha sido mi intención como poeta dedicarme a la encarnación de una idea abstracta. Yo sentía en mi interior impresiones, impresiones sensibles, llenas de vida, amables, variadas, multiformes, como me las ofrecía una rica imaginación; y como poeta no tenía otra cosa que hacer sino redondear artísticamente esas intuiciones e impresiones y expresarlas en una presentación viva, de manera que los demás las reprodujeran dentro de sí al oír o leer mi realización... La única obra extensa donde creo haber trabajado en la presentación de una idea única es quizá

en mis *Afinidades electivas* (1809). De ahí que esa novela haya resultado muy comprensible al entendimiento; pero eso no quiere decir que sea la mejor de las mías; más bien creo que una composición poética es tanto mejor cuanto menos comprensible sea para el entendimiento [2].

Este largo fragmento nos permite incorporar a la gran historia literaria *El curioso impertinente*: la novelita es la realización de un motivo básico; pero el *Quijote* no tiene por qué esclavizarse a una idea o un motivo únicos.

MOTIVO Y SENTIDO

El motivo central de la novela es que el marido actúe de alcahuete contra sí mismo. Individuos dispuestos a matarse por la honra, que actúan de celestinas contra su propia honra. Probablemente si se busca en la novela clásica y moderna el motivo más constante, sea precisamente ése. En España es claro en *La regenta* de Clarín y en *Abel Sánchez* de Unamuno. Y no solamente en la novela; en el teatro se puede catalogar a manos llenas:

> LOPE: Costanza, el bien sin testigos
> muchos dicen que no es bien,
> no te espantes de que den
> parte dél a sus amigos.
>
> D.ª COSTANZA: Sí, esposo; pero los más
> toman tanta parte dél
> que se nos quedan con él
> y no le vuelven jamás.
> En tu vida donde quieras
> dos veces lleves amigo [3].

---

[2] *Gespräche mit Eckermann*, 15 de mayo de 1827.
[3] *Las paces de los reyes y judía de Toledo*, jornada I, escena 12; *El mejor alcalde, el rey*, jornada I, escena XVII; Calderón, *La hija del aire*, I, jornada II.

Pero Cervantes le da a este motivo un sentido rígidamente moral, típico suyo [4]. La historia de Anselmo comienza con un deseo irracional, con la curiosidad que es el vicio que se opone a la «estudiosidad» en la doctrina tomista de las virtudes. La curiosidad es un vicio contra la templanza [5]. Ese deseo adquiere expresión, y la reacción de Lotario y Camila debiera ser la negación absoluta y sin contemplaciones. Precisamente porque no rompen inmediatamente con la proposición de Anselmo y Lotario respectivamente, todos caen. Como dije antes, en nuestro mundo Lotario y Camila tendrían disculpa. Ellos merecían gozarse a expensas del pobre acomplejado que los junta. Pero Cervantes tampoco los perdona; el pecado de otro nunca justifica el nuestro. La unión de Lotario y Camila es unión en el mal; por eso los llama Cervantes «malos amigos y nuevos amantes»; a Lotario le llama traidor amigo, y éste reconoce en un momento que está engañando injustamente a Anselmo.

Pero si la intención moral es indiscutible, con ella sola no se hace la gran obra de arte que es *El curioso impertinente*. Junto a la rigidez moral, Cervantes presenta la estructura existencial del hombre, tomando aquí el término «existencial» en el sentido técnico de Kierkegaard.

El filósofo danés se propone estudiar la caída del hombre en el pecado original. Dios, infinitamente bueno, dice Kierkegaard, no tentó a nuestros primeros padres; pero al mismo tiempo, cuando les prohibió comer del árbol de la ciencia del bien y del mal, levantó en ellos la idea de posi-

---

[4] Me parecen inadmisibles las siguientes palabras de Avalle-Arce: «Ya no más horacianismo *(utile et dulce, delectare aut prodesse)*, lo dulce se convierte aquí en categoría independiente de una efectividad ajena por completo a lo que no sea su intención artística» *(Deslindes cervantinos,* pág. 131).

[5] Cf. *Summa Theologica,* II-II, cuestiones 166-167.

bilidad, la tormenta que condujo a la caída. Si Dios no hubiera señalado expresamente aquel árbol, quizá ellos no se hubieran fijado nunca en él teniendo tantas otras delicias en el paraíso. Esa conciencia de posibilidad es para Kierkegaard la angustia. Dios no tentó al primer hombre, puso en él la angustia [6].

En la literatura clásica se juega mucho con el efecto de la suspensión. En *La vida es sueño,* por ejemplo, siempre hay un momento en que los personajes principales se encuentran que no creen a sus ojos; lo mismo pasa en nuestra novela. Cuando Lotario escucha la proposición de Anselmo, y Camila la de Lotario, no creen a sus oídos. Todo les parece inaudito; y la experiencia consiste precisamente en que un día Lotario, Camila y nosotros caemos en lo inaudito y nos parece lo más natural del mundo. Cuando Lotario le dice a Anselmo que no remueva los quietos humores de Camila, está diciendo con lenguaje de Galeno lo que dirá Kierkegaard con su aspado lenguaje unos siglos después. Desde el punto de vista social, como he dicho antes, el progreso consiste en que ciertas ideas y cosas inauditas y absurdas un buen día —democracia, igualdad, kantismo, monarquía liberal— se convierten en algo natural y hasta reaccionario. Lotario y Camila suspensos, oyendo lo inaudito, sufren una inquietud en sus humores, que ya no terminará sino con la caída y la muerte.

Otra estructura fundamental de la novela es lo que llama Sartre «mala fe» en la segunda página de *L'Être et le néant.* «Mala fe» allí no significa «mala intención», sino sencillamente autoconcesión. Sartre da un ejemplo: una mujer toma café con usted en un velador y usted hace ademán de to-

---

[6] Cf. Kierkegaard, *El concepto de la angustia,* passim. Es curiosa la coincidencia en la terminología. Lotario y Camila *temen* encontrarse.

carle la mano; ella se lo reprocha, pero no retira la mano; eso es mala fe: la contradicción interna de quien rechaza una cosa, pero hila la hebra para no perderla. Si en algo son especialistas los moralistas clásicos, ha sido en la experiencia de esa elemental contradicción. Cuando ellos aconsejan huir de la tentación sin contemplaciones, saben muy bien lo que dicen. Ellos lo han debido experimentar con gran fuerza.

En nuestra novela todos caen en esa contradicción. Anselmo no tenía que haber dado pábulo a su malsana curiosidad, que bordea la degeneración sexual; Lotario tenía que haber estado dispuesto a dejar la amistad de Anselmo antes que consentir en el mal, y Camila tendría que haberse negado a la obediencia sabiendo que la compañía de Lotario era perjudicial a sus obligaciones de esposa. Todos se suspenden, pero todos se quedan. Ahora bien, a pesar del estudio de estas estructuras, Cervantes no tiene paliativos para la caída; todos son pecadores, porque todos han sido libres y la razón puede vencer las inclinaciones de la pasión.

Este análisis muestra que probablemente es errónea la interpretación que da D. Américo Castro de la conducta de Camila:

> Camila va al adulterio porque la virtud suya no pendía de un acomodamiento abstracto a tales o cuales mandatos de la moral religiosa, sino de una serie de condiciones positivas, del hecho de encontrarse en un plano de concordancias amorosas. Se rompen esas armonías por causa de Anselmo, y surgen en seguida otras simpatías amorosas, que Cervantes censura por fórmula, pero por las cuales no castiga a Camila [7].

Castro aplica a Cervantes un determinismo de «afinidades electivas» que no le cuadra a Cervantes. Nada en *El curioso*

---

[7] *El pensamiento de Cervantes*, Madrid, 1925, pág. 358.

impertinente se entiende, como hemos visto, sino desde una estricta doctrina moral.

Las estructuras existenciales señaladas están en consonancia con la verdad que tantas veces hemos señalado en Cervantes. En algún momento se podría preguntar: ¿Es tan fácil distinguir entre esa verdad y el psicologismo atribuido antes a Mme. de La Fayette? ¿No tocamos aquí procedimientos muy parecidos? Toda línea rígida es falsa en historia; pero la tesis antes dada no se niega, sino que se refuerza con el análisis de *El curioso impertinente*: la historia de amor desemboca en la comedia de capa y espada, en los amores de criada de la criada Leonela. Explícitamente reconoce nuestro genio que no ha estudiado con morosidad suficiente el proceso afectivo de Camila: «Corrida estoy, amiga Leonela, de ver en cuán poco he sabido estimarme, pues siquiera no hice que con el tiempo comprara Lotario la entera posesión que le di tan presto de mi voluntad» (pág. 1184b). Con toda claridad Cervantes asocia el tiempo al proceso de intensificación amorosa, pero implícitamente dice que no le interesa experimentar por ese camino.

EJEMPLOS DE LA ESTELA EUROPEA

Lo que se transmite de *El curioso impertinente* es el motivo desprovisto de la intención moral de Cervantes. Vamos a señalar tres ejemplos franceses, todos difundidos en Alemania y conocidos por Goethe:

A) *Zaïde, histoire espagnole* (1670) [8]

Gonzalo cuenta cómo amaba en la corte de León a Nugna-Bella, teniendo como su tercero y confidente al príncipe Don García, para el cual no tenía secreto alguno. Nugna-Bella gozaba del amor de Gonzalo con toda la intensidad de la pasión primera; pero era muy ambiciosa. El rey, por razones políticas les manda a Gonzalo y Nugna-Bella que no piensen el uno en el otro, pero el príncipe amigo promete que hará cambiar el designio del rey su padre.

Al mismo tiempo el rey sospecha de la lealtad del padre de Gonzalo, y el caballero tiene que mandar a la corte a su hija Hermenegilda para callar las sospechas del rey. El príncipe García concibe una pasión incontenible por Hermenegilda. Gonzalo teme por la honra de su hermana y le pide a Nugna-Bella que no se aparte nunca de Hermenegilda; pero Nugna-Bella le traiciona y actúa de intermediaria entre el príncipe y la hermana de Gonzalo. En este momento han roto los moros la tregua con el rey de León. Gonzalo se va a la guerra; Don García se queda en la corte por enfermo y aprovecha la ocasión para hablar con Hermenegilda. Entre tanto, Ramiro, confidente de Gonzalo y el príncipe, conquista la gracia de éste y el corazón de Nugna-Bella; entre todos, pues, dejan en la calle al pobre Gonzalo, que les había unido a todos. El motivo se repite después en la novela con otros personajes, de manera que las dos historias que componen *Zaïde, historia española*, tienen como base la historia de amores en que la víctima es inconscientemente alcahuete de sí misma.

---

[8] Ed. Émile Magne, Mme. de La Fayette, *Romans et nouvelles*, Paris, Garnier, 1970, págs. 35-235.

Zaïde se llama «historia española», porque sus personajes están tomados de la historia de España, concretamente del reinado de Alfonso III de León (866-910). El príncipe García es el futuro rey García I (910-914). Los hechos, sin embargo, son en su mayor parte invención de Mme. de La Fayette. La historia es española porque es caballeresca y porque sigue la estructura de yuxtaposición tradicional. Entre *Zaïde* y *La Princesse de Clèves* se da una evolución en la novelista francesa que determina toda la historia futura de la novela.

B) *Mme. d'Aulnoy*

Es discípula, o más bien seguidora, de los ideales literarios de Mme. de La Fayette. Entre nosotros es bien conocida por sus dos libros *Mémoires de la Cour d'Espagne* (1690) y *Relation du voyage d'Espagne* (1691)[9]. En este libro nos cuenta que, oyendo misa en Vitoria, vino a pedirle limosna un ermitaño. Mme. d'Aulnoy sintió curiosidad por saber su vida; pero el ermitaño se resistía por no contar sus muchos pecados y dolores. Un amigo suple la voz del interesado. El hombre que ahora no parece sino mortaja de lo que fue, es Don Luis de Barberán, primo hermano del marqués de Barberán, con el que se había criado desde niño. Casó el marqués su primo con la más hermosa doncella que imaginarse puede, y después del casamiento crecía con los días su pasión ante las gracias y buenas partes de su esposa. Tan feliz era el marqués que no podía menos de comentar su dicha con el primo, y más que primo, amigo entrañable.

> Cuando algunos asuntos le obligaban al marqués a alejarse, le conjuraba el marqués a Don Luis para que se quedase cerca

---

[9] Citaré por la edición y traducción de J. García Mercadal, *Viajes de extranjeros por España y Portugal*, II, Madrid, Aguilar, 1959, páginas 920-1105.

de la marquesa y que la consolara de su ausencia. Pero ¡oh
Santo Dios!, qué difícil es, cuando se está en una edad incapaz
de serias reflexiones, el ver sin cesar a una persona tan bella,
tan joven y tan amable, y verla con indiferencia. Don Luis
amaba ya desatinadamente a la marquesa y creía también no
amarla sólo a causa de su marido. Mientras estaba en este error
cayó ella gravemente enferma y él tuvo entonces inquietudes
tan violentas que conoció, aunque demasiado tarde, ser causa-
das por una pasión, principio de todas las desgracias de su
vida futura *(ed. cit.,* pág. 936).

Don Luis decide marcharse de la ciudad y va a despedir-
se de la marquesa su prima; pero al marcharse la roba un
retrato, fiel traslado de su hermosura. Al ausentarse don
Luis, la marquesa

se sintió sensiblemente impresionada por aquella separación;
se había dado cuenta de que él la amaba antes de que él mismo
lo supiera, y le encontraba un mérito tan distinguido que ella
a su vez le había amado también sin darse cuenta; solamente
lo supo después de su partida (pág. 937).

Con la lejanía de Don Luis aumentó la melancolía de la
marquesa, que sufría luchando entre la pasión y el deber y
hasta el amor que también sentía por su marido. Éste, muy
enfadado, «reprochaba todos los días a su mujer su indiferencia para con Don Luis». Ella se justificaba diciendo que
no les querría mucho el primo cuando se había marchado
de con ellos. El marido le insta para que escriba a Don Luis
rogándole vuelva, y ella lo hace con decisión plena de no
ceder jamás a la pasión. Don Luis, en cambio, ha sucumbido
ya plenamente a ella y sólo busca la seducción de la marquesa prima. Es una tarde del ardiente estío; ella duerme
la siesta en una sala fresca del piso bajo y el descuido permite ver partes atractivas de su cuerpo, de una belleza real-
zada por el sueño; porque las mujeres y los niños, como

notó Kierkegaard, son mucho más guapos durmiendo que despiertos. Entra Don Luis furtivamente en la habitación; la marquesa, engañada por el parecido entre los dos primos y por la penumbra, le abraza creyendo ser su marido, el cual entra en este preciso momento, persigue al ofensor, éste deja caer el retrato que había robado, el marido mata a su esposa y sale huyendo después. Don Luis corrió varios países en su persecución, hasta que, tres años después, sintió la llamada de la gracia y decidió purgar sus pecados en la soledad.

Como se ve, ha desaparecido el motivo de la curiosidad impertinente; la víctima lo es ahora inocentemente; no obstante, todavía queda el autoengaño de no huir la tentación creyendo que la mujer podrá dominar su pasión. Mme. d'Aulnoy ha coloreado su descripción con rasgos morbosos, ausentes de la obra cervantina; el motivo del retrato es inmensamente común en el teatro y novela españoles sencillamente porque lo era en la vida real, y el contraste del adúltero convertido en ermitaño debía de ser una imagen de los contrastes españoles muy cara a los franceses del tiempo, según se repite en Lesage.

C) *Prévost*: *«Manon Lescaut»* (1731) [10]

El autor se encuentra al caballero M. des Grieux, que va siguiendo a una triste comparsa de mujeres castigadas y destinadas por el gobierno para ir a Nueva Orleáns. Entre ellas va Manon Lescaut, distinta de las otras por su belleza y la ternura de sus miradas. Dos años después, autor y protagonista se encuentran y reconocen. Grieux cuenta la historia de sus amores con Manon. La había encontrado cuando

---

[10] *Histoire du chevalier des Grieux et de Manon Lescaut*, Ed. G. Matoré, Genève, Droz, 1953.

la llevaban contra su voluntad a encerrarla en un convento. Huyeron juntos y habían vivido las más dulces escenas de amor que hombre pueda vivir. Se amaban con delirio; pero cuando escaseaba el dinero, Manon se iba con cualquiera que le diera unas pistolas (moneda). Por estas aventuras, estuvo primero encerrada en París; Grieux la sacó y ahora ella iba condenada por inmoralidad a Nueva Orleáns. Él la sigue para casarse con ella; Manon ha muerto y el caballero vuelve a Francia. Grieux le cuenta al autor esa historia.

Cuatro veces vemos aparecer en la novela el motivo de *El curioso impertinente*: el protagonista presenta orgulloso su amante al hombre que pronto se la conquistará. En un momento lo reconoce explícitamente: «Yo mismo había causado en parte esta desgracia» (*Ed. cit.*, pág. 132).

La presentación de la historia recuerda el episodio de Don Quijote con Andrés y Juan Haldudo, el rico de Quintanar; luego hay varios trucos muy típicos de la comedia y novela españolas: la venta, el descubrimiento de las desgracias por medio de una carta, la interferencia de un hermano de la amante, el amante que se finge hermano, la mujer vestida de hombre, escenas parecidas a otras del *Burlador de Sevilla*, a la de los galeotes de Cervantes y alusión a la «sangre más noble y pura que la suya» (pág. 146).

Estructuralmente, *Manon Lescaut* no tiene el proceso de intensificación que hemos descubierto en Mme. de La Fayette. Sigue más bien los procedimientos de yuxtaposición típicos de la picaresca. Es autobiográfica y esto permite grandes saltos en el tiempo; pero la autobiografía no es ya narración sola de aventuras de camino, sino que se ha interiorizado para descubrir las escenas de intimidad y los matices del sentimiento amoroso. En consonancia con esta estructura, también el caballero es un personaje pasivo. Como nosotros decíamos del *Guzmán de Alfarache*, Prévost dice de él que es un «carácter ambiguo» (pág. 4). Grieux y Manon marchan a América; ellos cambian de vida y por un momento parece que también cambiará su fortuna. Pero Dios no lo quiere; los amantes tienen que huir del gobernador de Nueva Orleáns y, agotada con la huida, Manon muere en la anchura de aquella tierra salvaje. *Manon Lescaut* tiene algunas escenas que recuerdan también *El casamiento engañoso* y *La española inglesa* de Cervantes. La marcha de los amantes agotados por la Luisiana es como un ensayo de *Atala* (1804) de Chateaubriand. De esa manera, la novela «romántica» española, tan visible en *Manon*, alimentará la novela romántica francesa.

G. Matoré, en la introducción a su edición de la obra, dice: «Prévost ha introducido en su libro un acento patético, una vida, una sensibilidad, que permite situar a *Manon* como la primera de las obras que hacen de la generación de 1725 una generación prerromántica» (*Ed. cit.*, xiv-xv).

Con las explicaciones dadas en el capítulo anterior, creemos que *Manon Lescaut*, con su patetismo y sensibilidad, es un documento de perfecto neoclasicismo, que es el descubridor de la sensibilidad. En todas estas obras, en *Pamela*, en el texto citado antes de La Bruyère, «romántico» o «romanesco» es siempre lo imaginario, lo que no puede ser realista; por consiguiente, lo contrario de la sensibilidad o el sentimiento. El término «prerromanticismo» es un baci-yelmo sin sentido y se ha creado por haber confundido el neoclasicismo, descubridor de la sensibilidad, con el preceptivismo de los maestros de escuela aristotélicos, que también eran neoclásicos, pero en otro sentido.

Matoré encuentra también en la novela una impotencia de la razón que dice proceder de la doctrina jansenista. «Siendo la razón inútil, el héroe comprende que es vano luchar contra sus pasiones si no posee la gracia» (pág. xxii).

Esto es falso. Según los jansenistas, a nadie negaba Dios la gracia de luchar contra las pasiones. Prévost está siguiendo la picaresca española, pintando a su personaje como hombre inconstante, que sencillamente no se propone luchar.

«LAS AFINIDADES ELECTIVAS» DE GOETHE (1809) [11]

Ya el título nos pone en la pista de la química incipiente. La curiosidad de Anselmo se sustituye por una atracción cósmica fuera del terreno moral, de la gracia o el pecado.

En la primera página se nos presenta el feliz matrimonio del Barón Eduard y su mujer Charlotte, al caer de una tarde de abril, cuando acaban de solazarse trabajando en los jardines de su palacio. Eduard propone traer una temporada para vivir con ellos a un capitán amigo que está pasando por circunstancias adversas. La esposa presiente que una tercera persona estorbará la felicidad de los dos; pero Eduard invita al amigo, y el capitán se instala con ellos en el palacio. Es un experto en jardinería y arregla y planea mejor que el matrimonio lo sabe hacer.

Al mismo tiempo, Charlotte recibe cartas del colegio donde tiene a su hija Luciane y sobrina Ottilie, que ésta no progresa mucho en los estudios y que parece tímida para la vida social. Charlotte entonces, para no encontrarse sola entre los dos hombres, decide traerse a su sobrina. Ottilie es muy hermosa, bien educada, servicial y agradecida; desde el primer momento se da cuenta de su papel en la casa y constituye el atractivo de todos. Después de las comidas, en los paseos y en la cena, Eduard y el capitán permanecen

---

[11] Goethe, *Werke*, II, München, Droemersche Verlagsanstalt, 1959, 832-1009.

ahora más tiempo de lo que acostumbraban. Desde la llegada de Ottilie todo el grupo se siente más comunicativo y
parece que los encubre a todos una atmósfera de no afectado
bienestar. Charlotte se da cuenta del cambio y trata de ver
si alguno de los hombres se ha enamorado de alguna de
ellas; pero todo es normal.

Un día Eduard y el amigo se deciden a reanudar su trabajo en los jardines, y cuando el capitán mira su reloj nota
que lleva sin darle cuerda algunos días; el tiempo no ha
contado para él. Una tarde, paseando por la escarpada colina que conduce al viejo molino, Ottilie se queda retrasada;
Eduard, que ha bajado más de prisa, mira para lo alto y ve
en Ottilie una imagen celestial. Le hubiera gustado que la
niña hubiera tropezado para tomarla en sus brazos y apretarla sobre su corazón; y Goethe añade: «Pero eso no lo
hubiera hecho jamás» (*Ed. cit.*, 868). A partir de este momento ya no hace sino crecer la pasión. Ottilie quiere agradarle por gratitud al amor que Eduard muestra hacia ella;
se fija en los detalles más nimios: por ejemplo, la cantidad
exacta de azúcar que a Eduard le gusta en el café; y el barón
está dispuesto a dejarlo todo para vivir con su nuevo amor.

Charlotte y el capitán se van encontrando cada vez más
solos y más unidos en la soledad, planeando arreglos en el
jardín. También en esa convivencia se enciende un amor,
que llega a expresarse en un momento fugitivo, en un cambio de miradas y un beso. El capitán se marcha de palacio,
Charlotte siente que se le ha roto su mundo y se da cuenta
de que también sentía pasión por el amigo.

Eduard y Ottilie se declaran un día su mutuo amor; pero
ella no puede hacer sufrir a su tía y está dispuesta a luchar
contra la inclinación. Desde aquí todo es sufrimiento. Charlotte se da cuenta de todo. Engendra un hijo con su marido
Eduard; pero el niño nace y tiene más parecido al capitán

y Ottilie que a los esposos, porque cada uno estaba pensando en su amante en el momento de engendrarlo. El paso recuerda el de la reina de Etiopía cuando concibe a Cariclea pensando en Andrómeda. El proceso del amor continúa incontenible; Charlotte hace algunos intentos de apartar a Ottilie, pero Eduard no lo puede conceder; prefiere marchar él a la guerra con tal de que la sobrina siga en el palacio. Él la trata con todo respeto y Ottilie, también apasionada, se impone como un deber la lucha contra esa pasión.

Un día Ottilie da un paseo en la barca por el estanque del jardín; lleva con ella al niño; éste se la cae y se ahoga. Desde ahora se juntan los remordimientos del crimen a los remordimientos de la pasión. Pero decide purgar su culpa. El capitán vuelve a la casa ya ascendido por méritos de guerra. Ottilie, con su nuevo propósito, ha experimentado como una resurrección. Los cuatro conviven de nuevo como purificados de una pesadilla; es de nuevo el otoño y están creciendo las flores que se plantaron el año anterior en el período de la convivencia inocente. Charlotte alimenta todavía la ilusión de que todo vuelva con su marido al antiguo cauce; pero Ottilie le ha pedido permiso a su tía para comer en sus habitaciones privadas y, en vez de comer, se está suicidando lentamente. Una noche, la víspera del cumpleaños de Eduard, se desploma extenuada y muere. Fue anterrada en la capilla del palacio, junto al niño. Eduard murió poco después a manos de la melancolía. Los dos amantes descansan juntos en la misma capilla esperando despertar juntos. De los pueblos comarcanos traen niños enfermos a la tumba de Ottilie, y algunos experimentan su benéfica intercesión.

El argumento resumido permite ver cómo el motivo del *Curioso impertinente* se ha convertido en tema de una de las grandes novelas modernas. Los protagonistas preparan inocentemente su propia perdición; Eduard trae al capitán, que se convertirá en amante de su mujer, y Charlotte a la sobrina, que romperá la felicidad de su matrimonio. La pasión del capitán y la esposa queda en la penumbra comparada con la de Eduard y Ottilie; así conviene para seguir una de las historias con la intensidad, morosidad y maestría de Goethe. Los amores surgen y se desarrollan al margen del terreno estrictamente ético de una pasión frente a un entendimiento que puede vencerla. Aquí la pasión es un destino que no se puede vencer. Goethe no vive ya en el mundo católico español o francés, donde había que dejar claro el libre albedrío para no confundirse con luteranos y calvinistas. Goethe es precisamente un luterano. La razón entra en su novela como conciencia del deber de fidelidad matrinominal; pero no puede dominar la pasión, sino sus efectos exteriores. Ottilie no cae jamás en el adulterio, pero no puede sobreponerse al amor; y esa lucha la irá consumiendo poco a poco. Lo que llamábamos psicologismo-destino en Mme. de La Fayette, y que allí se apuntaba con toda claridad, llega en Goethe a su culminación.

En *Las afinidades electivas* hay un personaje representante de la moral libresca; pero se le pinta como casi grotesco, desconocedor de la realidad. Su nombre es Mittler (medianero), especie de hombre bueno cuando hay conflictos en la comarca que se presentan insolubles para otros. Él tiene la capacidad de las decisiones fáciles; sólo para el sufrimiento trágico de estas parejas amigas no tiene solución.

No obstante, en boca de este personaje pone Goethe algunos aforismos que reflejan, de modo esquemático e intelectualista, aquello que los personajes encarnan. Por ejemplo, al principio de su primera aparición, el matrimonio discute si deben traer o no traer al capitán. Mittler se niega a darles consejo y dice que las decisiones en la vida deben darse rápidas, puesto que el pensar llega un momento en que nos deja en la inacción. Lo importante es que en cada momento posterior vivamos en lógica con la decisión que hemos tomado. Una decisión no sirve para toda la vida sino en la medida en que se trabaje por mantenerla.

Al fin de la novela Mittler toma de nuevo la palabra para criticar los mandamientos prohibitivos de la Biblia. Como anticipando la futura idea de la angustia en Kierkegaard, Mittler dice que es degenerado poner en boca de un niño preceptos como el de «no fornicar». Esos preceptos, dice Mittler, sólo manchan la inocencia, no la mantienen.

En general, a través de personajes especiales o en conversaciones entre los protagonistas, Goethe introduce en sus novelas toda la cultura que almacenaba en su mente; y lo hace también con su poverbial maestría. Cervantes había incorporado a su libro la crítica de los libros de caballería, la enseñanza moral de la escolástica o las discusiones literarias; pues bien, Goethe lo hace en consonancia con la mayor extensión de sus conocimientos. Sus personajes leen libros de química y discuten el concepto de afinidad electiva admirando cómo los fenómenos humanos dan términos a la ciencia natural y viceversa; esa discusión anticipa la futura historia de los cónyuges.

En cosonancia con su dosis de cultura y el mundo en que Goethe se mueve, su novela implica un elemento desconocido o sólo marginalmente tocado por Cervantes: la presencia de la burguesía y sus valores. Leer y escuchar música son los placeres normales del palacio; el niño, ausente de la obra cervantina, es un personaje central en Goethe, tanto en *Werther* como en la novela que analizamos [12]. Entre las

---

[12] Una diferencia fundamental en este sentido lo constituyen las mujeres de Goethe frente a las cervantinas. En Cervantes, la mujer es un ser inferior social y artísticamente. Todo lo más sirve como

lecturas no son literarias las que ocupan la mayor parte del tiempo, sino las científicas, y con orgullo muy de la época exclama Eduard: «Felices los tiempos en que se podía aprender algo para toda la vida; ahora, con tanto descubrimiento, no podemos estar seguros de que sea verdad hoy lo que aprendimos hace diez años». Aquella noción del progreso que se anunciaba tímidamente en Mme. de La Fayette y la querella de antiguos y modernos, es ahora el concepto básico de la filosofía de la historia. En 1807 había publicado Hegel la *Fenomenología del espíritu*, en la cual se consagra intelectualmente una dialéctica que realiza en cada período los mismos momentos formales, pero con distinto contenido: los distintos contenidos son el progreso.

Desde el punto de vista formal, cuando Goethe escribe *Las afinidades electivas* tiene detrás de sí una larga experiencia de escritor; por consiguiente, domina perfectamente aquellas técnicas que con sudor de su frente hallaron el autor del *Lazarillo* y Cervantes. Desde aquella primera conversación en el jardín hasta la muerte de los protagonistas la novela se desarrolla con una lógica impecable. El núcleo principal está formado por los cuatro personajes que ya conocemos; un conde y una baronesa llegan de vez en cuando a gozar furtivamente de unos amores adúlteros. Charlotte recibe con desagrado esta visita por el mal ejemplo que le pueden dar a Ottilie. Otro núcleo de la narración lo constituye la boda de Lucianne, hija de Charlotte, habida en un matrimonio de obligación que había contraído antes de casarse con Eduard. La niña se había criado para el gran mundo. En el colegio sobresalía por la brillantez de su memoria, y su distinción era todavía más visible si la compa-

---

primer resorte de una divinización platónica, que ya no mira a la mujer de este mundo; en Goethe, la mujer de este mundo encarna valores iguales o superiores a los del varón.

raban con la modestia de Ottilie y su falta de interés por los estudios. Y, sin embargo, cuando Luciane y su sociedad llegan al palacio, se portan estúpidamente y hacen el ridículo. Su conducta resalta más cuando se los compara con la modestia, cordura y encanto de Ottilie.

Goethe ha hecho el máximo experimento que se pueda intentar en la novela para suprimir la casualidad. Detalles que uno puede pasar sin atención en la primera lectura cobran sentido cuando se conoce el todo. Una vez, por ejemplo, cuando Charlotte y Eduard están deliberando sobre la venida del capitán amigo, dice el narrador: Eduard no estaba acostumbrado a negarse ningún gusto; después el conde comenta por qué Charlotte hubo de casarse en aquel primer matrimonio del que tuvo a Luciane, si Eduard y ella se querían ya; pero se tuvo que casar porque Eduard cedió a la presión de sus padres y se casó con una viuda rica. El conde comenta que si el barón hubiera insistido un poco, hubiera vencido la resistencia de sus padres. Es decir, a través de comentarios de distintos personajes y de su propia actuación se va dibujando un carácter inconstante que explica el posterior desvío de Charlotte y la entrega sin reservas al amor de Ottilie. Con Ottilie es constante; pero es un amor no conseguido. Lo que en Cervantes se hacía tercera dimensión narrativa, disponiendo la historia de Cardenio en seis situaciones distintas, se hace en Goethe sistema con un procedimiento más sutil de insinuación que sólo cobra sentido final cuando se conoce el todo.

Con singular maestría maneja Goethe lugar y tiempo. No se los puede tratar separadamente porque los dos adquieren en la novela el mismo papel: paisaje y tiempo se funden completamente con las sensaciones y acciones de los caracteres. Los jardines, el trabajo al atardecer, el cuido de los parques y las flores, la primavera y el otoño, todo se usa para expresar y ambientar los sentimientos de los protagonistas. Goethe describe morosamente la fusión del hombre con la naturaleza [13].

El amor en *Las afinidades electivas* es una fuerza que actúa desde mucho más dentro que las convicciones intelectuales y morales. Toda la novela es la historia del enraizamiento progresivo de un sentimiento que termina en expresión religiosa, en santificación de la doncella querida que se ha dejado morir siendo inocente. Todavía en Mme. de La Fayette se hacía una clara distinción entre el entendimiento y el corazón; aquí tal distinción no existe. Toda la persona ha amado y toda la persona se ha sacrificado en aras de la gratitud que Ottilie quiere mostrarle a su tía; el corazón literalmente se le ha partido. Esta figura santificada extiende su acción bienhechora por toda la comarca. También Cervantes había presentado una muerte de corazón partido: el Grisóstomo de la canción desesperada; pero aquel amante católico de 1600 se debate entre la razón y la pasión, y es condenado por dejarse a la segunda; el episodio terminará con las sutilezas de Marcela. En Goethe se diviniza la atracción amorosa como una fuerza cósmica contra la cual es imposible luchar.

---

[13] «Das Jahr klingt ab. Der Wind geht über die Stoppeln und findet nichts mehr zu bewegen; nur die roten Beeren jener schlanken Bäume scheinen uns noch an etwas Munteres erinnern zu wollen, so wie uns der Taktschlag des Dreschers den Gedanken erweckt, dass in der abgesichelten Ähre so viel Nährendes und Lebendiges verborgen liegt» (2.ª parte, cap. 3, pág. 928). «Wie sie in dem Umgange mit Eduard die Welt vergass, so schien ihr an der Gegenwart des Grafen die Welt erst wünschenswert zu sein» (*ibid.*, cap. 7, pág. 954). Esta introducción del concepto de mundo en relación con la actitud frente a un carácter determinado indica la fusión de persona y naturaleza en toda su profundidad.

La visión del amor como atracción cósmica es semejante, hasta cierto punto, a la concepción platónica, según la cual la atracción individual no es sino la derivación del orden del universo, es decir, de la atracción mutua de las esferas. En el carácter cósmico la visión goethiana y la platónica coinciden; pero esto no quiere decir que el neoplatonismo español coincida con Goethe, sencillamente porque la presentación española del amor se fundía con la doctrina escolástica y a la fuerza cósmica de Platón se le unía el proceso de inmaterialización y, por consiguiente, de intelectualización en cuanto contraria del sentimiento. En Goethe el sentimiento y el entendimiento se funden plenamente. En Goethe, como en toda la filosofía alemana de su tiempo, no hay potencias del alma, sino distintas funciones de la personalidad, y, sobre todo, distintos niveles de profundidad en la entrega de la persona a cualquier menester.

Otra fusión en Goethe es la del sentimiento con la memoria. En Cervantes veíamos la experiencia del reencuentro como una resurrección de la misma muerte. El cautiverio era no poder contar con el próximo instante como tuyo. El reencuentro era el levantamiento súbito e instantáneo del cautiverio a nueva vida. Todo en Cervantes sucede en la categoría temporal del instante, que rompe la línea del tiempo como una punzada. En Goethe la memoria es precisamente mecerse en la línea del tiempo; intento de revivir todos los instantes; la memoria es sentimiento, dolor incluso físico, pero estable, continuo. Se pueden citar muchos pasajes de *Las afinidades electivas* que transmiten esa sensación; pero citemos al menos una vez el *Werther*, para el cual vale con creces cuanto vamos estudiando: «El recuerdo de aquella escena en la que me hallé presente cayó sobre mí con toda violencia al oír pronunciar esas palabras» (1 de julio). Con la misma experiencia y con el deseo de agarrar y vivir ple-

namente los recuerdos, se abre el *Fausto* [14]. El recuerdo en
su nivel más profundo de revivir plenamente el pasado es
una constante de la novela y lírica de Goethe. Su modo de
sentir el tiempo va lógicamente asociado a un claro realismo
temporal en el texto de la novela. *Las afinidades electivas*
comienzan una tarde de abril, la acción se va intensificando
en el otoño e invierno siguientes; en la próxima primavera
Eduard va a la guerra y Ottilie muere en el otoño siguiente.

   Todavía más clara que en *Las afinidades electivas* es la
conciencia temporal en el *Werther*, novela epistolar con su
fecha al principio de cada carta. Cada una de las cartas, a
su vez, refleja un nuevo grado en la intensidad del enamoramiento. En consonancia ya con la asociación del tiempo
y progreso histórico, en Goethe no hay experiencia de vuelta.
En Cervantes se redondea la novela y se cura Don Quijote
con la vuelta a su lugar. En la concepción cervantina del
hombre el tiempo se medía siempre sobre el patrón del instante, de los valores eternos. Siempre era posible la vuelta,
el arrepentimiento. En Goethe no es posible la vuelta. Por
un momento sueña Charlotte cuando vuelve Eduard de la
guerra y el capitán ascendido a comandante, que volverán
a convivir amistosamente como habían soñado; que podrían
recobrar la inocencia de los primeros días de convivencia;
pero la inocencia y el paraíso no se recobran; no hay paraíso
real, sólo cabe la memoria o la añoranza del paraíso. Tampoco hay infierno; las experiencias humanas se estudian al
margen de toda creencia sobrenatural. Aquel mundo de Cervantes, en el que la tentación era la voz del demonio, el amor
la flecha de Cupido, y la buena inclinación la voz de un

---

[14]   Ihr naht Euch wieder, schwankende Gestalten,
         die früh sich einst dem trüben Blick gezeigt;
         versuche ich wohl Euch diesmal festzuhalten?

                                          (*Fausto*, vv. 1-3.)

ángel, ha sido sustituido por puras fuerzas naturales: afinidades electivas, pasión, decisiones; la salvación será el equilibrio de la persona en la tierra; la condenación, el desequi-
librio; el paraíso, el sueño del paraíso; la realidad, una
marcha de equilibrados y desequilibrados que llegan más
tarde o más temprano al destino de todos: el sepulcro. Con
esta reducción de todas las fuerzas explicativas exteriores a
fuerzas interiores se ha llegado a la cima del psicologismo.
Por el camino de la interioridad ya sólo se podrá lograr el
melodrama; pero Goethe saluda todavía en 1830 *Le Rouge et
le noir* de Stendhal y la considera una buena novela. Stendhal ha tomado los procedimientos de intensificación del
psicologismo y abre la novela a la sociedad.

Como hemos visto, Goethe era consciente de haber hecho en *Las afinidades electivas* una obra ordenada y hermética. Pero el ideal de la obra literaria para él no era esa novela, sino el *Fausto* y, en general, toda obra donde hubiera
riqueza de experiencias humanas. La forma hermética y bien
redondeada le interesaba menos que la verdad del contenido.
Aun así, en su concepto de novela no vuelve a los procedimientos cervantinos de yuxtaposición y suspensión. La tradición clásica y francesa pesaban demasiado sobre él para
volver a la fórmula española, que apenas conocía [15]. Por otra

---

15 La influencia de lo francés en *Goethe* es sólo un dato en el hecho indiscutible de que los alemanes, en el siglo XVIII, se imbuyen
en general de cultura francesa. Para los alemanes, Francia es en el
siglo XVIII lo que Italia fue para España en el siglo XV. Además de
esa atmósfera general, Goethe busca un objeto específico de la novela
como distinta de los otros géneros literarios. Su respuesta es: «Im
Roman sollen vorzüglich Gesinnungen und Begebenheiten vorgestellt
werden; im Drama Charaktere und Taten. Der Roman muss langsam
gehen, und die Gesinnungen der Hauptfigur müssen, es sei auf welche
Weise es wolle, das Vordringen des Ganzen zur Entwicklung aufhalten.
Das Drama soll eilen, und der Charakter der Hauptfigur muss sich
nach dem Ende drängen und nur aufgehalten werden. Der Romanheld

parte, la misma riqueza de sus experiencias y su genio artístico hacen que lleve a su cima el principio de intensificación enriqueciéndolo con el análisis ya filosófico de estructuras existenciales que luego Kierkegaard aprendió en sus libros. Goethe es una cima en sí mismo, y lo curioso es que desde su originalidad se parezca tantas veces a Cervantes. Hasta en un detalle de superficie: también *Las afinidades electivas* contienen una novelita intercalada.

Goethe fue un gran admirador de Cervantes. Como se ha señalado muchas veces, tenía un *Quijote* en español y se lo prestaba a Wilhelm Schlegel cuando éste lo necesitaba. Cuando Wilhelm von Humboldt hizo su viaje a España, Goethe le pedía información y le decía (1800) que se estaba acercando de nuevo a Cervantes y terminaba de leer *La Numancia*, obra admirable. En su atalaya más allá del clasicismo y romanticismo veía lo mejor de Cervantes precisamente en su carácter romántico, es decir, en la primera parte del *Quijote*, donde la oposición entre realidad e ilusión le

---

muss leidend, wenigstens nicht im hohen Grade wirkend sein» (*Wilhelm Meisters Lehrjahre*, lib. 5, cap. 7, ed. cit., II, 306). «Gesinnungen» es difícil de traducir; significa «actitudes», «opiniones», «manera de pensar». «Carácter» es la manera de ser más rígida, el tipo de la tragedia y comedia clásicas. La novela es, pues, el género que estudia lo sinuoso y moroso, actitudes, algo interior. El texto de Goethe se parece a este de Cervantes: «Real y verdaderamente, todos los que gustan de semejantes historias como ésta deben de mostrarse agradecidos a Cide Hamete, su autor primero, por la curiosidad que tuvo en contarnos las semimínimas de ella, sin dejar cosa, por menuda que fuese, que no la sacase a luz distintamente. Pinta los pensamientos, descubre las imaginaciones, responde a las tácitas, aclara las dudas, resuelve los argumentos; finalmente, los átomos del más curioso deseo manifiesta». (*Quijote*, II, 40, pág. 1407a). Cervantes dice más que Goethe; éste se queda fundamentalmente en lo interior y Cervantes incluye desde los átomos de un deseo hasta las imaginaciones y argumentos. Cervantes no es psicologista, presenta al hombre en todas sus facetas.

parecía más clara. La segunda parte, más clásica, mejor estructurada y con más pretensiones de verdad existencial, le parecía de menor interés. Como vemos, Goethe sigue la interpretación romántica alemana, que consideraba el *Quijote* obra de un humorismo trascendente y desencantado. La verdad del *Quijote* residía para ellos en la amargura de que las ilusiones sean ilusiones.

Junto a ese aprecio consciente de Goethe por Cervantes podemos nosotros señalar concordancias objetivas; por ejemplo, el carácter autobiográfico de sus obras. Goethe dice una vez que le ha pasado a él personalmente cuanto hay en sus novelas, aunque nada está narrado como le ha pasado. Nosotros hemos visto que toda la frescura de los escritos cervantinos procede de su comunicación personal con nosotros. Todo le ha pasado; por eso Don Quijote y Sancho son dos individuos de la especie Cervantes. La gran diferencia entre el alemán y el español es que Goethe es mucho más rico de experiencias interiores y tiene una base intelectual más segura para interpretarlas. A su vez descubre una serie de experiencias interiores y mórbidas, de las que está libre el manco de Lepanto. La historia de los procesos amorosos en Goethe es genial, porque los inventa y porque los trata con su maestría. Perdido su equilibrio por imitadores, son melodrama rosa. Es el peligro y la historia final del psicologismo.

Goethe, como la novela psicológica, vuelve al protagonista individual y encierra su novela en jardines, palacios o casas burguesas. Todavía la novela tendrá que seguir progresando en el siglo XIX hasta que encuentre el campo, el pueblo, la masa que lucha por aprender a leer. Entonces encontrará de nuevo a Cervantes. Y cuando los críticos abandonemos las experiencias mórbidas de la interioridad y volvamos a la concepción moral del arte, podremos leer a Cervantes. Al cual dejemos ya descansar por este momento. La meditación ha sido larga. Lentamente se ha convertido en una comunión de intención limpia. Ojalá también la mirada y la expresión hayan sido transparentes. Cervantes no tiene sepultura donde podamos poner flores y versos; vive en nosotros como una fuerza que nos arraiga en la tierra de España, y nos lee su obra con entusiasmo y distancia para enseñarnos cómo hacer discretas y templadas todas las diferencias y oposiciones.

SIGLAS

AC = *Anales Cervantinos.*

BAC = Biblioteca de Autores Cristianos.

BAE = Biblioteca de Autores Españoles.

BHS = Bulletin of Hispanic Studies

C. S. I. C. = Consejo Superior de Investigaciones Científicas.

HR = *Hispanic Review.*

NBAE = Nueva Biblioteca de Autores Españoles.

NRFH = Nueva Revista de Filología Hispánica.

OC = Obras Completas.

RFE = Revista de Filología Española.

ÍNDICES

ÍNDICE ONOMÁSTICO

ÍNDICE GENERAL

BIBLIOTECA ROMÁNICA HISPÁNICA

Dirigida por: DÁMASO ALONSO

III. MANUALES

9. Pilar Vázquez Cuesta y Maria Albertina Mendes da Luz: *Gramática portuguesa.* Tercera edición corregida y aumentada. 2 vols.
10. A. M. Badia Margarit: *Gramática catalana.* Reimpresión. 2 vols.
11. Walter Porzig: *El mundo maravilloso del lenguaje. (Problemas, métodos y resultados de la lingüística moderna.)* Segunda edición corregida y aumentada. Reimpresión. 486 págs.
12. Heinrich Lausberg: *Lingüística románica.* Reimpresión. 2 vols.
13. André Martinet: *Elementos de lingüística general.* Segunda edición revisada. Reimpresión. 274 págs.
14. Walther von Wartburg: *Evolución y estructura de la lengua francesa.* 350 págs.
15. Heinrich Lausberg: *Manual de retórica literaria (Fundamentos de una ciencia de la literatura).* 3 vols.
16. Georges Mounin: *Historia de la lingüística (Desde los orígenes al siglo XX).* Reimpresión. 236 págs.
17. André Martinet: *La lingüística sincrónica (Estudios e investigaciones).* Reimpresión. 228 págs.
18. Bruno Migliorini: *Historia de la lengua italiana.* 2 vols. 36 láminas.
19. Louis Hjelmslev: *El lenguaje.* Segunda edición aumentada. 196 páginas. 1 lámina.
20. Bertil Malmberg: *Lingüística estructural y comunicación humana.* Reimpresión. 328 págs. 9 láminas.
21. W. P. Lehmann: *Introducción a la lingüística histórica.* 354 págs.
22. Francisco Rodríguez Adrados: *Lingüística estructural.* Segunda edición revisada y aumentada. 2 vols.
23. C. Pichois y A.-M. Rousseau: *La literatura comparada.* 246 págs.
24. Francisco López Estrada: *Métrica española del siglo XX.* Reimpresión. 226 págs.
25. Rudolf Baehr: *Manual de versificación española.* Reimpresión. 444 págs.
26. H. A. Gleason, Jr.: *Introducción a la lingüística descriptiva.* Reimpresión. 770 págs.
27. A. J. Greimas: *Semántica estructural (Investigación metodológica).* Reimpresión. 398 págs.
28. R. H. Robins: *Lingüística general (Estudio introductorio).* 488 páginas.
29. I. Iordan y M. Manoliu: *Manual de lingüística románica.* Revisión, reelaboración parcial y notas por Manuel Alvar. 2 vols.
30. Roger L. Hadlich: *Gramática transformativa del español.* Reimpresión. 464 págs.
31. Nicolas Ruwet: *Introducción a la gramática generativa.* 514 págs.
32. Jesús-Antonio Collado: *Fundamentos de lingüística general.* 308 páginas.
33. Helmut Lüdtke: *Historia del léxico románico.* 336 págs.
34. Diego Catalán: *Lingüística ibero-románica (Crítica retrospectiva).* 366 págs.

35. Claus Heeschen: *Cuestiones fundamentales de lingüística*. Con un capítulo de Volker Heeschen. 204 págs.
36. H. Lausberg: *Elementos de retórica literaria (Introduc. al estudio de la filología clásica, románica, inglesa y alemana)*. 278 págs.
37. Hans Arens: *La lingüística (Sus textos y su evolución desde la antigüedad hasta nuestros días)*. 2 vols.

IV. TEXTOS

1. Manuel C. Díaz y Díaz: *Antología del latín vulgar*. Segunda edición aumentada y revisada. Reimpresión. 240 págs.
2. M.ª Josefa Canellada: *Antología de textos fonéticos*. Con un prólogo de Tomás Navarro. Segunda edición ampliada. 266 págs.
3. F. Sánchez Escribano y A. Porqueras Mayo: *Preceptiva dramática española del Renacimiento y el Barroco*. Segunda edición muy ampliada. 408 págs.
4. Juan Ruiz: *Libro de Buen Amor*. Edición crítica de Joan Corominas. Reimpresión. 670 págs.
5. Julio Rodríguez-Puértolas: *Fray Íñigo de Mendoza y sus «Coplas de Vita Christi»*. 643 págs. 1 lámina.
6. *Todo Ben Quzmān*. Editado, interpretado, medido y explicado por Emilio García Gómez. 3 vols.
7. *Garcilaso de la Vega y sus comentaristas (Obras completas del poeta y textos íntegros de El Brocense, Herrera, Tamayo y Azara)*. Edición de Antonio Gallego Morell. Segunda edición revisada y adicionada. 700 págs. 10 láminas.
8. *Poética de Aristóteles*. Edición trilingüe. Introducción, traducción castellana, notas, apéndices e índice analítico por Valentín García Yebra. 542 págs.
9. Maxime Chevalier: *Cuentecillos tradicionales en la España del Siglo de Oro*. 426 págs.

V. DICCIONARIOS

1. Joan Corominas: *Diccionario crítico etimológico de la lengua castellana*. Reimpresión. 4 vols.
2. Joan Corominas: *Breve diccionario etimológico de la lengua castellana*. Tercera edición muy revisada y mejorada. 628 págs.
3. *Diccionario de Autoridades*. Edición facsímil. 3 vols.
4. Ricardo J. Alfaro: *Diccionario de anglicismos*. Recomendado por el «Primer Congreso de Academias de la Lengua Española». Segunda edición aumentada. 520 págs.
5. María Moliner: *Diccionario de uso del español*. Premio «Lorenzo Nieto López» de la Real Academia Española, otorgado por vez primera a la autora de esta obra. Reimpresión. 2 vols.

VII. CAMPO ABIERTO

OBRAS DE OTRAS COLECCIONES